新文科、新探索、新界标：

外语课程思政学理与实践

陈红薇　杨　子　范一亭　主编

对外经济贸易大学出版社
中国·北京

图书在版编目（CIP）数据

新文科、新探索、新界标 ：外语课程思政学理与实践 / 陈红薇，杨子，范一亭主编 . -- 北京 ：对外经济贸易大学出版社，2024. 6. -- ISBN 978-7-5663-2603-4

Ⅰ. G641

中国国家版本馆 CIP 数据核字第 2024EF0514 号

新文科、新探索、新界标：外语课程思政学理与实践

陈红薇　杨　子　范一亭　**主编**

责任编辑：邱悦

出版发行：对外经济贸易大学出版社
社　　址：北京市朝阳区惠新东街 10 号
网　　址：www.uibep.com
资源网址：www.uibepresources.com

邮政编码：100029
邮购电话：010 – 64492338
发行部电话：010 – 64492342
E-mail：uibep@126.com

成品尺寸：170mm×240mm
印　　张：18
字　　数：284 千字
ISBN 978-7-5663-2603-4

印　　刷：北京九州迅驰传媒文化有限公司
版　　次：2024 年 6 月北京第 1 版
印　　次：2024 年 6 月第 1 次印刷
定　　价：79.00 元

序　言

陈红薇

1. 引言

2022 年 1 月的全国教育工作会议强调要坚定不移地用习近平新时代中国特色社会主义思想铸魂育人。2022 年 7 月教育部等十部门印发《全面推进“大思政课”建设的工作方案》，要求推动各类课程与思政课同向同行，全面推进课程思政高质量建设。2024 年 1 月全国教育工作会议指出要牢记教育的政治属性，坚定不移培养社会主义建设者和接班人。2024 年 5 月的新时代学校思政课建设推进会进一步传达了习近平总书记的重要指示，强调要构建以新时代中国特色社会主义思想为核心内容的课程教材体系，以中华优秀传统文化、革命文化和社会主义先进文化为力量根基，以“大思政课”拓展全面育人新格局。总书记的重要指示和近年来教育工作会议传达的精神都为外语学科全面推进课程思政建设、落实立德树人根本任务指明了方向。

为落实立德树人的根本任务，提升人才培养，教育部全面推进课程思政建设，使中国高等教育的内涵发生了转变。2014 年，随着教育部《关于全面深化课程改革，落实立德树人根本任务的意见》的颁布，课程思政建设进入了萌芽期。2019 年 10 月，教育部在《关于深化本科教育教学改革　全面提高人才培养质量的意见》（简称《质量二十二条》）中明确提出，课程思政建设是落实立德树人根本任务的关键环节。2020 年 5 月 28 日，教育部印发了《高等学校课程思政建设指导纲要》（简称《纲要》），从国家层面上定义了高校课程思政建设的战略意义，对课程思政的目标要求、内容重点、路径做出了整体设计和部署。同年 6 月 8 日，教育部组织召开“全面推进高等学校课程思政建设工作视频会议”，要求各高校充分发挥好专业课教师“主力军”、专业课教学“主战场”、专业课课堂“主渠道”的作用，形成专业课与思政课同向同行之势，构建立德树人长效机制，实现全员全程全方位育人。2021 年，中共北京市委教育工作委员会、北京市教育委员会联合发布了《全面推进北京高等学校课程思政建设工作方案》，2022 年 7 月，教育部等十部门印发《全面推进“大思政课”建设的工作方案》。2022 年 10 月，党的二十大提出了以中国式现代化全面推进中华民族伟大复兴的伟大任务，将课程思政建设的内涵提升到新的高度。就外语学科人才培养而言，如何推动中国式现代化进程中的外语教育改革，提升课程思政建设，已成为新的时代命题。

从 2014 年至今，中国高等教育的课程思政建设取得了巨大的成就，其探索和实践已进入到深水区，但正如孙有中教授（2023）所说，课程思政建设的问题却远没有解决，用文秋芳教授的话说，虽然课程思政从理论层面上阐释比较容易，但真要落实到课程实践层面还是比较困难的（2021：47）。尤其是，国家在推进课程思政建设的同时，还推出了“新文科”教育改革工程：2018 年，教育部高教司提出了全面推进“新工科、新医科、新农科、新文科”的建设倡议，2019 年 5 月“六卓越一拔尖”计划 2.0 正式启动，2020 年 11 月 3 日，《新文科建设宣言》得以发布，提出了“新时代，把握中华民族伟大复兴的战略全局，提升国家文化软实力，促进文化大繁荣，增强国家综合国力”的新文科时代使命（3）。迄今为止，新文科和课程思政建设已成为中国式现代化人文教育发展的两个抓手，但如何在新文科背景下，推进课程思政建设，落实立德树人的根本任务，实现育人育才双丰收，仍是当下外语教育教学改革的一个亟待解决的难题。

2. 新文科背景下的课程思政建设

迄今为止，已有很多学者对课程思政教育进行了理论和实践上的研究和思考。2020 年 11 月，陈法春曾对课程思政的研究做过一组数据调查：截至 2020 年 11 月 24 日，以“课程思政”为主题和关键词，在 CNKI 分别检索出 12 105 条和 6 607 条结果，以“外语”为关键词和主题词检索，仅发现 119 条和3条结果”（陈法春，2020：13）。但截至2023年8月10日，我们再以“课程思政”为主题和关键词在CNKI分别检索，结果是55 959条和39 309条结果，在结果中以“外语”为主题词和关键词检索，获取数据是1 218条和28条。在1 218条“课程思政+外语”的结果中，关于大学外语课程和外语类院校其他课程占近1/2。从数据的分布来看，对外语课程思政开展研究最多的学者包括：文秋芳、孙有中、王卓、黄国文、刘正光、杨金才等人。在2020年和2021年，《中国外语》《外语教育研究前沿》《外语电化教学》《外语界》等期刊先后推出了多组英语课程思政的专栏，如《外语电化教学》在2020年第6期推出了“全球治理人才培养与外国语大学课程思政建设”特约专栏，对习近平总书记思政课程思想和国际化人才培养战略进行了全方位解读（编者按，2020：12）；《中国外语》在2020年第5期推出了“外语课程思政建设”专号，针对外语课程思政的本质和实践中的问题进行了探讨（黄国文，2021:13）；《中国外语》在2021年第2期推出“学术探索”专栏，从不同角度对课程思政的理论与实践进行了进一步的研究。

在这些研究中，从新文科的角度对课程思政建设进行的研究并不多。其中，比较有代表性的研究者有邵晓霞等人，她们在2023年第1期《教育与教学研究》的文章中，围绕新文科背景下外语课程思政建设的学理解析与实践取向，进行了深入的分析。该文强调，新文科背景下的外语课程思政建设，需要将知识传授、能力培养、价值塑造有机融合，确立外语课程思政的目标指向，厘清外语课程思政建设的学理内涵，达成外语课程思政的核心共识（邵晓霞等，2023：28）。笔者则认为，新文科与课程思政建设是中国新时代教育改革的两个重要抓手，前者的核心是立足世界百年未有之大变局的时代，重新定位文科教育，推动高等学校文科教育的创新发展；后者的核心是解决“培养什么人、怎样培养人、为谁培养人”这一教育的根本问题，它强调人才培养是育人和育才相统一的过程，育人是人才培养的灵魂。就新文科和课程思政建设的辩证关系来讲，两者不仅在核心内涵上一脉相承，在育人理念上更是互为丰富和补充。

一方面，新文科建设以解决新时代新问题为指归，引领学科方向，为课程思政建设提供了学科创新的重要背景。教育部新文科建设工作组组长樊丽明

（2020）在"'新文科'：时代需求与建设重点"一文中指出，"新文科"的核心要义是"立足新时代，回应新需求，促进文科融合化、时代性、中国化、国际化，引领人文社科新发展，服务人的现代化新目标"。她强调，人文科学研究的是人的观念、精神、情感和价值，即人的主观精神世界及其所积淀下来的精神文化。它既是事实科学，又是价值科学，具有科学认识和意识形态的双重功能。新文科的双重属性使其具有特殊的育人功能，即在培养学生在掌握科学知识的基础上，要树立正确的人生观价值观，增强社会责任感，涵养人文精神。新文科的这种价值内核使它与课程思政建设在育人本质上互为一体。课程思政《纲要》在开篇即指出，课程思政建设是落实立德树人根本任务的战略举措，是全面提高人才培养质量的重要任务。所以，如果说新文科建设为课程思政提供了学科创新的背景，那么课程思政则是新文科在人才培养中实现社会品行和精神价值的保障。

另一方面，课程思政建设以立德树人根本任务为要旨，是实现新时代文科新使命的主要依托，也是新文科课程改革的主要方向。樊丽明（2020）这样总结新文科建设的四大内涵：基于新科技与人文交叉创新的文科融合性；基于多元文化交流融通的文科新使命；基于中国立场、中国智慧和中国方案的文科中国化；基于全球新格局和人类命运共同体的文科国际化。也就是说，新文科建设的目标不仅要解决育才的问题，更要解决育人的问题，而课程思政的使命就是要落实立德树人的根本任务——课程思政建设所强调的习近平新时代中国特色社会主义思想、社会主义核心价值观、中华优秀传统文化教育等核心内涵，使它成为新文科育人使命的有力依托和支撑。

全国高校要想在新文科背景下开展课程思政建设，进行外语教育教学改革，还有很多理论和具体的实践问题要解决：（1）如何立足校情，挖掘不同类型外语教育中的课程思政内涵，形成"新文科"时代符合各自校情的外语课程思政人才培养理念？（2）如何深度融合外语课程思政与"新文科"建设，全面改革外语专业的课程设置及内容，构建特色外语思政课程体系？（3）如何根据外语"新文科"背景下的课程思政理念，构建外语专业课程思政教学团队、教学法、特色教材、课程思政实践课堂？

针对这些问题，北京科技大学（简称北科）在过去数年中做了大量的探索，形成了一个“新文科”背景下理工科高校外语课程思政建设的模式。

3. “新文科”背景下北科外语课程思政实践

北京科技大学外语专业以习近平总书记提出的培养“会语言、通国家、精领域”的社会主义建设者和接班人为总原则，以外语专业《高等学校课程思政建设指导纲要》《普通高等学校本科专业类教学质量国家标准》《普通高等学校本科外国语言文学类专业教学指南》为指导，聚焦习近平总书记提出的“解决好各类课程与思政课相互配合”这一命题，深入发掘外语专业课程思政的内涵，开展“新文科”背景下的外语专业课程思政教学改革，形成了以“外语＋思政＋专业知识”为特色的外语“新文科”思政课程建设与实践模式。

该实践起步于针对外语课程内容全面改革的校重点教研项目“CBI教学理念下英语专业新型课程群的构建与实践”（2014），发展于校重点教研项目“外语‘新文科’专业建设与人才培养的探索与实践”（2019），成形于教育部首批“新文科”研究与改革实践项目“理工科高校外语‘新文科’课程体系与教材体系建设探索”（2021）。经数年建设，我校英语专业将课程思政与外语“新文科”改革相结合，从以下五个方面进行了多方位的教育教学改革。

（1）挖掘课程思政内涵，形成“新文科”时代外语课程思政新理念。正如王卓认为，新文科的价值内涵和课程思政意味着教育观、知识观和课程观的改变，意味着外语教育从知识取向向价值取向的转化，和对课程精神向度、文化向度和方法向度的凸显（王卓，2021：61）。我校改变外语教育的传统思维，立足外语的世界人文格局、多元文化交流的融通使命、中国情怀和中国立场，以思政思想引领外语专业人才培养，将外语专业教学提升到外语人文教育的高度，用大历史、跨文化、跨学科的视角关注当今时代命题。在文化上，培养学生的价值判断力；在思想上，培养学生的辩证思维；在情操上，培养学生的民族意识；在伦理上，培养学生的人类命运共同体意识。培养兼具家国情怀、全球视野、社会责任感、人文精神和科学素养的“一精多会”“一专多能”的国际化复合型外语人才。

（2）深度融合大思政和新文科，以思政精神引领外语专业全面改革。将课程思政与外语“新文科”建设深度融合，将课程思政大格局纳入专业教育的大体系，以思政逻辑引领“外语人文”和“语言与科学”双向实验教学：外语人文方向立足“英语＋人文社会科学”新文科理念，进行基于英语能力培养和其他人文社科教育的“外语人文”实验教学，培养具有批判思维、文化自信和国际事务参与意识的人文性外语人才。语言与科学方向以英语与科技融合为策略，进行文理交叉，培养具有扎实外语基本功、家国情怀、跨学科能力的国际化复合型外语人才。

（3）紧扣时代脉搏，构建外语专业课程思政系列课程。《纲要》不仅将立德树人规定为人才培养的根本，还指出了建立“课程思政”体系的重要意义，并强调专业课程是课程思政建设的基本载体。为此，我校外语专业在教学改革中，将课程思政融入外语专业和跨学科学习，形成不同类型的外语课程思政课程群。我校构建了跨学科系列思政课程群，打造多元思维模型，以思政精神推动学生跨学科思维和辩证思考，促进文理融合创新；构建了英语文学经典思政课程群，培养学生的批判思维，引导学生正确认识中西价值意义和西方当今国际事件的本质；构建了专业思政之“辨”课程群，将马克思主义认识论和方法论贯穿文献阅读与实践学习，从思维肌理入手打通文理培养壁垒，培养学生的实践能力与创新能力。

（4）紧跟思政思维，开展文理融合思辨教学法创新。虽然不少学者针对课程思政建设的教育理论进行了研究，如孙有中从“人文英语教育”和“跨文化思辨育人”方面（孙有中、王卓，2021），文秋芳从大学外语课程思政的定义和育人体系上（2021b），王卓从课程建设的导向性和媒介性上（2021），张敬源和王娜从课程思政的内涵和原则（2020）等方面，对课程思政的学理进行了探讨。但对于新文科语境下的跨学科课程思政，各高校不论在实践还是理论上都还有很多探索的空间。我校外语专业立足课程思政和“新文科”建设，建立外语思政课程教学法团队，将马克思主义的方法论应用于外语教学，形成一整套以马克思主义唯物论和辩证法为原则的认识世界与改造世界的思维方式与操作方法。该方法有效提升学生进行英语写作时的创新思维与语言表达逻辑性，同时学生的写作还呈现出明显的正能量和关心国家的情怀意识。目前，团队已经在多所学校举行了“专业思政”系列讲座，在喜马拉雅线上播出，同时，在 2023 年全国首次举办的外研社“教学之星”大赛“理解当代中国”赛事中，获得全国半决赛特等奖。

（5）以课程思政为主导，开发外语课程思政特色教材与慕课。我们立足全球视野与中国实践的结合，针对外语基础课与学科专业课课程性质的不同，开展课程思政的教学探索，形成以中外融通、文理互补为目标的课程教学法，出版和正在出版系列外语思政课程教材：《学术英语读写教程》《彻底改变思维的英文写作法》《奥斯汀生活智慧——< 理智与情感 > 解读》《英语文化与国家安全》《理解中国：全球视野下的中国》《文学的跨学科研究》《当代英国戏剧教程》《中西文化比较》等，录制特色思政慕课：“恋爱中成长：读奥斯汀生活智慧”“跨学科 · 英语读写思维模型”等，实现课程内容思政化、育德教学全程化的外语思政课程教学体系。

（6）立足思政实践，创新外语课程思政第二课堂新模式。

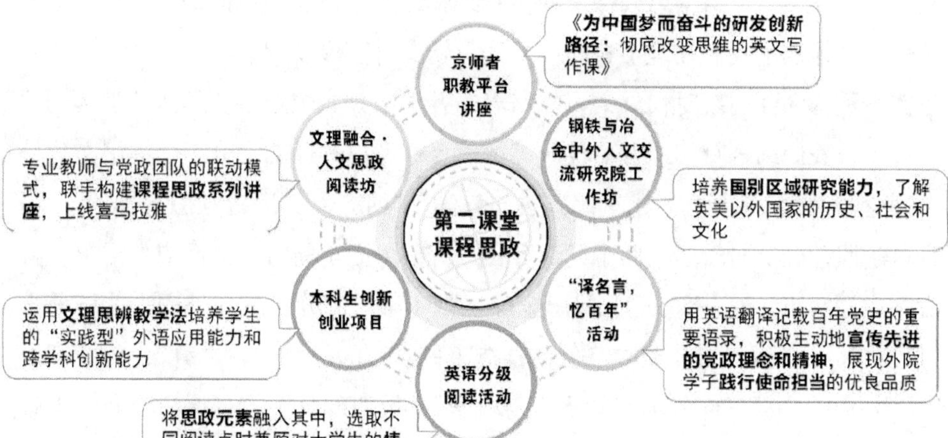

4. 结语

迄今为止，北京科技大学外国语学院立足全球视野与中国实践的结合，以思政精神统领外语课程全面改革，开展课程思政的教学探索，建设了以“外语 + 思政 + 专业知识”为特色的外语思政课程群，形成以中外融通、文理互补为目标的课程教学法，培育了以“人文性、跨学科性和交叉性”为特色的思政教学团队，完成了一系列外语思政慕课、教改项目和思政教材，最终形成了以思政课程、思政教学团队、思政教学法、思政示范慕课为一体的“新文科”背景下的外语课程思政教学，实现了外语人才培养在“知识传授、能力提升和价值引领”上的同步提升。

作为数年来课程思政实践的总结和理论思考，《新文科、新探索、新界标：外语课程思政学理与实践》一书从学理畅谈和实践探索两方面呈现北科外语的课程思政理念及其实施，上篇“外语课程思政学理畅谈”既有名家观点的转载，也有我院老师自身课程思政实践的思考，从宏观到微观，基于新时代外语学科内涵的定位，明确课程思政融入外语专业建设的指导思路，进而形成将课程思政理念应用于指导外语专业课程建设的具体方案；下篇“外语课程思政实践探索”在学理探讨的基础上，以北京科技大学外国语学院英语专业主要和特色课程为例，展示一线教师在课程思政实践中的具体做法，作为对理工科高校外语“新文科”课程思政探索的实践经验结晶，该部分不但提供了具体教学案例，更体现了我们在理工科高校外语“新文科”建设背景下，在外语专业课程体系重构和面向新时代外语人才培养的教学法方面的创新。具体教学案例的编排上，我们结合每门课程的性质、教学目标和思政理念，分为“中国文化外宣理念与教学”“中西文化对比方法与教学”“西方人文评析方法与教学”“语言科学肌理分析与教学”四个子部分：一方面，立足新时代，回应新需求，将讲好中国故事（第一部分）、放眼全球视野（第二部分）融入外语人才培养全过程；另一方面，结合校本特色，打造工科院校的外语“新文科”，创新开设“外语人文”（第三部分）和“语言与科学”（第四部分）特色课程，并以思政理念引领双方向课程教学。

本书编写依托教育部首批新文科研究与改革实践项目“理工科高校外语‘新文科’课程体系与教材体系建设探索”（编号 20210700112），是北京科技大学外语“新文科”建设的阶段性成果。

目　录

上篇 外语课程思政学理畅谈

加强外语学科内涵建设 打造学科发展新局面*

北京外国语大学　金　莉

摘　要：习近平总书记给北外老教授的回信充分肯定了外语学科的重要作用，并为外语学科的发展指明了前进方向。本文指出，外语学科需要加强内涵建设，并在坚持其人文属性的基础上谋求学科发展新空间。我们应对外语学科的独特性有清醒的认识，加快学术人才的培养步伐，努力产出具有国际影响力的学术成果，充分发挥我们在构建人类命运共同体事业中的作用。

主题词：外语学科；内涵建设；跨学科；学术人才培养；学术成果

习近平总书记在北京外国语大学80周年校庆时给北外老教授们的回信中指出："深化中外交流，增进各国人民友谊，推动构建人类命运共同体，讲好中国故事，需要大批外语人才，外语院校大有可为。"习总书记还鼓励我们"在推动中国更好走向世界，世界更好了解中国上作出新的贡献"。习近平总书记的回信是对外语院校以及外语学科的极大鼓舞，是对我们外语人在构建人类命运共同体、推进"一带一路"建设及中国文化"走出去"等方面发挥的重要作用的肯定，并为我们今后的发展指明了方向。我们将不辜负时代的使命，秉承守正创新的原则，切实推动外语学科的内涵发展，打造外语学科发展新局面。

---

*　本文发表于《中国外语》2022年03期。

1. 外国语言文学学科的历史嬗变与优良传统

我国的外国语言文学学科有着优良的传统，从清朝康熙年间的俄罗斯文馆算起，中国的外国语言教育已经有了300多年的历史，回望外国语言文学学科走过的历史足迹，其优良传统由下可见：

（1）中国近代的外语教育从一开始就是与整个中国人文社会科学的建立和发展密切相关的，它是中国近代人文社会科学发展的一个缩影。从晚清到民国，在强劲的“西学东渐”影响之下，中国近代人文社会科学开始了它的初建阶段。作为文学门类的下属一级学科，外语学科就是在这样的背景下建立起来的。在外语学科成立之初，“了解西洋文明之精神”“熟读西方文学之名著，谙悉西方思想之潮流”“汇通东西之精神思想，而互为介绍传布”（蒋洪新，2016）就作为发展目标植入了学科发展根基，这也是我们外国语言文学学科这些年来一直秉持的理念。

（2）中国外语学科的发展是与中国国家战略需求紧密相连的。中国的发展与和平崛起是20世纪和21世纪重要的历史事件，中国从大国迈向强国，已经成为具有重大国际影响力的国家。中华民族的和平崛起不仅是经济、政治复兴，更是一种民族文化的复兴。中国的国力变化也为外语学科的繁荣发展提供了机遇与挑战。外语学科直接服务于国家建设的伟大事业，其发展见证了共和国的成长。改革开放以来，正是切合了国家的战略发展需求，外语学科得到了前所未有的发展。我们出色地担当了文化使者，成功地将世界介绍给了中国，从而为中国的现代化发展提供了参考模式。外语学科不仅为我国的人文社会科学研究培养出了一大批高层次的人才，而且为新中国的外交事业和经济、社会发展作出了重要贡献。北外人常说的一句话就是，只要有五星红旗升起的地方，就有我们的毕业生，这句话充分说明了外语人才在国家发展中所起到的重要作用。

（3）自改革开放以来，外语学科进入了一个快速发展时期。在2011年的学位授权点申报和审核中，各高校已经按照一级学科点进行申报，而在2017年的申报中，则要求至少涵盖本学科外国文学、外国语言学及应用语言学、翻译学、比较文学与跨文化研究、国别与区域研究五个主干学科领域中的三个，其目的在于鼓励开展跨语种、跨国别、跨领域的人才培养与学术研究。外语学科从最早的外国文学和外国语言学研究，到如今的五大研究领域，是一个渐进的过程，有其历史原因，也是学科发展的必然，是为了适应时代需求作出的调整。大学的根本任务在于培养人才，在新的形势下，国家对外语学科的人才培养提出了更高的新要求，我们的任务是培养具有国际视野和全球眼光、本土意识，具有跨文化交际能力和跨学科融通能力的高层次创新型人才，正因为如此，我们的学科建设方向也会有相应的变化。为适应国家战略发展与社会发展需求，外语学科的研究领域已经从传统的语言文学研究扩大到包含翻译学、比较文学与跨文化研究和国别与区域研究在内的五大学科方向，二级学科也扩充为十三个，外语学科因此口径更加开阔，涵盖范围也更加宽广，突出了外语人才培养的宽口径、宽范围、多样性特征，展示了我们在守正创新原则下对外语学科的发展之路进行的探索。

2. 加强外语学科的内涵建设，谋求学科发展新空间

在我国人文社会科学创新的语境中，外语学科还没有完全发出属于自己的强音。如何在21世纪的今天，使中国的外语学科既能关注学术前沿信息、保持学科特色，同时可以应对时代需求、服务国家需要，寻求学科发展新的增长点，是外语学科在发展中必须面对的问题。除了之前的“西学东渐”，我们也要承担“东学西渐”的光荣使命。外语学科建设走过了一条很长的路，从最初的二级学科到今天的研究领域和二级学科并存的设立，体现了一代代外语人为培养更多高水平外语人才所进行的探索。正所谓“本立而道生”，我们既要坚持自己领域的本体研究，也要不断拓展研究范围，要坚持守正创新，形成一种多元并存的研究模式。

譬如在如今的五大领域里，外国语言学研究作为外语学科的基础研究领域，近年来与相关学科的交叉研究态势明显，大大拓展了其研究疆域。信息技术的运用使这一领域的跨学科研究成果显著，表现出突出的科技人文态势。但这一领域在开展跨学科研究的同时，也应做好语言学和应用语言学的本体研

究，更要关注服务国家发展需求的语言战略规划研究、语言服务研究、国家语言能力提升研究、外语教材研究和具有中国特色的外语教学理论研究，等等。外国文学研究领域这些年的研究视角不断拓展，日益表现出文学内部研究和外部研究并重的研究方式，而文化研究以及跨文化、跨国别的研究视角凸显了文学的外部研究，大大开拓了文学研究的视野。我们的外国文学研究多年来多以目的国文学为核心，注重对西方理论的吸收与借鉴，但是对本土理论与中国经验的发掘仍显不足，因而外国文学学者也应加强对中国文学及文学理论、中国文化历史哲学的吸收与领悟，开拓自己的研究视野，这样才能更加具有主体意识和家国情怀。与此同时，包括生态文学、科幻文学、疾病文学和战争文学在内的外国文学研究领域也表现出向科技领域不断延伸的趋势，展现了科技人文在外国文学研究领域的应用。

除了传统的语言与文学研究，当前的翻译学、国别与区域研究和跨文化研究都将在服务中国文化“走出去”、推进“一带一路”建设、构建人类命运共同体等方面发挥巨大作用，也必将得到快速发展。翻译研究涉及两种不同语言的交流，因而本身就具有跨文化的特质，所以首先应加强外语学科与中文学科的交叉融合。此外，近年来翻译的文化转向，更是着重探讨了翻译与文化、历史、社会机制的关系。同时，翻译研究与信息科学的交叉和融合也在日益显现，翻译学研究中数字技术与翻译技术的交叉融合、语料库技术的应用也在不断增强。在加强翻译基础理论与实践研究的同时，也应进一步积极发挥翻译的应用功能，加快中国文化经典和现当代作品外译进程，以服务中国文化“走出去”战略。

随着中国企业“走出去”战略的实施，中国需要进一步了解世界、研究世界，国别与区域研究因此应运而生。这一领域对于世界各国的政治、经济、文化展开多方位的研究，加深了中国对世界的了解。同时，外语学科利用其自身语言优势，建立多语种舆情监测系统，加强对外合作与关系对策研究，为国家重大外交政策和企业“走出去”战略提供服务。外语学科还可以利用对外学术交流的机会，开展民间交流和公共外交。但需要指出的是，国别与区域研究应加强具有前瞻性的顶层设计，高校应结合学校定位以及不同区域的地理优势确定其国别区域的研究方向，进一步突出区域特色，聚焦开展研究，避免同质化与“面面俱到”。国别与区域研究也应加强与其他相关学科的交叉融合，构建有特色的跨学科研究体系。

比较文学与跨文化研究本身就是跨文化的比较，与中文学科下的世界文学方向交叉最为明显，而这一领域的设置也经历了从外语学科门类到中文学科门类再到外语学科门类的变化。虽然外语专业学者具有外语优势和“上手快”的特点，但同时也表现出对于中国文学与文化丰富内涵掌握得不足。这一领域需要更加注重比较视野的拓展，探讨一个民族与国家的文学与其他民族或其他国家之间的关系。同时，比较文学应加强中国文学与世界其他文学的比较，在其研究中将中国文学与中国诗学有机地融入进来。要加强与中文学科的交流，把握与中文学科门类下的“世界文学”领域的异同，增强“大文科”意识和跨学科意识。另外，因其广泛的研究内容，跨文化研究的学科界限一直以来比较模糊，这种研究既可以是对于他国文化的研究，也可以是不同文化的对比研究，在未来的研究中应进一步打破语言与国别的藩篱，在更大范围内进行比较。

3. 外语学科的跨学科属性与跨学科研究

对于当前对跨学科研究的大力倡导，我们也需要保持清醒的认识。跨学科研究“不但拓展了外语学科研究的外延，而且也深化了外语学科研究的内涵”（胡开宝、王琴，2019：6）。外语学科本身就是一个“跨学科”的学科，是一个极具包容性和融合性的学科，比如外国文学研究中的外部研究，就探讨了文学与时代、社会、历史的关系，涉及历史、文化、哲学、政治等方面。外国文学研究视角的跨学科延伸具有两个维度：一个是人文的维度，即更加关注文化、历史、社会等因素在文学作品中的反映；另一个是科技人文的维度，即“人文研究观念的科学更新”和“科学方法在人文研究中的运用”（聂珍钊，2021：36），这两个维度都促进了外语学科的学术创新与知识生产转型。而语言学、翻译学、国别与区域研究、比较文学与跨文化研究的跨学科倾向更为明显。但在强调跨学科研究的同时，我们也要坚守外语学科的人文属性，避免在开展跨学科研究时失去自我。我们的跨学科研究，是建立在人文研究的基础上的，“前提必须是坚守外语本体性”，强调“外语为‘本’、多学科协同发展”（纪秀明、曾春箱，2021：

98）。总之，一方面，外语学科应不拘泥于传统的语言文学研究思路，拓展研究的新空间，将基础学术研究置于国家战略利益需求之下展开，为提升国家文化软实力贡献力量；另一方面，各高校外语学科的建设无须强求五大研究领域齐头并进，而是要凸显特色，强调差异发展，处理好外语学科内部一级学科与二级学科之间的比例与平衡，加强外语与其他学科的交叉融合，获得更为开阔的视野，逐步打破学科壁垒，以走向人文学科之间的“大融合”。

4. 充分认识外语学科的独特性

在国务院学位委员会颁布的学科目录中，外语学科与相近的中文学科在学科方向设置上有较大差异（常俊跃，2021），这是由母语与外语的差异造成的。我们首先要认识到，中文学科研究的是母语，学生使用的语言是母语，教师在教学过程中使用的也是母语；但是外语学科不同，我们的教学是以教授外语语言技能为基础，并且除了通用语种之外，由于这些年来不断扩大非通用语种的设置，许多非通用语种的教学都是从零起点开始的，这样就使得许多外语教师花费大量时间用于语言技能教学，成为纯粹的语言教师，很难与其具体的学术研究领域相结合。又因为非通用语种教师人员匮乏，教师承担的教学任务较为分散，也常常承接不同学科领域的研究任务，导致许多非通用语种教师没有固定的学术研究方向。还值得特别指出的是，由于外语学科在教学实践中大多数以目的语为教学用语，专业知识的传授也是以学生的外语基本功为基础的，以致我们至今无法完全取消以二级学科招生的做法，正因如此，外语学科二级学科的设置主要强调的是外语语种的维度，而五大学科研究领域的确立则起到了打破语种和国别藩篱、促进学科交叉融合、培养宽口径人才的作用，这样既强调了外语学科的独特性，也考虑到了学科的实际需求。需要指出的是，在开展外语学科建设时要对英语之外的语种给予更多的关注，并且由于历史原因，目前不同二级学科的名称还有部分重叠，以语种为名称的二级学科与以研究领域为名称的二级学科之间的关系也需要进一步商榷与调整，这也是本届学科评议组正在进行的工作。

5. 加快外语学术人才的培养步伐

我们通常所说的人才培养往往是指对学生的培养，但师资培养也是人才培养的重要内容。如果没有高水平的师资，外语人才的培养就是一句空话。在师资培养中要重视学术人才的培养，因为学术人才培养是我们培养高水平外语人才的基本保障。教师的学术水平提高了，才能更好地将自己的研究与教学相结合，将自己的研究成果反馈到教学之中。我们目前的短板之一是外语学科的教师队伍中普遍存在的中国语言与中国文化功底不够强的现象。另一个短板是，因为二级学科发展不平衡，通用语种的多数教师比非通用语种的教师学术水平更高，许多非通用语种的教师把绝大多数精力放在了教学上，对于学术研究兴趣不大，或缺乏进行深入研究的学术训练。此外，外语学科大多数教师的研究视野基本局限于语言学和文学领域，因而，在外语学科从语言和文学的传统方向扩大到如今包括翻译学、国别与区域研究、比较文学与跨文化研究在内的五大方向之后，“现有教师的知识结构和专业能力尚不能完全适应这三个方向的人才培养和科学研究的需要”（彭青龙，2018：6）。也正因为这些学科领域的跨学科趋势明显，教师的学术发展阻力较大，不少人因缺乏必要的学术训练而显得先天不足，如国别与区域研究的教师就表现出较为明显的知识结构不完整或缺陷。我们的外语院系要有计划地培养这些领域的教师，注重其专业能力的提升，使教师有更加明确的学科领域归属；同时，也要加大人才引进的力度，以改善现有的师资队伍结构；还要在本单位推动跨学科平台构建，实现交叉学科资源共享。学校一要建立更加开放的人才培养机制，有更好的政策和机制促进学科带头人、学术人才与学术团队的培养和引进，为学术人才发展提供更大的空间，为他们的成长搭建桥梁、铺平道路，培养一批具有深厚理论素养、具备国际对话能力的高水平人才；二要建构跨语种、跨学科、跨国别、跨院系甚至是跨学校的学术平台，以更好地实现学术资源共享。

6. 坚持外语学科的人文属性，反对将外语工具化

虽然外语学科是国内体量很大的一级学科，但其专业性是很容易被忽视的。外语专业长期以来被许多人认为就是教授语言的，但正如蓝仁哲教授所说，“语言具有工具性，但语言的工具性绝非语言的全部属性”（蓝仁哲，2009：5），语言更是思维和文化的载体。语言因而成为外语专业学生学习外国文学和文化的基础，成为培养其思辨能力的工具。遗憾的是，在许多综合性大学，尤其是以理工科为主的大学，外语学科边缘化的现象较为严重，外语常常被当作一种工具，而非专业或学科。在一些高校中，外国语学院院长竟然由学校指派的其他学科的人来担任，有些校领导甚至认为外语学科的作用就是教好大学外语，是为了服务于其他学科的建设而设立的，忽视了外语对于学生人文素质的提高、思辨能力的培养、精神境界的塑造，以及在服务国家发展战略等方面起到的重要作用。蒋洪新、谢敏敏（2017）指出，过去几十年中“语言工具论”对于外语学科建设的危害极大，这一现象导致了外语学科课程结构的严重失衡，以及人文类课程的长期边缘化。要改变这一现象，一方面，外语院系要努力搞好自己的学科建设，以学科建设的成果来凸显我们的专业性。只有我们做好了，拿出成果了，让其他人看在眼里，外语学科才能不被忽视。另一方面，我们也要加强关于外语学科专业性的宣传。记得两三年前我应邀在一所理工科大学的外国语学院谈我们的学科发展时，时任该院院长的就是一位其他学科的学者，他对我说，这是他第一次听说外语学科除了教好大学外语之外还有自己的专业。外国语学院有宣传外语专业重要性的使命，以改变许多学校仅把我们当作语言教师的看法，使外语学科真正获得其在人文学科领域的应有位置。

7. 以学术成果作为学科建设的重要支撑

我们正处于一个“世界百年未有之大变局”的时代，面临着新的机遇与挑战。“中国经济的飞速发展使得中国迅速成为一个政治大国和文化大国，并且

直接推进了中国的人文学术走向世界的进程。”（王宁，2020：5）如何更加客观地凝练中国当代文化，尤其是人文社会科学领域的精华，并以容易被接受的方式将其介绍给世界，这既是外语学科的神圣使命，是外语学科发展的契机，也是我们谋求可持续发展的必由之路。向世界展现一个生机勃勃的中国，推动中国学术走出去，将我们的研究成果推向世界，不仅是国家人文社会科学发展之急需，也是中国作为一个大国的基本文化和学术诉求。正像改革开放初期当中国急需外部世界经验时，外语学科发挥自己的学科优势将世界介绍给中国一样，今天我们也同样需要努力完成把中国介绍给世界的新的历史使命。这使命包括推动外语学科的学术成果走向世界，以及扩大外语学科在国际学术界的影响力。从外语学科目前的整体情况来看，原创性学术成果还不够多，具有国际影响力的学者和学术成果也不够多。在新的形势下，我们外语人要以繁荣中国人文社会科学为己任，努力占领学术高地，担当历史责任，构建具有中国特色的学术话语体系，努力实现与其他国家学者的平等对话，在坚持中国学者的主体性和本土意识的前提下，产出具有国际影响力的学术成果，在国际学术舞台上占有一席之地，在世界学术生态谱系中不断丰富自己的内涵。这既是外语学科所担负的历史使命，也是我们可持续发展的重要途径。中国学者“要以产生自中国土壤的经验和成果影响国际人文学术主流的研究，进而为解决全人类所共同面对的问题拿出中国的方案和计划”（ibid：7）。

8. 结语

外语学科的学者要对我们在新时代的使命和责任，以及本学科的短板与不足有清醒的认识。我们在学科建设上既要遵循学科建设的规律，也要不囿于外语学科自身，在固本正源的基础上不断创新，加强外语学科的内涵发展，并在坚持外语的人文属性的基础上拓展学科的外延，打造新形势下外语学科建设的新局面，在构建人类命运共同体的事业中更好地发挥作用、承担使命。

参考文献

［1］常俊跃．对我国外国语言文学学科及其学科方向设置的思考［J］．中国外语，2021(3): 1; 11–15.

［2］胡开宝，王琴．外语学科核心竞争力要素及其构建研究——以上海交通大学外语学科建设为例［J］．中国外语，2019(4): 4–11.

［3］纪秀明，曾春莉．新文科视域下外语学科改革的几个平衡点与适度性问题［J］．当代外语研究，2021(4): 97–102.

［4］蒋洪新．大学的意义与经典阅读［N］．文摘报，2016-04-07.

［5］蒋洪新，谢敏敏．关于起草《高等学校英语专业教学大纲（新版）》的几点思考［J］．外国语言与文化，2017(1): 1–10.

［6］蓝仁哲．高校外语专业的学科属性与培养目标——关于外语专业改革与建设的思考［J］．中国外语，2009(6): 4–8; 16.

［7］聂珍钊．文学跨学科发展——论科技与人文学术研究的革命［J］．外国文学研究，2021(2): 31–43.

［8］彭青龙．论外语学科方向变化新特点与内涵建设新思路［J］．外语电化教学，2018(3): 3–7.

［9］王宁．新文科视野下的外语学科建设［J］．中国外语，2020(3): 4–10.

Strengthening the Internal Construction of Foreign Language and Literature Discipline and Initiating the New Disciplinary Development

Abstract: In his reply to the letter written by some old professors at Beijing Foreign Studies University, President Xi Jinping affirms the important role played by the foreign language and literature discipline, and points out the direction of advance for our development. This paper points out that our discipline should strengthen its internal construction, and seek new space of development on the basis of adherence to its humanistic attributes. The author argues that we should have a clear awareness of the uniqueness of our discipline, quicken the pace of training academic talents, produce academic achievements with significant international impact, and play our role in the building of a community of shared future for mankind.

Keywords: foreign language and literature discipline; internal construction; interdisciplinary study; academic talent–training; academic achievements

课程思政对外语专业课程建设的导向性与媒介性*

山东师范大学　王　卓

摘　要：随着《高等学校课程思政建设指导纲要》等文件的印发，中国高校的课程思政开始进入深化和系统化的关键期。课程思政与专业建设、课程建设的有机融合将对外语课程建设的内涵、外语教师发展等外语专业的核心问题带来深刻影响。本文拟从课程思政对外语课程的目标导向性、内容导向性以及外语教师团队建设的有效媒介性等角度审视课程思政对外语专业课程建设内涵的拓展和意义。

关键词：课程思政；外语专业课程建设；目标导向性；内容导向性；有效媒介性

1. 引言

2020年是中国高校的“课程思政”年。教育部针对高校课程思政建设从政策到实践进行全方位引领，打出了一套组合拳。2020年6月1日，教育部印发《高等学校课程思政建设指导纲要》(以下简称《纲要》)。《纲要》的印发，对高校课程思政建设做出国家层面上的整体设计和全面部署，明确了课程思政建设的目标要求和内容重点。6月8日教育部组织召开“全面推进高等学

*　本文发表于《山东外语教学》2021年01期。

校课程思政建设工作视频会议”，对高校课程思政建设进一步落实部署。6月15日，2020年全国高教处长会暨高等学校教学指导委员会工作会议召开，教育部高教司司长吴岩出席会议并做主旨报告《谋大局 应变局 开新局——落实落实再落实 提高提高再提高》，着重指出要深入推进高校课程思政建设，并在接受网络媒体采访时指出，要让课程思政建设在全国高校刮起一股新风，让课程思政成为有情有义、有温度、有爱的教育过程。这一系列举措说明，课程思政从2014年开始的萌芽期，经过多年理论与实践的探索，已经到了走向深化、系统化的关键期（张驰、宋来，2020）。

2. 外语专业课程思政建设的独特价值

对于外语教育而言，课程思政更有其特殊意义，更应高度重视。原因如下:（1）新时代新使命的要求。我国参与全球治理、“一带一路”建设等治国理政的新理念都需要我国外语教育政治站位要高、格局要大，要以培育书写“全新的世界史”的外语人才来重新定位中国外语教育使命（弗兰科潘，2020；常俊跃、于如航，2017）;（2）外语教育内容特殊性的要求。外语教育涉及中西文化的交融，由于中西价值观和人生观的差别，可能使学生在人生观、价值观上产生模糊认识，有的甚至迷失方向（张德禄，2019：13）。对此，孙有中（2019：6）指出，外语类专业的教学内容大量涉及中外社会制度、价值观、宗教信仰、生活方式等层面，因而如何通过课程教学有效塑造学生的政治思想和道德品质，显得尤为重要和迫切。

此外，课程思政建设符合外语专业内在跨学科性和外在跨学科性特点（王卓，2018）。外语学科的跨学科属性和外语教育的合作参与性使课程思政建设在外语专业课程中能够更加充分地得以实现。从外语专业的知识体系来看，其内在知识体系是以语言、文学、文化等交融交叉建构起来的，其本身就具有学科交叉性；而外语专业的外在知识体系架构在历史、哲学、心理、教育、音乐、美术、舞蹈等人文学科和生物、化学、计算机、数学、生命科学等自然科学之中（王卓，2018：66），更具跨学科性。这一跨学科属性使得思政元素融入成为一种必然。从外语教育本质来看，语言教学是一个合作参与的社会文化建构过程（孙有中，2017：866-867），需要新旧经验的相互作用，语言与社会文化机制相互作用。课程思政所体现的专业课与思想政治理论课同向同行，形成协同效应的特点在某种程度上说，最大限度地体现了外语课的社会文化建构性。可见，课程思政与外语专业建设、课程建设的有机融合将对外语“金课”建设的内涵、外语教师发展等外语专业的核心问题带来深刻影响。其中课程思政对外语“金课”的目标导向性、内容导向性以及外语“金课”教师团队建设的有效中介性等独特功能将极大拓展外语“金课”建设的内涵和建设方略。

3. 作为外语专业课程目标导向和内容导向的课程思政

《纲要》的印发进一步明确了课程思政建设对专业建设、课程建设的重要意义。《纲要》把课程思政建设成效作为“双一流”建设监测与成效评价、学科评估、本科教学评估、一流专业和一流课程建设、专业认证、“双高计划”评价、高校或院系教学绩效考核等的重要内容。因此，课程思政不仅是课程建设中的思政元素，更是高水平人才培养体系中的重要指标和指南。尽管课程思政与“金课”提出的时间、背景和契机不尽相同，但两者的初衷、精神、内涵等方面却有诸多显性或隐性的高度相似性，并形成了多维同构性。事实上，中国高校对于“金课”建设和课程思政建设的协同性问题已经有所关注。北京、上海、山东等地的高校举办了多场高等学校“金课”与课程思政建设研讨会，集中研讨了“金课”建设和课程思政建设的内在关系问题，并初步形成了思政“核心说”和“方法说”，即“金课”建设的核心与关键是“课程思政”，焦点是“课程思政”元素；“课程思政”是挤干“水课”水分，打造“金课”的重要方法。

然而以上观点并未能道出课程思政对“金课”建设的真正意义。事实上，要想厘清二者之间的内在关联性，首先要透析课程思政和“金课”的核心所在。笔者认为，课程思政意味着教育观、知识观和课程观的根本改变，要求知识取向向价值取向的转化，教学向深度教学的转化，教师中心向学生中心的转化，以凸显课程的精神向度、文化向度和方法向度，从而实现立德树人的育人目标（王卓，2020），而这样的课程建设标准正是“金课”“两性一度”的要求。吴岩司长在谈到“金课”建设时就曾经指出，要想实现高阶性、创新性、挑战度，课程教学就不能是简单的知识传授，而是要从知识传授走向价值和能力培养（吴岩，2018：5）。可见，课程思政建设和“金课”建设的共同焦点是“价值”性知识，或者说知识的价值取向。从这一意义上说，课程思政发挥着“金课”建设的目标导向和内容导向的双重作用。

《纲要》明确了不同类型的专业课程课程思政的基本内容，其核心内容包括推进习近平新时代中国特色社会主义思想进教材、进课堂、进头脑；培育和践行社会主义核心价值观；加强中华优秀传统文化教育；深入开展宪法法治教育；深化职业理想和职业道德教育等。事实上，“外语课程思政”的目标导向性在《外国语言文学类教学质量国家标准》（以下简称《国标》）和《普通高等学校本科外国语言文学类专业教学指南》（以下简称《指南》）中均有明确表述。曾艳钰（2019：4）在对《指南》的解读中特别谈到这一点：《国标》和《指南》对外语类专业立德树人的人才培养目标有明确规定和要求。例如，《国标》和《指南》在外语类专业人才培养规格的“素质要求”中明确提出：“本专业学生应具有正确的世界观、人生观、价值观，良好的道德品质，中国情怀与国际视野，社会责任感，人文与科学素养，合作精神，创新精神，以及学科基本素养。”（《指南》，2020：1）对比《纲要》对专业课程课程思政基本内容的描述和《国标》及《指南》不难发现，《纲要》与《国标》对立德树人的要求是高度一致的，在某种程度上，《纲要》是对《国标》中“素质要求”的具体化和时代化，起到了指导和引领作用。《国标》确立的“素质要求”中的“三观”在《纲要》中得以具体化、时代化，成为习近平新时代中国特色社会主义思想、社会主义核心价值观等核心内容，而中国情怀则具体化为中华优秀传统文化教育。

明确课程思政建设所具有的目标导向和内容导向将对外语“金课”建设产生最为深刻的影响，因为这意味着，基于 OBE（Outcome-based Education）教育理念，课程思政的内涵将成为教学目标和课程目标中最为重要的描述之一。OBE 教育中，教学目标先于教学内容存在并居于主导地位，课程资源开发、教学环节设置、教学组织实施等活动都需围绕预期目标展开（刘畅、林海，2018：34）。事实上，在“金课”建设中，课程思政的导向性已在外语界达成一定共识。有学者指出，外语课程的学习有助于学生养成正确的世界观、人生观和价值观，有助于学生养成国家情怀和高尚品质，最终目标是能够让学生成长为合格的社会主义事业建设者和接班人（冯智文，2020：60）。

《纲要》不仅明确了立德树人作为人才培养目标的定位，而且重申专业课程是课程思政建设的基本载体，这就意味着课程目标的描述要从课程思政和学科教育所设定的双重目标出发，而课程内容的选择也应该体现双重的课程目标。只有如此，课程思政和外语“金课”建设才能发生“化学反应”。很多专业性较强的学科开展“课程思政”，往往从学科自身构建“思政元素”，虽深入浅出，却易出现知识割裂（张驰、宋来，2020：95）。对于此二者如何结合，吴岩在《谋大局 应变局 开新局——落实落实再落实 提高提高再提高》（2020）报告中有过一个形象的阐释：课程思政是专业课程与弘扬真善美的结合，即这是一个“勘探、发掘、冶炼、加工的过程”。勘探就是探准各门课程中真善美的思政教育资源；采掘就是深度挖掘生动有效的育人元素；冶炼就是将专业基本原理与前沿知识有机融合；加工就是把课堂变成思政与专业无缝衔接的金课。

以思政目标和思政内容为依托，经过“勘探、发掘、冶炼、加工的过程”，外语“金课”建设包括以下两个层面：一方面以课程思政为目标依托，反向设计培养方案，构建带有鲜明课程思政特色的外语金课模块或者金课群；另一方面以课程思政为内容依托，深入挖掘传统外语课程中的思政元素，从而实现课程思政和外语“金课”（群）同构、同行、同效。无论是目标依托还是内容依托，都涉及课程建设的“知识选择”“价值挖掘”和“人格塑造”问题。课程要围绕作为人的整体发展而非知识的积累来展开（吴宗杰，2008：55），而课程思政正是把价值塑造、知识传授和能力培养融为一体的关键所在。事实上，在课程思政建设引领下，外语的整体教育观会出现某些修正和补充（韩宝成，2018：54）：即在语言、思维训练和培养的基础上，价值塑造将成为外语整体教育最为重要的一环，从而形成从掌握语言，经由获得知识、发展思维、塑造价值，最终达到人格至善的整体教育逻辑发展过程。

《纲要》最大的意义在于指出“课程思政”体系的重要意义。《纲要》特别提出，“科学设计课程思政教学体系”。这一要求将从根本上改变目前的课程思政大多停留在思政元素在课程中碎片化融入模式，转而强调课程顶层设计，整体把握课程内容，系统提炼“思政元素”（刘清生，2018：93），从人才培养质量标准，到培养方案，到课程设计一体化，并将公共基础课、专业教育课程和实践类课程纳入体系之中。注重课程体系建设的意义在于外语课程思政不仅只关注“点”，更能由“点”及“面”，从树木到森林。外语课程思政不仅可以选取大国外交思想和外交活动等“点”状素材进行外语教学，更要设计出能充分体现外语思政特色的系列课程（常俊跃、于如航，2017：78 — 81）。在“课程思政”的目标导向和内容导向下，外语“金课”体系中的两个核心要素将贯穿于所有课程中，并以显性方式呈现出来。

关于中国视野和中国情怀。我国当前外语专业对本国思想文化的教育并不理想，英语专业学生在一定程度上存在“中国文化失语现象”（石志华，2013：53 — 55），用外语讲述中国故事的能力还不够强，教学内容和课程设置上对中国本土文化的重视程度也显得不足。针对此种现象，《国标》把中国情怀提到了与国际视野并重的位置（曾艳钰，2019；石琳霏、姜亚军，2020），“中国元素”更是贯穿《指南》（曾艳钰，2019：4）。那么以“中国情怀”为导向，哪几门具体课程以及哪本教材的具体内容是针对学生的中国情怀培养的，人才培养方案的修订者都应该做到心里有数（石琳霏、姜亚军，2020：63 — 64）。《纲要》的出台明确了中国情怀和中国元素的指向性，那就是中国传统文化教育。笔者所在学院的培养方案的制定正是在这一理念指导下，在外语课程建设中融入了多维中国传统文化元素。首先，在多语种、立体式大学外语课程体系中（王卓，2019a），学院设计了带有课程思政性质的中华传统文化系列课程，包括中华文化外译、古诗词英译赏析、国际形势视域下的中华文化对外传播等课程。其次，英语专业培养方案中，除了中国传统文化、中国文学等选修课之外，还开设了“世界文学”等学科专业平台课。“世界文学”这门课程既有英美文学，也把中国文学、俄国文学、日本文学等非西方文学纳入到“世界文学”中（王卓，2019b：7）。这一做法不但彰显了中国文学和文化在世界文学中的魅力，而且有效打破了文化和文学的“文化单一性”，让学生领略“人类审美共同体”的魅力（蒋承勇，2018）。

《国标》中世界观、人生观的养成，观照的正是《纲要》中的以习近平新时代中国特色社会主义思想为指导培育和践行社会主义核心价值观等内容。对于以上内容，笔者所在学院采用了不同模块课程协同着力，第一课堂和第二课堂相互配合的课程设置体系。笔者所在学院在 2018 年修订培养方案中实施了课程模块特色化方案（王卓、胡艳玲、王金娥，2019：126）。根据不同的课程类型和培育目标，英语专业的选修课程分为了英语技能、英美文学、语言学、翻译、跨学科英语、文化与思辨等模块，各个模块之间既相互独立，又彼此呼应。结合"课程模块特色化方案"，以习近平新时代中国特色社会主义思想为指导、以培育和践行社会主义核心价值观等内容为依托，以关键词为内容聚焦，不同模块根据自身特点，设计出一系列带有鲜明思政特色的课程。以关键词"人类命运共同体"为例，外国文学课程群围绕文学作品中的命运共同体主题，翻译课程群围绕习近平总书记关于人类命运共同体论述的文献外译，教师教育类课程围绕如何在课堂教学中融入人类命运共同体内容等开展教学活动，从不同角度、不同层面完整、科学地将思政元素和专业课程有机融合。《纲要》特别指出"第二课堂"在课程思政建设中的意义。笔者所在学院在课堂教学之外，组织开展了形式多样、积极乐观、格调高雅的外语校园文化活动，如举办马列英文原著经典诵读会、开展十九大报告翻译大赛、组织"思政"主题的英语角、开展以习近平新时代中国特色社会主义思想为主题的英语主题演讲比赛等。这些教学内容有效补偿了"国家意识元素的缺位"，使得学生将外语学习不仅视为提升个人未来成功机会的途径，更将自我提升与国家发展紧密关联起来。

4. 作为外语教师团队建设媒介的课程思政

习近平总书记强调，教师做的是传播知识、传播思想、传播真理的工作，是塑造灵魂、塑造生命、塑造人的工作。教师不能只做传授书本知识的教书匠，更要成为塑造学生品行的"大先生"（习近平，2017：378）。"课程思政"这场教育革命对参与者的教育和教学理念提出了挑战（吴一安，2005：199），也为教师如何成长为"大先生"提供了导向和媒介，那就是教师应提升课程思政的育人能力，坚持教书和育人相统一，既做"经师"又做"人师"。

中国是外语教育大国，外语学习者和教授者群体的规模极大。据不完全统计，全国共有 150 万名外语教师，其中，中小学外语教师 130 万名，高校外语教师 20 万名（王守仁，2018：13）。对于教师在育人中的重要性，《国标》和《纲要》都通过专设条目的方式给予了充分体现。《国标》里首次提出有关师资队伍的条目，包括师资结构、教师素质和教师发展（彭青龙，2016），而《纲要》更是明确提出提升教师课程思政建设的意识和能力，并特别指出要充分发挥教研室、教学团队、课程组等基层教学组织的作用，建立课程思政集体教研制度，鼓励支持思政课教师与专业课教师合作教学教研。

因此，课程思政建设对我国高校外语教师的能力提出了新要求。例如前文提到，以课程思政作为目标导向和内容导向，外语金课建设最为重要的特质就是以中国情怀和中国视野为核心的中国元素。对此，王守仁指出，“我前面提到外语教师的 6 个专业领域，即语言、文学、文化、翻译、国情、教育，这 6 个领域均可以与中国发生关联。我们对中国要素，如中国立场、中国视角、中国资源、中国智慧等要有自觉。总体而言是要有中国视野，是在中国视域下进行的外国语言文学研究，这是广大外语教师的学术和事业基准点”（黄新炎，2019：111）。可见，在课程思政视域下，外语教师能力的向度和框架已悄然发生变化。在外语类专业教师能力涵盖的四个方面，即职业道德、教学能力、研究能力和学科知识之外（孙有中、张虹、张莲，2018：9；孙有中，2019：7；仲伟合、王巍巍，2016：5），课程思政应成为外语类教师的另一个能力向度，而该能力向度与职业道德、教学能力、研究能力和学科知识同向而行，并成为勾连这四个能力向度的核心。

由于课程思政与思政课程的同向性，教师队伍建设势必要走融合发展之路，而这恰恰是教师发展最为关键的一点。芝加哥大学的社会学家洛蒂（Lortie, 1975）将教师的职业状态描述为被囚禁在“蛋箱结构”（eggcrate structure）之中，相互孤立，教师除了和学生有深度交流之外，彼此之间缺乏有效交流和合作（Grant, 1996），而课程思政对于打破教师发展的“蛋箱结构”具有重要意义。2019 年，中共中央办公厅、国务院办公厅印发《关于深化新时代学校思想政治理论课改革创新的若干意见》，强调要“深度挖掘各学科门类专业课程蕴含的思想政治教育资源，解决好各类课程与思政课相互配合的问题”;《纲要》更是明确指出，课程思政建设要从机制上创新，马克思主义学院教师和专业教师要联动。基于此，以课程思政建设为媒介，笔者所在学院尝试建立两种外语教师共同体建设模式：跨学科、跨学院的教师学习共同体模式和学院内部的学习共同体模式（见图 1）。

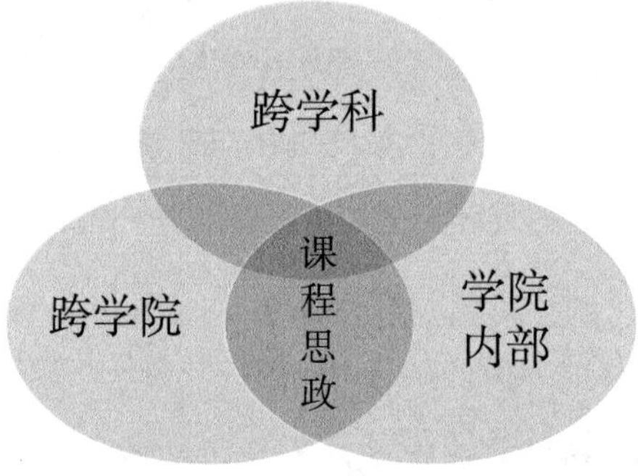

图 1　以课程思政为媒介的教师共同体

4.1　跨学科、跨学院的教师共同体建设

教育共同体是指“基于一致的教育信仰，为了共同的教育目标，在培养人的社会实践中教师或组织基于一定的行业规范，在充分合作的基础上形成稳定的、志同道合的团体”（何红娟，2017：60 — 64）。课程思政建设所强调的跨学院备课、开展教研活动的模式是一种真正意义上的教育共同体机制创新，即在融合机制上深度优化。以跨学科、跨学院的方式组建教师共同体是开展课程思政最为有效的方式。笔者所在学院对此进行了有效尝试。笔者所在外国语学院与马克思主义学院主动对接，多次召开两院思政课程和课程思政建设工作会议，目前已经形成了两项合作议题：一是双方共同建设思政课程，发挥双方学科优势，实现资源共享，达到互补共赢的目的；二是借助外语学科优势，在研究国外马克思主义方面，特别是马克思主义重要系列著作的翻译和推介方面实现共同合作。两个学院对于学科交叉融合、创新课程思政的有益探索，有利于推动多学科优势互补，实现思想政治教育和专业教育的有机融合。两院的合作目前还拓展到师范认证的经验分享、共同组稿、撰稿课程思政建设的文章等方面。

以课程思政为抓手和媒介的跨学科、跨学院的教师共同体建设具有多方面的意义:（1）塑造新型外语课程思政课程研发模式，可以更有效地推动思政课程和课程思政的同向而行;（2）开启外语教师和思政课教师的跨学科发展模式，符合新时代外语教师的专业特点和学术发展特点。

4.2　学院（学科）内部的学习共同体模式

学院内部的教师团队建设往往是以课程群为基础的，比如笔者所在学院就依据课程群，对英语系教师科研团队和教学团队实施一体化建设，陆续建设成英美文学课程群教学团队、双高融合英语学科教学团队、跨学科语言学教学团队、英汉互译与计算机辅助翻译教学团队等校级和院级教学团队。然而以课程群为基础建设的教学团队也存在着彼此割裂、融合度不强的问题，在教研活动中形成学习共同体的内在动力不强。究其原因就在于在课程建设中缺少一种能够勾连所有课程目标和内容的线索和核心，而思政元素正是这种有效中介（文秋芳、张虹，2017）。

围绕课程思政建设，学院的各个教学团队有了合作学习探究的基础和教研合作的前提条件和内容依托，同时各个团队又各有侧重:“英美文学课程群教学团队”建设完成“英美成长小说”等带有鲜明思政特色的在线课程，深入挖掘文学中的德育元素，充分发挥文学的教诲功能，让价值观培养、人格塑造“基因式”地融入外国文学教学之中（蒋洪新，2010；聂珍钊，2014）。“双高融合英语学科教学团队”是学院为进一步增强师范特色，推动英语师范专业深层次变革，整合了笔者所在学院的高校教师和兼职中学教师而特别组建的。该团队讲授的“英语课程教学论”“儿童发展与学习”“中学英语教材分析与开发”等教师教育类课程，高度支撑师德规范、教育情怀等毕业要求，起到了良好的课程思政的导向作用。

5. 结语

作为一个重要的时代命题，高校课程思政建设与“金课”建设的初衷均是在新时代提升人才培养质量，都将带来一场中国高等教育的革命。厘清课程思政和“金课”的关系意义重大，课程思政视域对外语“金课”建设提出了新要求、新挑战，也注入了新活力；在课程思政视域下，外语专业的培养方案、课程体系、教学方法和教师队伍建设都有了全新的发展动力。在某种程度上，课程思政视域为外语“金课”建设带来了新维度、新深度和新广度，并将外语专业建设推向深入。

参考文献

［1］Grant, S. G. Locating authority over content and pedagogy: cross-current influences on teachers' thinking and practice［J］. Theory and Research in Social Education, 1996, 24(3): 237–272.

［2］Lortie, D. Schoolteacher: A Sociological Study［M］. Chicago: University of Chicago Press, 1975, 66.

［3］常俊跃，于如航．外语专业教育中思想政治理论课程教学存在的问题及其应对策略研究［J］．外语与翻译，2017，(4): 78–81.

［4］冯智文．中国外语金课的内涵及其建设方略［J］．外语教学，2020，(2): 59–63.

［5］弗兰科潘·彼得．丝绸之路：一部全新的世界史［M］．邵旭东，孙芳(译)．杭州：浙江大学出版社，2020.

［6］韩宝成．整体外语教育及其核心理念［J］．外语教学，2018，(2): 52–56.

［7］何红娟．“思政课程”到“课程思政”发展的内在逻辑及建构策略［J］．思想政治教育研究，2017，(5): 60–64.

［8］黄新炎．外语教师发展贵在守正出新——王守仁教授访谈录［J］．中国大学教学，2019，(7–8): 108–112.

［9］蒋承勇．“世界文学”不是文学的“世界主义”［J］．文学评论，2018，(3): 23–31.

［10］蒋洪新．人文教育与高校英语专业建设［J］．中国外语，2010，(3): 10–13.

［11］教育部高等学校外国语言文学类专业教学指导委员会英语专业教

学指导分委员会编著．普通高等学校本科外国语言文学类专业教学指南(上)［Z］．北京：外语教学与研究出版社，2020.

［12］刘畅，林海．OBE 理念探索一流本科建设的实现路径［J］．教育评论，2018，(8): 33–36.

［13］刘清生．新时代高校教师“课程思政”能力的理性审视［J］．江苏高教，2018，(12): 91–93.

［14］聂珍钊．文学伦理学批评：论文学的基本功能与核心价值［J］．外国文学研究，2014，(4): 8–13.

［15］彭青龙．论《英语类专业本科教学质量国家标准》的特点及其与学校标准的关系［J］．外语教学与研究，2016，(1): 109–117.

［16］石琳霏，姜亚军．中国英语教育四十年反思及其对新文科背景下英语专业建设的启示［J］．外语教学，2020，(3): 61–66.

［17］石志华．英语专业学生“中国文化失语现象”之反思［J］．教育理论与实践，2013，(30): 53–55.

［18］孙有中．人文英语教育论［J］．外语教学与研究，2017，(6): 859–870.

［19］孙有中．振兴发展外国语言文学类本科专业：成就、挑战与对策［J］．外语界，2019，(1): 2–7.

［20］孙有中，张虹，张莲．《国标》视野下外语类专业教师能力框架［J］．中国外语，2018，(2): 4–11.

［21］王守仁．关于高校外语教师发展的若干思考［J］．外语界，2018，(4): 13–17.

［22］王卓．从简单复合到跨学科外语人才培养——谈新时代背景下英语专业人才培养［J］．山东外语教学，2018，(3): 61–69.

［23］王卓．“一带一路”背景下高校立体化外语教育建设［J］．山东外语教学，2019a，(5): 54–59.

［24］王卓．回归与创新：《国标》视野下高校英语专业外国文学课程体系构建［J］．外语电化教学，2019b，(5): 7–12.

［25］王卓．高校外国文学“课程思政”的内涵与外延［J］．当代外语研

究，2020，(4): 66–72.

［26］王卓，胡艳玲，王金娥．师范类英语专业跨学科人才培养模式探索——以山东师范大学《英语专业培养方案》修订为例［J］．外国语文，2019，(4): 123–128.

［27］文秋芳，张虹．倾听来自高校青年英语教师的心声：一项质性研究［J］．外语教学，2017，(1): 67–72.

［28］文旭，文卫平，胡强，陈新仁．外语教育的新理念与新路径［J］．外语教学与研究，2020，(1): 17–24.

［29］吴岩．建设中国"金课"［J］．中国大学教学，2018，(12): 4–9.

［30］吴岩．谋大局 应变局 开新局—落实落实再落实 提高提高再提高［Z］．2020 年全国高教处长会暨高等学校教学指导委员会工作会议，2020 年 6 月 15 日．

［31］吴一安．优秀外语教师专业素质探究［J］．外语教学与研究，2005，(3): 199–205.

［32］吴宗杰．外语教师发展的研究范式［J］．外语教学理论与实践，2008，(3): 55–60 + 31.

［33］习近平．习近平谈治国理政（第 2 卷）［M］．北京：外文出版社，2017.

［34］曾艳钰．《英语专业本科教学指南》解读［J］．外语界，2019，(6): 2–8.

［35］张驰，宋来．"课程思政"升级与深化的三维向度［J］．思想教育研究，2020，(2): 93–98.

［36］张德禄．外语教学中的评价与品德教育［J］．英语研究 — 文字与文化研究，2019，(9): 12–22.

［37］中共中央办公厅，国务院．关于深化新时代学校思想政治理论课改革创新的若干意见［Z］．2019- 08 – 14.

［38］中华人民共和国教育部．高等学校课程思政建设指导纲要（教高〔2020〕3 号）［Z］．2020 – 06.

［39］仲伟合，王巍巍．"国家标准"背景下我国英语类专业教师能力构成与发展体系建设［J］．外语界，2016，(6): 2–8.

On the Orientation and Intermediacy of Ideological and Political Education for Foreign Language Major Courses

Abstract: With the publication of Guidelines for the Course Construction for Ideological and Political Education in Colleges and Universities, China's Courses for Ideological and Political Education entered into a critical period. The integration of courses for ideological, political education into major construction and course construction will influence core issues of foreign language majors profoundly, such as connotation of foreign language courses and development of foreign language teachers. This article examines the development and significance of courses for ideological, political education on the connotation of foreign language courses from the perspectives of Goal-Orientation and Content-Orientation as well as the effective intermediacy of teachers'team construction.

Key words: courses for ideological and political education; foreign language major courses; goal-orientation; content-orientation; effective intermediacy

外语教育“课程思政”之我见*

南京大学　杨金才

提　要：“立德树人、服务国家”是当前我国高等教育的主导方针，体现国家人才培养战略。外语教育应主动适应国家人才需求，全面落实“立德树人”这一根本任务。因此，有必要将“课程思政”理念融入外语专业课程教学。本文拟以“当代西方人文精神概论”的课程思政教学实践为例，阐发外语教育如何把握中国立场，实现主流意识形态价值观引领，进而推动高素质外语人才培养。

关键词：外语教育；课程思政；价值观引领；当代西方人文精神概论

1. 引言

外国语言文学类专业本科课程体系由公共基础类课程、专业核心课程、专业方向课程和实践教学环节组成，具体涵盖思想政治理论、信息技术、知识素养、道德品质与身心素质等，凸显专业技能和专业知识，围绕语言学、文学、比较文学与跨文化、翻译、国别和区域等专业方向深度融合实践教学，体现校本办学特色和特殊行业人才培养需求（《指南》，2020：i）。长期以来，课堂思想教育一般只在公共基础类部分课程的教学大纲中明确规定。近年来，通识课

* 本文发表于《外语教学理论与实践》2020 年 04 期。

程的建设也在一定程度上发挥了部分课堂思政教育功能，有力推动了外语教育的人才培养工作。高等教育的根本任务是立德树人，培养德智体美劳全面发展的社会主义建设者和接班人、培养能够担当民族复兴大任的时代新人。为了进一步深化外语教学改革，全面落实新时代“立德树人、服务国家”教育方针，有必要将思想政治教育贯穿大学教学的全过程。那么“课程思政”的内涵是什么？如何在专业课程中融入思想政治教育？基于上述思考，本文拟以“当代西方人文精神概论”课程教学实践为例探讨外语教育的“课程思政”，就教于外语界各位同行。

2.“课程思政”的理念及其必要性

就其本质而言，“课程思政”不是一门课，而是一种理念与价值观的引导与传播，可以追溯到 2016 年 12 月习近平总书记在全国高校思想政治工作会议和 2018 年 9 月在全国教育大会上的重要讲话。根据习近平总书记重要讲话精神凝练而成的“课程思政”综合教育理念，教育工作者必须把“立德树人”当作根本任务，运用并发挥好课堂的育人主渠道功能，结合专业各门课程的特点，在教学和改革中，有机融入思想政治教育，形成各类课程与思政课同向同行的育人格局，使知识传授与价值引领产生协同效应，培育出一代又一代在德、智、体、美、劳全面发展，爱国爱党，具有浓厚家国情怀的社会主义建设者和接班人。这就要求我们紧紧围绕“为谁培养人和培养什么样的人”的问题，将思政课程的内涵进行拓展和深化，进一步完善全员全程全方位“三全育人”过程，在学生所学的课程中将传授知识与思政教育有机融合，挖掘课程教学中如何形塑爱国情怀、诚实守信、历史担当等精神元素，将其贯穿于专业课程教学的全过程，并从主流意识形态价值观引导入手，培养学生的中国立场和社会主义核心价值观。

就外国语言文学类专业教学而言，我们面对的是国外的意识形态和西方的主流话语，其文化价值观渗透在语言的背后。因此，外语教师不能简单地从国外“拿来”或“移植”，而是需要有一个思想意识的过滤过程，有必要进行语言意识形态的甄别与文化价值取向的鉴别。譬如，西方学术话语常用“regime”指称中国政府，西方媒体将中国海防作业报道为“military expansion”，直接指涉“中国威胁论”，而且在国际学术交流场合时常出现有悖一个中国原则的文字表述等。遗憾的是，不少中国大学毕业生在国外学习回国后，竟然在学术成果中使用同样的语言表述。这不能不引起关注，我们更需要加以警示。这也从反面充分证明当下外语教育“课程思政”的必要性。在经济全球化、文化多元化的21世纪，外国语言文学的学科地位及重要性更加凸显，在促进文化传承与传播、加强世界各国人民之间的了解与交流、推动我国人文社会科学发展，以及提升我国外语教育与外语人才培养质量等方面起到不可替代的作用。

当今中国正在走近世界舞台中心，积极参与全球治理，中国与世界的联系日益紧密，为外语类专业发展提供重要机遇。一方面，我们要主动适应“中国文化走出去”对外语人才的新要求，以拓展跨文化视野、提升跨文化能力为核心理念，创新并实践基于学生跨文化能力培养的高素质外语人才培养体系：另一方面，我们必须以“立德树人”为导向，引导和培养学生的主流意识形态价值观，真正使其立足世界文化多样性，坚持中国立场，以复杂性思维看待世界，不断提升外语表达能力和人文研究水平，推动学术研究国际化，促进建设中国气派的学术话语体系。

3.“课程思政”与外语教育人才培养

外语类专业涵盖面广，涉及世界主要国家的语言文学专业，具体包括英语、俄语、德语、法语、阿拉伯语、日语和非通用语种等，不断满足国家、社会和人民的需求，特别在新时代中国特色社会主义建设时期发挥着重要的语言输入和输出作用，承担着大国外交时代的历史使命和责任担当。无论中国文化走出去、讲好中国故事还是共建“一带一路”和构建人类命运共同体都离不开优秀的高素质外语人才。新时代中国特色社会主义建设事业不仅为外语教育提供了宽广的舞台和深远的发展前景，而且也提出了全新的使命要求，即如何构建中国特色的外语课程和教材体系，全方位主动适应“立德树人、服务国家”的教育方针。因此，在教材编写和课程设置方面，不能简单沿用以往直接从国外引进的做法，必须改变课程基本理论主要来自西方学者，而国内学者理论创新不足的局面，从我国现阶段人才培养实际出发，设计教学内容，有机融入中国历史发展，中国共产党代表广大人民群众利益的特质，引导和培养学生的主流意识形态价值观，不断增强“四个意识”，坚定“四个自信”，做到“两个维护”。

值得注意的是，当今世界正处于百年未有之大变局，正在形成的新一轮科技革命与产业变革使全球竞争不断加剧。面对激烈竞争，中国在与外来负面意识形态的较量中，充分运用大变局蕴含的历史机遇，有效应对大变局带来的风险挑战，并不断推动国家制度和治理体系建设，更好地坚持和发展中国特色社会主义，进而为人类贡献中国智慧、中国方案和中国经验，这才是中国现实强大的政治文化和精神元素，理应作为面向国家、社会和人民需求的“课程思政”元素融入外语教育的课程建设和课堂教学中。“立德树人、服务国家”是党在新时代制定的教育方针，明确了我国各级各类学校的共同使命，即能不能为中国特色社会主义事业源源不断培养合格建设者和可靠接班人，能不能为实现中华民族伟大复兴中国梦凝聚人才、培育人才、输送人才？联系到外语学科的人才培养，我们的外语教育要在培养社会主义建设者和可靠接班人上有作为、有成效，为提升和改善中国国际地位和话语权做出更大贡献。

党的十九大以来，习近平新时代中国特色社会主义思想深入人心，全国高校思想政治工作会议强调：要教育引导学生正确认识世界和中国发展大势，正确认识中国特色和国际比较，全面客观认识当代中国、看待外部世界。如果没有正确的立场又该如何放眼世界？这是涉及价值引领和政治方向的关键问题，也是关乎外语教育培养什么人、怎样培养人、为谁培养人的根本问题。这就要求有鲜明的主流意识形态价值观引领，通过课程思政潜移默化地对学生的思想意识、行为举止产生影响。外语教育面对的是外来文化思想，教师首先应发挥思想过滤器作用，积极引导主流意识形态与价值观。

外国语言文学的教学不仅仅为了提高语言综合运用能力，更是学生接触西方文化、价值观和意识形态的重要途径。因而，在教学过程中引导学生树立正确的价值观，坚持以中国人的立场，分析和判断中外文化差异和意识形态差别，对于外来语言意识形态及其理论，思想和文化现象做出应有的品评与判断，提高自身明辨事务的能力和水平。培养学生批判性思维能力应首先从价值观引领入手，引导和培养他们的中国认同和主流意识形态和价值观，以及涉外言论和鉴别能力。

4.“课程思政”教学体会

“当代西方人文精神概论”是南京大学外国语学院开设的本科通识课程，由笔者主持建设并担任主讲，教学团队中还有徐蕾、但汉松等教授。以下就该课程的“课程思政”教学谈几点体会。

（1）确定课程教学内容

围绕以学生为中心，从鼓励发现问题，培养思考和批判习惯，提高解决问题能力入手组织教学内容，并融入中国特色外语教材体系建设中。“当代西方人文精神概论”课程以索绪尔的普通语言学、俄国形式主义和新批评为起点，全面介绍20世纪以来西方出现的各种人文思潮，并配上原著选读和问题提示，具体包括以下几个方面：俄国形式主义和新批评、精神分析学派、阅读理论与接受美学、结构主义批评范式、解构主义、女性主义、新历史主义、后殖民主义，文化批评与新世纪批评理论概念的阐释与运用，着重考察“身份”“他者”“离散”“性别”“对话”“空间与赛博”“消费主义”“物质文化”和“生态批评”等，力图打破专业局限，将授课重点从单一的概念介绍转向对学生问题意识和思考能力的培养。本课程用英语授课，旨在引导和培养学生用英语思考问题的能力，进而提高其理论思维和参与国际学术对话的水平等。

（2）课程教学目标

围绕课程大纲，本课程在全球化语境下，结合当前西方批评理论研究的前沿成果，从当代西方人文精神核心价值出发，讲授20世纪以来西方重要批评理论的核心概念及其内涵。课程虽然用英语授课，但已不再是中外两种语言概念转换的简单传递，而是以“立德树人、服务国家”为导向，以“坚定文化自信、提升跨文化能力”为理念，进一步融通中外文化，凸显中国元素，实现话语方式转变，让课程思政润物无声，着力引导学生坚定文化自信，传递中国声音。

（3）具体实施举措与案例

① 本课程在讲解西方理论概念时融入中华元素，使学生通过中外比较的视野认识西方文化，既加深了他们对西方理论概念的印象，又提升其自我文化的认知能力。从语言层面入手，通过典型语汇案例分析，培养学生对西方话语的政治敏锐性和理解力，使其深刻认识西方对中国所持的傲慢与偏见，以及这种根深蒂固的傲慢与偏见如何体现在西方文学作品、大众媒体、影视作品，乃至日常生活中。要求学生在阅读西方理论时，关注和辨别语义意识形态性。引导学生从历史维度考察西方文明进程，使其认识到文明不能简单地划分优劣，而是不同民族文化的自我选择，是在交融中互生发展。同时，引入人类命运共同体思想，强调世界文化多样性和不同文明之间的互鉴。西方文明的强大其实与殖民掠夺密不可分，这是文明的外衣，曾被科学、民主、自由和博爱等鲜亮的语汇所遮蔽。因此，我们推介并辅导学生阅读萨伊德的《东方主义》及其论述，批判地阅读亨廷顿的《文明的冲突》和福山的《历史的终结》等论著，引导和提醒学生注意亨廷顿将儒家文明作为西方文明对立面的意图，和福山对苏联解体后资本主义胜利的欢呼。在一定程度上，前者迎合了西方“中国威胁论”，而后者则为抵制和否定中国特色社会主义打前站。我们并不视西方主流话语为洪水猛兽，而是有针对性地了解和熟悉其话语机制及其蕴含的真实意图，积极主动地应对，并在教学中加以引导。这么做，旨在教学实践中牢固树立正确的政治方向和实施主流意识形态价值观的引领。学生可以通过中外比较正确认识西方话语的立场和意识形态盲区，进而加深对中外文明差异的认识，即能从历史中辩证地审视西方文化，坚定文化自信。

② 本课程立足研究型教学，以问题为导向，着眼于培养学生思考问题的能力和方法，致力于提高他们的创新思维水平和拓宽他们的文化视野，让学生在了解与熟悉西方批评话语的同时能够批判地加以借鉴与运用，从而培养他们表达思想、判断、鉴别价值观和参与国际交流的能力。在此基础上，不断拓展学生的学习领域，让他们了解我国国情，着力培养其全球意识和国际视野，提升其跨文化理解和交流水平，并从实践层面通过系列作业和课后问答培养学生

发现、辨析、质疑、评价等批判性思维与获取知识、创新知识的能力。在涉及西方话语及其意识形态立场时，我们梳理一系列概念名词和话语词汇供学生讨论，并配置相应的读物供其用作样本分析，通过不同的题型，尤其是综合主观阐述题，进一步激发学生的学习兴趣，既可系统传授知识，又能使学生在理解的前提下批判地借鉴西方批评理论中能给人启示的批评概念，并加以运用。譬如比较分析新批评代表人物 T.S. 艾略特的理论与中国文论中的空灵说，比较西方接受美学思想与王国维"三境界"阐述间的异同，解读中西女性文化，以及从中国经典《道德经》思想反观西方解构主义学说等。这在一定程度上突破了外语教学单一以外部输入为主的知识传递课程模式，实现了中英两种语言的跨界思考，将语言能力培养与文化交流和批判性思维能力培养教学目标融为一体。

③ 本课程组织学生阅读、分析、讨论精选原文著作，并引导他们用英文进行研讨，着力培养其传播中国声音的能力。在具体教学实践中，我们融入中华元素，使学生在讨论西方人文精神的同时，学会用英文表达中国价值取向，摒弃盲目崇洋和一味地"拿来"，鼓励和引导他们开展中外文明对话，正确传递中国声音。

④ 本课程严格教学秩序和考勤记录，制定完备的教学大纲和明细的考核标准，并利用教学立方平台技术对学习过程进行监控和考查，及时反馈学生作业，对论文写作注重学术规范与方法引导。倡导诚信学风、严格执行课堂纪律本身也体现了课程思政内涵。

5. 结语

2018 年，教育部颁布的《普通高等学校本科专业类教学质量国家标准（外国语言文学类）》虽然明确规定了外语类专业的人才培养规格，但在专业定位和培养宗旨方面还是比较笼统。如何持续深化外语教育教学改革，全面落实"立德树人"这一根本任务，仍需要每个高校和广大外语教育工作者共同努力，不断探索有机融合"课程思政"，实现全员全程全方位"三全育人"过程。

真正发挥课堂育人主渠道作用，将学科资源、学术资源转化为育人资源，实现“知识传授”和“价值引领”有机统一。

参考文献

［1］教育部高等学校外国语言文学类专业教学指导委员会英语专业教学指导分委员会编著．普通高等学校本科外国语言文学类专业教学指南(上)——英语类专业教学指南［M］．上海：上海外语教育出版社，2020.

［2］“全国高校思想政治工作会议重要讲话”(2016)和“全国教育大会重要讲话”(2018)。学习路上：习近平总书记系列重要讲话大型网络数据库，http://cpc.people.com.cn/xuexi/GB/387488/index2.html (2020712).

［3］习近平在全国高校思想政治工作会议上强调：把思想政治工作贯穿教育教学全过程，人民日报，http://data.people.com.cn/rmrb/ 20161209/1 (2020720).

"Curricula of Integrated Ideology and Politics" in Foreign Language Education

Abstract: It is the leading purpose of China's higher education policy today to practice the fundamental task of fostering virtue and morality in students and serving the state, embodying the nation's strategies of talent cultivation. Following the educational policy, foreign language education has to orient its mission of catering to the national needs of talents. It is argued that foreign language education should design its curricula of integrated ideology and politics in order to nurture different major courses of which "Contemporary Western Humanist Theories: An Introduction" will be cited as an example to illustrate how it fulfills the purpose of understanding and critiquing the Western humanist thought through a critical stance of a Chinese perspective and cultivate in the minds of students values of the Chinese dominant ideology in the new era.

Keywords: foreign language education; curricula of integrated ideology and politics; value cultivation; “Contemporary Western Humanist Theories: An Introduction

经典阅读与思政教育

——英国文学课程思政体系之尝试性建构 *

北京科技大学　尹晶

摘　要： 英国文学经典阅读是英国文学课程的重要组成部分，是众多国内外高校实施“通识教育”、培养“全人”的重要途径。阅读英国文学经典不仅有助于提高学生的英语运用能力和文学赏析能力，其担负的意识形态功能也不容忽视。因此，我们有必要探索新的课程体系，将思政教育有机融入英国文学经典阅读。本文尝试以个体篇、社会篇和国家篇三个模块为框架，以英雄、爱情、人性、法律、人权以及经济霸权、语言权力、中国形象等为主题，引导学生对英国文学经典传递的价值和思想观念进行批判性思考，并辅以社会热点问题讨论，以培养学生的批判性思维和独立主体性，增强新《国标》规定的思辨能力和跨文化能力，使其能够在国际视野中深刻理解和思考我国主流价值观的思想内涵，真正在教学中实现“立德树人”这一目标。

关键词： 英国文学；经典阅读；课程思政；主体性培养；立德树人

* 本文发表于《中国外语》2021 年 02 期。

1. 引言

在世界许多地区，英国文学传统一直作为“价值的基础和标准”存在。（Habib, 2005: 741）作为英国古老智慧的传承、“永恒价值”的载体，英国文学一直备受推崇。剑桥大学、哈佛大学、哥伦比亚大学、耶鲁大学等英美著名大学，以及国内许多著名高校都将经典阅读视为实施“通识教育”、培养“全人”的最好方法，其中的经典书目多为英国文学作品。诚然，阅读英国文学经典能够提高学生的英语运用能力，培养其文学赏析能力，但不可否认，这些经典作品也是传递英国文化价值观念的一种载体。因此从某种意义上说，英国文学经典处于西方思想的前沿阵地，其传递的价值观极易对当代中国大学生产生直接冲击，进而形成潜在的意识形态风险。在此背景下，我们需要更深刻地认识到英国文学经典承载的意识形态功能，尝试将思政元素有机融入课程当中，在教学过程中着力培养学生的思辨能力，引导学生对其传递的文化价值观进行批判性思考，帮助学生树立正确的世界观、人生观和价值观，从而实现“德”育与“智”育的统一。

当前，许多学者已经指出英美文学经典阅读对实现“德育”、培养“全人”的重要性，然而对于如何将思政教育有机融入课程当中，有分量、成体系的研究成果目前仍不多见。也有研究将思政教育看作英美文学教学改革中的一个目标，但并未建构起系统的、有教学实践价值的课程思政体系。（王卓，2019）基于此背景，笔者在已有教学实践的基础上，尝试以“后殖民课程观”和“课程思政理念”为引领，以培养学生的批判性思维和独立主体性、增强其思辨能力和跨文化能力为目标，探索一套相对完整、可行的课程思政体系，使学生能够在国际视野中理解和思考我国当代主流价值观的思想内涵，校准个人的成长方向，成为能够担负民族使命的时代新人。

2. 思辨导向式课程思政体系目标建构

当前的英国文学经典书目林林总总，但大多未超出 F. R. 利维斯和哈罗德·布鲁姆为延续和坚守西方文学传统挑选出的“西方正典”。若要将思政教育有机融入英国文学经典阅读之中，首先要解决的一个问题就是要扩大经典书目的范畴，如可借鉴后殖民课程相关研究成果（Hall and Goebel, 1995; Woolman, 2001; Kanu, 2006; 约翰斯顿，2007; Kincheloe, 2011; Sibanda and Young, 2018; Gyamera and Burke, 2018），考虑学生的“认知特点、心理和生理成熟度、生活体验”和生活经历（郭洋生，2012：73），增加与学生的学习生活密切相关的当代文学经典，增加非洲、印度、加勒比海等第三世界国家和地区的优秀英语文学作品。在此基础上，可尝试从个人、社会和国家三个层面出发，构建课程思政逻辑体系，由小到大，由点及面，引导学生实现对主流价值观的感性了解、情感认知和理性思辨。具体而言，该体系要实现以下三个目标：

（1）形成理性的道德认知。通过对英国文学经典所展现的英雄、爱情、人性等内容进行批判性分析，对比阅读中国古今经典文学作品，引导学生深入思考文化背景与道德标准、时代主题与道德要求、行为动机与社会环境等问题，从而更好地打牢道德根基，勇开风气之先，锤炼品德修为。

（2）塑造高尚的社会情怀。通过对英国文学展现的“人”之形象和法律问题进行历时性阅读，对比阅读中国古今经典文学作品，引导学生批判性地思考西方国家推崇的“普遍”人权、“普世”价值和“普世”法律的建构性本质，塑造正确的社会观念，培养高尚的社会情怀。

（3）担负应有的时代使命。通过分析英国文学经典展现的经济霸权、标准英语隐含的不平等权力关系以及对中国形象的不同展现，引导学生批判性地思考英美国家对第三世界国家的经济文化殖民，更深刻地理解当今经济文化全球化的本质，在我国日益走进世界舞台中央的新时代，助力祖国展现良好的形象，更好地担负强国使命。

3. 课程思政体系模块建构

上述三个教学目标同时构成了该课程体系的三个模块。为增强课程的吸引力和趣味性，每个模块的教学可辅以社会热点事件或热点问题的讨论，激发和鼓励学生进行深入思考，从而达到润物细无声的教学效果。同时，可以尝试翻转课堂模式：借助线上慕课提供相关的基本文学知识，以拓展线性知识的宽度；以围绕各专题的点状知识展开线下分组讨论，由各小组围绕各自的兴趣点进行课堂展示，展开深刻的思想交锋，以加强点状知识的深度。如此，才能引导学生走出抽象知识的象牙塔，在纷繁复杂的人间万象中体味课堂所学的真谛，为自己找到真正的人生坐标。

3.1 个体篇

曾经的儒家知识分子多以“正心、修身、齐家、治国、平天下”为自己的人生理想，今天的社会政治经济状况虽大为不同，但我们仍可以之为生存之道、立身之本。其中，正心、修身乃是根本。本部分将系统梳理英国文学展现的英雄、爱情、人性等内容，引导学生在个体层面上更好地正心、立德、修身。

专题 1：英国文学中的英雄

英国经典文学作品塑造了许多值得称道的英雄人物，如英勇无畏、斩妖除魔的英雄贝奥武夫；忠诚勇敢、侠义深情的亚瑟王；忧国忧民、崇尚民主的哈姆雷特；勇于反抗、不屈不挠的撒旦；英勇顽强、反抗压迫的民族英雄罗宾汉；乐于冒险、勇于行动的鲁滨逊等。但是，我们不能盲目崇拜这些成长于英国社会政治文化背景中的英雄，需要引导学生进行批判性思考，在思想上摆脱英式英雄观的影响，思考中国在独特的社会政治文化条件下，需要怎样的英雄。

笛福笔下的鲁滨逊这个英雄人物虽备受崇拜，甚至被神化，却并不真实。当时有关海难的新闻报道表明，跟鲁滨逊有同样海难经历的“殖民骑士们”或丧失了语言能力，沦为野人，或出现了精神问题，变得疯狂（蹇昌槐，2003：47），更遑论“单枪匹马重建欧式政治经济制度”（任海燕，2009：81）。南非作家库切的小说《福》改写了鲁滨逊神话，揭露了作为小说家笛福化身的福“不尊重事实真相，不尊重历史的行为”，揭示了其小说创作行为的虚构性。（任海燕，2009：86）由此可见，鲁滨逊是笛福为迎合当时英国殖民扩张、称霸世界的野心精心虚构和包装出来的英雄形象，反映了那个特定时代对新兴资产阶级的特定要求。对比阅读中国的相关文学作品，可以发现，中国人一向欣赏的是“捐躯赴国难，视死忽如归”的精神，崇尚的是爱国敬业、忧国忧民的英雄，而非具有冒险精神和扩张野心的鲁滨逊式英雄。

专题 2：英国文学中的爱情

大学生年纪尚轻，对爱情充满向往，极易被超脱世俗、轰轰烈烈的爱情感动，甚至为之不顾一切。而在英国文学经典中，就有许多这样令人津津乐道的爱情故事。这些爱情故事表面看似不食人间烟火，却隐藏着极为现实的一面。因此，需要引导学生进行批判性阅读，以培养正确的爱情观、人生观和价值观。以《傲慢与偏见》和《简·爱》为例，两部作品虽极力强调精神契合、心灵相通，却无意间揭示了隐藏在两段爱情背后的物质因素和社会环境。

《傲慢与偏见》中，伊丽莎白就像两部小说的作者一样，通过广泛的阅读对男性有着极为敏锐的判断力，因此她内心深处清楚家境优渥、品味高雅的达西是自己的良配，因为心心相印、举案齐眉固然重要，但赡养母亲、抚养幼妹的家庭责任也不容忽视，伊丽莎白和姐姐简关于婚姻的那番交心之谈，清楚地表明了这一点。《简·爱》中，简·爱继承自叔叔的财富缩小了她与罗切斯特的差距，二人才顺利成婚。简·爱最后嫁给残疾的罗切斯特，与其说是因为爱情，不如说是因为“从基督徒的谦卑中产生的献身狂热”（程巍，2001：22），从而以新兴中产阶级的纯粹道德观和严格的职业伦理弥补了堕落、高傲的上层阶级之不足。从社会层面来看，伊丽莎白和达西、简·爱和罗切斯特的结合意味着绅士阶层和贵族阶层、中产阶级和上层阶级的完美融合，均体现了作者心中的美好愿景。而在现实生活中，奥斯汀一生未婚，夏洛蒂嫁给了一位平淡无奇的牧师，似乎充分说明两部小说描写的那种跨阶级爱情虚无缥缈。对比阅读中国的相关文学作品，联系社会现实，批判性地思考爱情的现实表现，在突出唯美爱情之时，也不能忽视社会条件而孤芳自赏，更不能忽略社会责任而独善其身。

专题 3：英国文学中的人性

2006 年的“老人摔倒无人敢扶”事件，2011 年的“小悦悦事件”，2016

年的江歌案，在一定范围引发了民众对人性和道德的拷问，给我们提供了重新反思人性和道德的契机：随着我们的经济越来越繁荣，生活越来越富裕，我们的人性是否会自然而然地越来越美好，我们的道德是否会理所当然地越来越高尚。我们可以籍此回归英国文学经典，品味英国作家生动笔触下复杂多变的人性。

在英国文学经典中，我们既看到人性美好的一面，也看到其丑恶的一面：《威尼斯商人》展现了安东尼奥和巴萨尼奥同甘苦、共患难的兄弟谊，也展现了夏洛克的贪婪、吝啬，对女儿和仆人的冷酷无情;《理智与情感》展现了埃丽诺与玛丽安相亲相爱、互相扶持的姐妹深情，也展现了其同父异母的哥哥约翰对继母和妹妹们的冷漠无情;《简·爱》展现了简·爱与海伦之间纯洁、真挚的友情，也展现了舅妈里德太太对她的嫌弃，表哥约翰对她的欺侮和谩骂;《德伯家的苔丝》展现了苔丝与农场女友之间患难与共、守望相助的友情，也展现了埃里克对苔丝的玩弄和欺辱;《微物之神》展现了出身高贵的宝宝克加玛对贱民维鲁沙的恶意诬陷，也展现了维鲁沙对双胞胎艾斯沙和瑞海儿慈父般的关爱;《耻》展现了白人教授卢里逐渐对流浪狗展现的温情，也展现了三个黑人青年对露西的强暴恶行。对比阅读中国的相关文学作品，引导学生批判性地思考道德养成与时代、文化背景的关系，形成正确理性的道德认知，真正“扣好人生第一粒扣子”，通过不断地反躬自省，形成社会主义的新型人际关系。

3.2 社会篇

个体除了正心和修身，还应心系社会。本部分将系统梳理英国文学展现的“人”之形象和法律问题，引导学生批判性地思考“普遍”人权、“普世”价值和“普世”法律等内容，帮助学生摆脱西方思想的影响，塑造正确的社会观念，培养高尚的社会情怀。

专题 4：英国文学中的人权

一直以来，“藏独”“疆独”“台独”“港独”分子都是以“人权”为借口，为自己的暴行辩护，而英美等西方政府也是以“人权”“民主”为名为他们撑腰打气。西方屡屡诟病中国的人权状况，令我们不得不回归英国文学经典，反思所谓的“普遍”人权和“普世”价值。在英国文学经典中，我们可以看到不同时期的文学作品推崇的是不同的“人”之形象（德勒兹）。从盎格鲁撒克逊时代的异教英雄贝奥武夫，到封建社会的基督徒骑士，再到资本主义社会时期有理性、有主体意识、有道德、异性恋、讲标准英语的鲁滨逊、达西、罗切斯特等等。这反映了不同时期的英国社会由于政治经济等原因对“人”的要求在发生变化。

即便在某一特定的历史时期，标准的“人”之形象也在变化。资本主义社会时期，摄政时代标准的“人”之形象是奥斯丁笔下的悠闲绅士达西，到了维多利亚时代，则变成夏洛蒂笔下充满激情、乐于冒险的罗切斯特，这种嬗变反映了英国“从乡村社会走向帝国事业这一过程”（程巍，2001：14）。《呼啸山庄》中，温顺的林顿代表的是日渐没落的土地所有者，而充满野性的希斯克利夫则代表着新兴的资产阶级商人。既然英国社会在不同时期推崇不同的“人”之形象，那么其他国家也理应推崇符合各自国情的“人”之形象。既没有固定不变的“人”之形象，那么以之为基石的“普遍”人权和“普世”价值也就不复存在。只有深刻认识到这一点，才能帮助学生在经济全球化的大背景下，摆脱西方强加于我们的思想和价值观，更理性地看待所谓的“普遍”人权和“普世”价值，真正摆脱西方的人权和价值绑架。

专题 5：英国文学中的法律

香港反修例风波以来，经济大幅衰退，民生严重受损。我们心痛之余，可以回归英国文学经典，反思所谓的“普世”法律。英国文学中涉及法律主题的经典作品众多，包括莎士比亚、笛福、奥斯丁、狄更斯、哈代等在内的许多英国作家都参与讨论了法律问题，希望通过批判英国社会在不同时期、不同领域出现的不公、不义、不合理的丑恶现象，促进英国法律体制的改革和完善。

《威尼斯商人》展现了“自由竞争、权力至上、契约自由”等理念，反映了早期现代西方法律理念随着西欧经济在 1400 年至 1600 年发生的深刻变化而出现的转变。（冯伟，2014：130–31）《傲慢与偏见》《理智与情感》《简・爱》间接批判了规定不动产只能由长子或男性亲属继承的限定继承权法。《德伯家的苔丝》批判了当时不合理的婚姻制度、财产继承制度和刑事审判制度等（何欣，2012）。《耻》中露西的悲惨遭遇，《微物之神》中维鲁沙的惨死，《白老虎》中巴尔拉姆飞黄腾达的经历更是让我们看到，英国法律制度被移植到非洲、印度等前殖民地国家和地区后结出了畸形、腐烂的果实。对比阅读中国的相关文学作品，引导学生批判性地思考英国文学经典展现的法律问题，认识到世界上并不存在普适性的完美法律制度，不同国家需根据自身的国情，不断地修订和完善法律制度，如此，才能坚定我们对中国特色社会主义法制的信心。

3.3 国家篇

国与家历来唇齿相依，休戚与共，国强则民安，因此，正心、修身、齐家之外，尚需心系国家使命。本部分将系统梳理英国文学展现的经济霸权、语言权力以及两种不同的中国形象，引导学生批判性地思考当今经济全球化的实质与危害，从而更好地担负起时代赋予的国家使命，展现更立体、更全面的中国形象。

专题 6：英国文学中的经济霸权

英国文学经典虽然叙事技巧高超，情节跌宕起伏，却往往掩盖了英国对殖民地国家的经济剥削。《简·爱》并未明写无法继承家族产业的罗切斯特如何维持桑菲尔德庄园的庞大开销，保障自己的浪荡子生活，也未言明简·爱继承自叔叔的遗产从何而来。《曼斯菲尔德庄园》只是偶尔提及托马斯爵士去了安提瓜岛处理事务，却未表明是何事务。《大卫·科波菲尔》仅提及债台高筑、酷爱面子的米考伯去了澳大利亚，才过上自己梦想中的体面生活，却未言及澳大利亚的殖民属性。《远大前程》仅提及梦想破灭、穷困潦倒的皮普去了印度，成了克拉利柯东方公司的职员后，才拥有了自己的远大前程，却对该公司的殖民性质只字不提。

仔细挖掘这些小说和相关史料，我们可以发现它们讳莫如深的一些细节：简·爱的叔叔是在英国的殖民地印度积累了可观的财富；罗切斯特是从牙买加迎娶了拥有种植园的黑白混血儿太太，才获得了一笔丰厚的嫁妆，保障了自己的富裕生活；托马斯爵士在安提瓜岛经营了一片种植园，以此保障自己在国内的社会地位；澳大利亚先是英国的犯人流放地，后为英国提供廉价原料，并替英国解决人口过剩和失业严重等问题；皮普服务的克拉利柯东方公司同东印度公司一样，主要通过殖民活动从印度及亚洲各国捞取巨额利益。正是这些若隐若现的前殖民地给英国输送了源源不断的财富，保障了英国的繁荣发展，改变了小说主人公的生活和命运。引导学生通过这样的批判性思考，认识到英国打着“拯救”的旗号对这些前殖民地国家和地区进行的经济盘剥，并更深刻地认识到美国隐藏在经济全球化幌子下的经济贪欲和经济霸权，从而坚定只有保持政治定力、走中国特色社会主义道路才能使我们自立自强的信心。

专题 7：英国文学中的语言权力

中国改革开放之后，英语热愈演愈烈。能否说一口标准流利的英语，甚至已成为某种身份的象征。因此，对大多中国人而言，掌握标准英语已成为一项重要技能。但在非洲、印度等英语文学经典中，我们却发现虽然对生活在后殖民社会中的非洲人、印度人而言，讲标准英语、读英文小说是高贵身份的象征，但小说中的“印度英语”或“非洲英语”却明显与标准英语不同。这不禁令我们反思这种饶有趣味的语言现象，思考这些小说家用意何在，其做法对我国有怎样的启示。

标准英语在 18 世纪被吹嘘为“最好、最纯粹”的语言，具有“独特的表现力”，注定会对全球产生更广泛的影响。（Talib, 2002: 5）因此，标准英语被赋予一种内在优越性，不仅承载着英国的民族特征，而且成为一种强大有效的手段，支持着英国的殖民主义事业。英国不仅用英语给殖民地的人和地点命名，以取代当地人以前对“地点和身份进行的种种建构”（Gilbert and Tompkins, 1995: 165），而且建立英语学校，通过强制当地居民学习标准英语，更好地控制他们。由此可见，标准英语的发展与英国殖民主义事业密切相关，因此必然隐藏着英国与殖民地的霸权关系，某些表达必然体现了英国对前殖民地国家、人民和文化的扭曲、歧视、偏见和压制。非洲、印度英语小说家正是因为清楚地认识到这一点，才致力于根据本民族的语言特点和节律对标准英语进行改造，以瓦解标准英语隐藏的权力关系，摆脱英国通过语言、文化等手段对印度、非洲人民进行的殖民（尹晶，2017）。通过这些批判性思考和讨论，学生才能认识到标准英语隐藏的权力关系，并有意识地致力于创造真正的“中国英语”，以摆脱西方国家的语言和文化霸权。

专题 8：英国文学中的中国形象

经历了五千多年风云变幻的中国，随着新中国的成立和改革开放，经济日益繁荣，综合国力日益强大，国际地位日渐提升，开始以大国形象活跃在世界舞台上。但随着中国的崛起，西方媒体展现的中国形象日益复杂、多变，甚至充满了偏见、扭曲和误解。尤其是新型冠状病毒感染疫情暴发以来，英美等国家的一些政客和媒体对我国疫情防控工作所做的舆论报道更是荒谬。我们亟须思考如何重塑被西方扭曲的中国形象，因为“真实、积极的中国形象在某种程度上左右了中国发展的前景与命运”（吴赟，2019：73）。回顾英国文学，中国历来以两种截然不同的面貌出现。在曼德维尔、哥尔德史密斯、柯勒律治等作家笔下，中国是一个富有异域情调、强大富有、瑰丽奇幻、令人钦羡的文明之邦，可以“实现暴富神话的东方乐土”（管新福，2016：140）。而在笛福、雪莱、萨克斯·罗默等作家笔下，中国文明遭到肆无忌惮的讽刺与抨击，普通中国百姓被丑化、扭曲为阴险狡诈、冷酷无情、丑陋愚昧的懒惰之辈，甚至是未被驯服的蛮人，官员则变得贪婪、腐败，导致民不聊生（管新福，2016：142；葛桂录，2005：67）。

这一现象耐人寻味，令人深思。中国的两副面孔之所以截然不同，是因为那些英国作家往往根据时代的需要，将中国建构为用来界定其自身的“他者”形象。被虚构出的中国如同赛义德笔下的其他东方国家，是“最常出现的”欧洲“他者形象”，是“欧洲物质文明和文化的重要构成部分”（Said, 1979：1–2）。在英国作家笔下，中国一直扮演着西方文化对立面的角色，当西方发现自身在政治、法律、宗教、道德、社会风尚等领域出现问题时，便将中国展现为乌托邦的一面，而当西方需要通过对比确立自身的优越性并进行殖民扩张时，便将中国展现为否定性的一面（周宁，2000：22）。因此，在英国文学中，中国从未展现出客观真实、自在自为的真实面貌。通过对中国形象的嬗变进行批判性思考，学生才会更加深刻地认识到，没有强大的物质力量作为基础，没有深厚的民族精神作为积淀，一个国家、一个民族不可能真正屹立于世界民族之林。因而，实现中华民族伟大复兴的中国梦，理应成为当代青年需要肩负的历史使命。同时，要塑造好中国形象，努力向世界展现更加真实、立体、全面的中国。

4. 结语

面对风云变幻的国际国内形势，我们必须培养学生的批判性思维和独立主体性，使其能够辨是非、明事理，从而真正在教学中融合“智育”与“德育”。为此，本文尝试以课程思政理念为指导，结合后殖民课程的相关研究，建构一套切实可行、相对完整的课程思政体系。通过确立一套更令学生感兴趣的新经典，系统梳理英国文学经典中的英雄、爱情、人性、法律、人权以及经济霸权、语言权力、中国形象等内容，辅以社会热点事件或问题的讨论，同时引入中国文学经典，引导学生进行批判性思考，从而帮助学生形成理性的道德认知，塑造其高尚的社会情怀，担负其应有的时代使命。并在此过程中，着力将新《国标》规定的思辨能力和跨文化沟通能力的培养有机融入知识学习过程本身，使其能够在国际视野中深刻理解和思考我国主流价值观的思想内涵，成为能够自觉抵御西方文化霸权和价值观渗透的时代新人。

参考文献

［1］Gilbert, H. & Tompkins, J. Post-Colonial Drama: Theory, Practice, Politics［M］. London: Routledge, 1996.

［2］Gyamera, G. O. & Burke, P. J. Neoliberalism and curriculum in higher education: A post-colonial analyses［J］. Teaching in Higher Education, 2018 (4): 450-467.

［3］Habib, M. A. R. Modern Literary Criticism and Theory［M］. Malden, Oxford, Victoria: Blackwell Publishing, 2005.

［4］Hall, J. C. & Goebel, B. A. G. Teaching a “New Canon”? Students, Teachers and Texts in the College Literature Classroom［M］. Urbana, IL: NCTE, 1995.

[5] Kanu, Y. Curriculum as Cultural Practice: Postcolonial Imaginations [M] . Toronto: University of Toronto Press, 2006.

[6] Kincheloe, J. L. Critical ontology and indigenous ways of being: Forging a postcolonial curriculum [A] . In Kincheloe, J.L. (ed). Key Works in Critical Pedagogy [C] . Rotterdam: Sense Publishers, 2011: 333–349.

[7] Said, E. W. Orientalism [M] . New York: Vintage Books, 1979.

[8] Sibanda, L. & Young, J. Towards a postcolonial curriculum in Zimbabwe: A critical review of the literature [J] . Africa Education Review, 2018(2): 50–72.

[9] Talib, I. S. The Language of Postcolonial Literatures [M] . London & New York: Routledge, 2002.

[10] Woolman, D. C. Education reconstruction and post-colonial curriculum development: A comparative study of four African countries [J] . International Education Journal, 2001(5): 27–46.

[11] 程巍 . 伦敦蝴蝶与帝国鹰：从达西到罗切斯特 [J] . 外国文学评论，2001(1): 14–23.

[12] 冯伟 . 莎士比亚与早期现代英国的“法律”建构 [J] . 外国文学，2014(4): 127–133.

[13] 葛桂录 . “中国不是中国”：英国文学里的中国形象 [J] . 福建师范大学学报（哲学社会科学版），2005(5): 64–70.

[14] 管新福 . 西方传统中国形象的“他者”建构与文学翻转——以笛福的中国书写为中心 [J] . 文学评论，2016(4): 139–147.

[15] 郭洋生 . 后殖民课程观与中国英语文学课程范式改革 [J] . 高等教育研究，2012(2): 71–78.

[16] 何欣 . 苔丝悲剧命运的法律审视 [J] . 外国文学研究，2012(2): 51–56.

[17] 蹇昌槐 .《鲁滨逊漂流记》与父权帝国 [J] . 外国文学研究，2003(6): 46–51.

[18] 任海燕 . 探索殖民语境中再现与权力的关系——库切小说《福》对鲁滨逊神话的改写 [J] . 外国文学，2009(3): 81–88.

[19] 王卓. 回归与创新：《国标》视野下高校英语专业外国文学课程体系构建[J]. 外语电化教学, 2019(5): 7–12.

[20] 吴赟. 国家形象自我建构与国家翻译规划：概念与路径[J]. 中国外语, 2019(3): 72–78.

[21] 尹晶. 解域、逃逸与创造：印度当代英语小说的小民族文学性[J]. 外国文学研究, 2017(4): 134–143.

[22] 约翰斯顿. 重构语文世界：后殖民教学实践[M]. 郭洋生等译. 北京：北京教育科学出版社, 2007.

[23] 周宁. 永远的乌托邦[M]. 石家庄：河北教育出版社, 2000.

The Reading of Literary Classics and the Ideological and Political Education: A Tentative Construction of Ideological and Political Education in the Course of British Literature

Abstract: The reading of British literary classics is an integral part of the course of British Literature, and an important means of carrying out "liberal education" and cultivating "the whole man" in many universities both at home and abroad. However, although such a reading helps enhance students' capability of using English and appreciating literature, we cannot ignore its ideological function. Therefore, it is necessary for us to explore how to construct a new course system which integrates the ideological and political education organically into the reading of British literary classics. This paper attempts to tease out British literary classics by constructing three modules on the individual, the social and the national levels, and introducing such topics as heroes, love, humanity, law, human rights, economic hegemony, the power of language, the image of China with discussions of hot-button issues or social topics, with a view to guiding students to carry out critical thinkings of the values and ideas transmitted by those classics in a way that can enhance their capabilities of critical thinking and cross-cultural communication, and help them understand and reflect on the ideological content of our mainstream values from an international perspective, so as to realize the goal of "moral education" in practical teaching activities.

Keywords: British literature; the reading of British literary classics; the ideological and political education; cultivation of subjectivity; moral education

下篇　外语课程思政实践探索

“中国文化概要Ⅱ”（理解当代中国）课程思政教学案例

中国青年的使命

赵　娜

课程名称　中国文化概要Ⅱ

课程性质　专业核心课程

授课专业　英语专业

授课对象　三年级本科生

课程简介

本课程是主要介绍中国传统文化的课程——“中国文化概要Ⅰ”的拓展和延伸，将带领学生细读习近平新时代中国特色社会主义思想的10个重要方面相关英文选篇。这些文章主要选自《习近平谈治国理政》（英文版），聚焦党的十九届六中全会审议通过的《中共中央关于党的百年奋斗重大成就和历史经验的决议》中“十个明确”的重要思想内容。本课程力图在引导学生全面、准确理解原文思想内涵的基础上，进行应用、分析、评价和创造等高阶思维活动。英语专业学生在过去多年的语言学习中，只注重提高听说读写能力，或学习了解西方的文学作品或理论，而忽略了运用自己的语言优势向世界介绍中国、传播中国声音。因此本课程旨在将习近平新时代中国特色社会主义思想的学习与英语读写能力的培养有机融合，引导学生学会用中国理论观察和分析当代中国的发展与成就，在内容学习的过程中进一步夯实英语基本功，向高级英语读写能力进阶，重点掌握时政话语特别是中国特色时政文献的语篇特点与规律，着力提高学生的思辨能力、跨文化能力和国际传播能力，使其成为有家国情怀、有全球视野、有专业本领的社会主义建设者和接班人。

思政元素分析

2021 年 9 月习近平总书记在中央人才工作会议上强调，要培养造就一批善于传播中华优秀文化的人才，发出中国声音、讲好中国故事、不断提高国际传播影响力、中华文化感召力、中国形象亲和力、中国话语说服力和国际舆论引导力。长期以来，我们英语专业学生培养的重点是提高其听说读写译能力，使其能读“西书”、译“西学”，能够把世界介绍给中国，从而为我国的外交外事和经济建设铺路搭桥。但进入 21 世纪，英语专业学生在继续履行好把世界介绍给中国的使命的同时，还要肩负起把中国介绍给世界的新使命。特别是在世界各种思想文化交流交锋更加频繁、国际舆论斗争和软实力较量更加激烈的今天，国家更需要有家国情怀、有全球视野，能够讲好中国故事、把中国声音传递给世界，能够参与全球竞争的国际化外语人才。当今的大学生大多对中国传统文化了解较多，多数高校的英语专业所开设的中国文化概要课程主要聚焦于传统文化的介绍和讲授。当然传统中国故事无疑要继续讲、创新讲，但大学生更要了解当代中国的故事，对当代中国有更深入的理解，能够用英语向世界传递中国声音。这有助于提高学生的外语应用能力和跨文化沟通能力，有助于构建中国特色话语体系，夯实国家软实力，推动中国更好走向世界，世界更好了解中国。本课程所要研读的文章选自《习近平谈治国理政》(英文版)，均为习近平总书记在重要会议或场合的讲话、演讲或致辞等。通过对这些文章的学习和延伸阅读，学生能更好地把握习近平新时代中国特色社会主义思想的核心要义和内在逻辑，系统领悟习近平新时代中国特色社会主义思想的原创性、历史性和世界性贡献，对当代中国有更真实、立体和全面的认识，从而为讲好中国故事做好知识储备，打下坚实基础。

首先，本课程的选篇涉及习近平新时代中国特色社会主义思想十个重要方面：中国特色社会主义最本质的特征和中国特色社会主义制度的最大优势、坚持和发展中国特色社会主义总任务、坚持以人民为中心的发展思想、中国特色社会主义事业总体布局和战略布局、全面深化改革总目标、全面推进依法治国总目标、必须坚持和完善社会主义基本经济制度、党在新时代的强军目标、中国特色大国外交和全面从严治党的战略方针。在阅读这些选篇的过程中，学生能够掌握如何表达具有中国特色的概念。此外，我们要结合中国已经或正在发生的故事帮助学生理解其核心概念的内涵，如五四精神、全过程人民民主等，使其将习近平新时代中国特色社会主义思想内化于心、外化于行。

其次，由于经济全球化的发展以及社交媒体的影响，现在的大学生容易受西方某些抹黑中国的言论或观点的影响，如受一些西方媒体对中国的环境问题、人权问题甚至最近的疫情问题等歪曲、不实的报道的影响，从而对我国的现状产生一些偏激的观点或做出一些不理性的行为。本课程将引导学生通过阅读选篇，并鼓励学生查找相关资料进行延伸阅读，加深他们对中国理论和中国实践的认识，如对我们的政治体制、外交政策、法治体系等有全面、客观和正确的理解，能够对外媒的某些错误性的言论和观点进行批判性分析，从而增进对中国共产党领导和中国特色社会主义的政治认同、思想认同、理论认同和情感认同。

再次，英语专业的学生大多具备良好的听说读写译能力，但往往欠缺跨文化思辨意识，不知如何将中国文化介绍给外国朋友、如何向世界讲述中国故事。如在课程“中国文化概要Ⅰ”的期末考试中有两道大论述题，分别是阐释孔子学说对当今中国的影响和愚公精神在当代中国的体现。多数学生只能概括地答出仁、义、礼、智、信、中庸等概念，但未能对这些概念进行阐释，也没有较好地结合具体事例说明儒家思想的影响。对于“愚公精神”，多数学生能够简要讲述“愚公移山”的故事并指出愚公坚持不懈的精神，但未能结合当代中国的故事详细地论述愚公精神的内涵和重要性。由此可见，多数学生对中国理论“知其然不知其所以然”，对当代中国的故事缺少关注和了解，在用外语讲好中国故事、用中国理论解读中国实践的能力方面有所欠缺。本课程将引导学生通过讲述自己的所见、所闻来加深对中国理论和实践的理解，并辩证地看待国际社会对中国的理解与误解，培养他们的跨文化思辨意识，提高用英语讲好中国故事的能力。

综上所述，本课程蕴含的思政元素主要有以下几个方面：

1. 引导学生深入阅读习近平新时代中国特色社会主义思想重要方面的选篇，从语言上掌握如何谈中国的国情国事，掌握中国特色话语体系，特别是中国特色时政文献的语篇特点和规律。

2. 通过细读 10 个重要方面相关选篇，掌握习近平新时代中国特色社会主义思想的基本观点和内在逻辑，理解中国理论和中国实践。

3. 引导学生关注国际社会对中国理论与中国实践的理解与误解，培养学生的跨文化思辨意识，提高用英语讲好中国故事的能力。

教案设计

教学目标

（一）知识目标

1. 通过对课文的分析和讨论，让学生了解新时代中国青年的使命以及如何更好地完成这些使命；2. 掌握有关坚持和完善中国特色社会主义的英文词汇和表达；3. 掌握比喻修辞的翻译策略。

（二）能力目标

1. 培养学生的思辨能力：通过阅读课文和课外拓展资料能够阐释五四运动的历史意义以及五四精神的内涵；能够结合具体案例分析民主和科学在我们追求民族复兴的过程中的重要性。

2. 培养学生的跨文化能力和国际传播能力：培养学生从全球视角评价五四运动的能力；通过介绍五四青年奖章获得者的经历，培养讲好中国故事的能力。

（三）价值目标

更好把握中国实践的理论结晶、中国之治的经验秘籍、民族复兴的根本指南，系统领悟习近平新时代中国特色社会主义思想的原创性、历史性、世界性贡献，进一步增进对中国共产党领导和中国特色社会主义的政治认同、思想认同、理论认同、情感认同。

教学内容分析

（一）教学内容

本次课程带领学生阅读和分析习近平总书记在纪念五四运动 100 周年大会上的讲话片段。引导学生在理解文章内容的基础上，对五四运动的意义、五四精神有更深入的理解，对当代青年的历史使命有更清晰的认识，并尝试结合具体事例思考如何将个人的目标与国家与人民的命运结合起来。

（二）教学重点

本节课的教学重点有以下三个方面：

（1）让学生了解五四运动的历史背景，并分析五四运动对当代中国历史发展所产生的重大影响。（2）分析选篇的结构和语言特点，结合中文原文分析选篇对比喻修辞的翻译。（3）分析五四精神以及当代青年为何要继续传承这些精神，探讨当代青年为何在今天仍然要传承艰苦奋斗的优良传统。此外，讨论哪些优秀品质是当代青年需要具备的。

（三）教学难点

（1）如何帮助学生了解比喻修辞在译文中的效果并掌握其翻译策略。本节课的课文中使用了大量比喻的修辞手法，并引用了许多名人名言。如何更好地翻译这些比喻以恰当地表达中文的含义，以及如何赏析这些比喻在外国读者中可能产生的效果，是本节课的一个教学难点。（2）学生对五四运动都非常熟悉，但对五四精神及其对今天的现实意义大多缺少思考。如何引导学生在如今的国际背景下和中国所处的发展阶段去看待五四运动的意义和启示，进而思索作为当代青年的使命，是本节课的另一大难点。

教学对象分析

“中国文化概要Ⅱ”是针对英语专业三年级本科生开设的专业拓展课程。学生在大一、大二主要以听、说、读、写、译等基本功的培养为主，大三上学期学习了主要介绍中国传统文化的“中国文化概要Ⅰ”课程。整体上说，本课程的授课对象具有以下特征：

（1）通过一二年级的基础课学习，学生已具备一定的词汇量，掌握一定的句法和修辞知识，具备较高的阅读能力，可以在此基础上阅读专业性较强、文本难度较高的时政类语篇。但学生此前对此类文本接触较少，因此需要通过阅读相关文章来掌握此类时政话语的语篇特点与规律，培养时政文献的阅读能力，为将来在各自的工作领域将中国介绍给世界做准备。

（2）多数学生虽然具备扎实的英语基本功，但欠缺批判性思维的能力。例如，当老师就某些观点或问题询问学生的想法或态度时，他们往往没有自己的见解或不能给出有力的论证，不能展开深入的讨论；思辨能力的欠缺还体现在其写作中，许多学生的作文写得很空洞，多是大话空话，看不到他自己的思考和有说服力的阐释。因此，培养学生的批判性思维能力迫在眉睫。

（3）学生虽然经过初高中阶段的学习对中国传统文化及现当代文化都比较了解，但对很多概念、政策的内涵、事件的历史背景和意义以及一些当代中国的问题缺少深入的思考。因此需要通过读一些权威文献，并在课堂活动设计与课外延伸阅读等环节加以大量生动的事例和数据，坚持中国立场与全球视角相融合、宏大叙事与个案分析相结合、理论思辨与实践关照相结合，引导学生认识真实、立体、全面的当代中国。

教学手段与方法

基于本节课的学习目标、重点与难点，结合授课对象的基本特征，本节课使用文秋芳教授提出的产出导向法作为主要教学方法，其过程主要包括：

（1）驱动阶段

给学生布置产出驱动任务。① 负责本单元的小组同学提前查找与选篇相关的资料，如五四运动的历史背景和重要影响等，并在班级群分享给其他同学提前阅读。该小组同学在课堂上展示他们在阅读相关资料中的发现，教师鼓励其他学生就其展示进行提问或评论，从而更好地理解五四运动给当代青年留下的精神遗产。② 全体同学提前阅读本单元的选篇——习近平总书记在纪念五四运动 100 周年大会上的讲话，完成课本上关于课文结构的练习并预习文中的词汇短语。③ 从课本中“critical thinking”部分的三个问题中选择一个进行思考，将自己的观点成文并在课堂上分享。

（2）促成环节

首先，教师会在小组展示环节对展示内容进行点评，并引导学生对相关内容展开深入讨论，及时给学生提供必要的帮助和指导；其次，帮助学生理解选篇中的难点并引导学生比较中英文在本体和喻体使用上的差异，从而更好地掌握中国话语特色，提高其用英语讲好中国故事的能力。最后，批阅学生关于“critical thinking”部分的写作并给予反馈。

（3）产出评价

产出评价分为即时和延时两种。即时评价主要是对学生在课堂上的展示、讨论和回答问题的情况进行评价；延时评价主要是对学生的课后练习，特别是学生的写作进行评价，这是学生的期末考试成绩的非常重要的一部分。

此外，教师在课堂上还采用多模态教学法。灵活运用 PPT、影音资料、图片等多种教学形式，实现课堂的多模态教学。PPT 展示的图片、影音资料等让学生对历史事件和当代中国青年的故事有更直观的感受，也增强了课堂的趣味性。

教学过程

教学步骤	教学目的	教学内容	表达方式	教学设计	时间安排
1. 引入主题	引起学生兴趣，导入本课主题	引出本节课所讲内容：五四运动的精神遗产、五四精神	**Lead-in** **The spreading of Marxism in China:** After the victory of the October Revolution led by Lenin in 1917, Marxism spread to China. In 1919, the May 4th Movement broke out in China, which awoke the Chinese people in an unprecedented way. After the movement, the Chinese working class, as an independent political force, entered the historical arena. A large number of revolutionary intellectuals who believed in Marxism, including Chen Duxiu, Li Dazhao and Mao Zedong, set up communist groups across the country to spread Marxism and organize workers' movements. Marxism was thus integrated with the Chinese workers' movements, laying a foundation for the establishment of the CPC.  **Lead-in**  **The Background of May 4th Movement** **Paris Peace Conference:** The Paris Peace Conference was convened in January 1919 at Versailles outside Paris to establish the terms of the peace after World War I. Though China was one of the victorious nations, its demands at the conference were rejected. Moreover, the United Kingdom, France, the United States and Italy, who dominated the conference, intended to transfer to Japan the rights and interests seized by defeated Germany in Shandong, China. This act aroused the strong discontent of the Chinese people, which led to the May 4th Movement.	学生PPT展示	<15>分钟
2. 提出学习目标	提出本节课的学习目标，让学生有目的地展开学习和思考	提出本节课的具体学习目标：知识目标能力目标价值目标	**Learning Objectives** ➢ 知识目标　掌握有关坚持和完善中国特色社会主义的英文词汇和表达 掌握比喻修辞的翻译策略 ➢ 能力目标　培养思辨能力、跨文化能力和国际传播能力 ➢ 价值目标　增进对中国共产党领导和中国特色社会主义的政治认同、思想认同、理论认同、情感认同	PPT展示	<5>分钟

续表

教学步骤	教学目的	教学内容	表达方式	教学设计	时间安排
3. 分析课文	引导理解课文结构和内容	学习课文中的重点词语和表达，了解文中关键术语和词汇的含义，理解长句、难句的含义	**Detailed Analysis of the Text** 4. You should continue to **carry forward** the spirit of the May 4th Movement and **take on** you mission to realize national rejuvenation. You should meet the expectations of our Party and our people, be worthy of the trust of the nation, and **live up to** the demands of this great era. (Para. 3) **live up to:** If something or someone lives up to a particular standard or promise, they do as well as they are expected. e.g. *The Wandering Earth II* has certainly lived up to my expectations. live up to one's words **Detailed Analysis of the Text** 7. **Dr Sun Yat-sen** said that the biggest thing for a citizen is "knowing how to love one's country." (Para. 8) **Dr Sun Yat-sen:** Sun Yat-sen (1866-1925), also known as Sun Wen and Sun Zhongshan, was revered as a great national hero, a patriot and a forerunner of the Chinese democratic revolution. He put forward the political philosophy known as the "Three Principles of the People"—nationalism, democracy and the people's livelihood. He was the first to call for the revival of the Chinese nation, and under his leadership, the rule of absolute monarchy that had lasted for thousands of years in China was finally ended by the Revolution of 1911. **Detailed Analysis of the Text** **The core socialist values:** Core values of socialism embody the essence of advanced culture, and are the true expressions of the values pursued by the whole Chinese people. The 18th CPC National Congress, held in November 2012, called for a major drive to foster the core values of Chinese socialism, as represented at three different levels for the state, for society, and for individual citizens. At the state level, China must be a country with prosperity, democracy, civility, and harmony. For society, it should be one of freedom, equality, justice and the rule of law. And for individual citizens, we need patriotism, professionalism, integrity and good will. The core values of socialism, as an aggregation of these goals, are an essential part of the socialist ideology and define the ideological and intellectual pursuits of the socialist system.	教师讲解要根据学生的程度深入浅出、清晰准确	<25>分钟

续表

教学步骤	教学目的	教学内容	表达方式	教学设计	时间安排
4. 思辨阅读	引导学生批判性的思考和讨论课本p11的三个问题	阐释“民主”“科学”的重要性、当代青年的使命	**Analytical Reading** Critical thinking ③ **Discuss one of the following questions in a small group and share your ideas in class.** 1. “Mr Democracy” and “Mr Science” were advocated by the youths of the May 4th Movement period as the two fundamental strategies to save China. In the new era, they are still regarded as pivotal by the CPC. Use examples to illustrate the importance of democracy and science in our pursuit of national rejuvenation. **Analytical Reading** 2. Each generation has its own mission. Great changes have taken place in China and the world since the May 4th Movement. What do you think is the mission of your generation in the new era? How are you going to fulfill your mission personally? **Analytical Reading** 3. President Xi says, only when “you integrate your goals with those of the nation and the people, advance with the times, and share the aspirations of the people will you live up to your values and realize the lofty goals of life.” Search for some cases from all walks of life in China to illustrate how to integrate the goals of individuals with those of our nation and the people. Answer: Students can search online for stories of national model workers from all walks of life who best exemplify the integration of personal goals with those of the nation and the people. For example, Yuan Longping (袁隆平) and Nan Rendong (南仁东).	学生选择其中一个题目进行小组讨论并在课堂分享讨论结果，引导学生运用具体事例阐释对这些问题的看法	<15>分钟
5. 讲好中国故事	引导学生思考什么样的青年能代表当代青年	学生选择一位五四青年奖章获得者，试想将其故事分享给外国朋友	***Telling China’s Story to the World*** **The May 4th Medal is the highest honor for outstanding Chinese youths. Since 1997, it has been conferred on model youths in China for their outstanding contributions to the country and the examples they have set for the young generation. Do some research and write an essay of 400-500 words about one China Youth May 4th Medal recipient, discussing in what way he or she represents the Chinese youths today. Imagine your essay is to address an international audience.**	学生展示，老师给出点评和反馈	<15>分钟

续表

教学步骤	教学目的	教学内容	表达方式	教学设计	时间安排
6. **语言练习**	带领学生巩固本节课的语言知识点	完成课后语言练习，并对整节课做简要总结	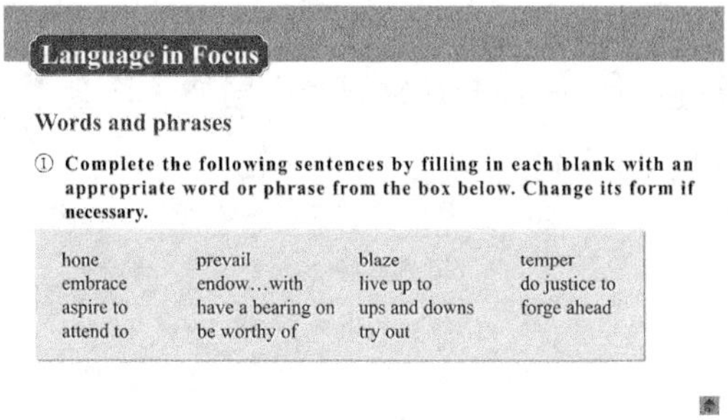	学生展示答案，教师点评引导学生做出总结	<10>分钟
7. **中国智慧**	学习古代名言警句	让学生品味这些名言警句并思考其现实意义	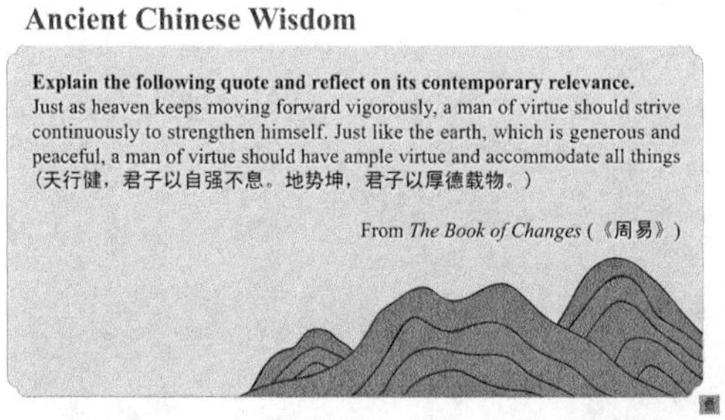	学生讨论，教师反馈	<5>分钟

教学效果分析

基于本次课程的目标设定及内容安排，可以从以下几个方面分析达到的教学效果：

（1）学生是否基本掌握有关坚持和完善中国特色社会主义的英文词汇和表达，是否能够运用这些词汇和表达介绍当代中国青年的使命以及如何努力践行其责任，学生是否把握修辞在时政话语中的作用和效果。

（2）学生是否理解五四运动的重要历史意义以及五四精神的内涵，即学生是否理解五四运动的现实意义，更加明确作为新时代青年的责任，如何将国家命运与个人目标相结合。

（3）学生是否能更好地讲好中国故事、传播中国声音，即是否能够用英语讲述当代优秀青年的事迹，能否对他们的贡献和优秀品质进行评价，是否对他们所体现出的当代青年的优秀品质有更深的认同。

（4）长远来看，学生是否具备了一定的批判性思维能力、跨文化能力和国际传播能力，是否将习近平新时代中国特色社会主义思想内化于心、外化于言，是否更加坚定中国特色社会主义道路自信、理论自信、制度自信和文化自信，进一步增进对中国共产党领导和中国特色社会主义的政治认同、思想认同、理论认同和情感认同。

“汉译英理论与实践”（理解当代中国）课程思政教学案例

中国特色大国外交

周荣娟

课程名称 汉译英理论与实践

课程性质 专业必修课

授课专业 英语专业

授课对象 三年级本科生

课程简介

本课程以《理解当代中国》汉英翻译教程为主教材，结合《习近平谈治国理政》中英版本第一至四卷，把习近平新时代中国特色社会主义思想有机融入汉英翻译实践。课程内容涵盖汉英翻译基础知识、中国时政文献内容与特色、中国时政文献翻译的原则与策略。引导学生系统学习习近平新时代中国特色社会主义思想，领会其思想要义，熟悉中外时政文献话语体系特点及差异，把握“以我为主、融通中外”的中国话语对外翻译原则，提高翻译实践能力和国际传播能力。通过本课程学习，学生将着重提高四个方面的能力：汉英双语实际运用能力、时政文献翻译实践能力、中国话语国际传播能力和翻译技术应用能力。

思政元素分析

教育部在2020年公布的《新文科建设宣言》中提出，强化价值引领是新文科建设的内在要求。要坚持以习近平新时代中国特色社会主义思想为指导，不断提高高等文科教育的时代性、科学性和创造性。习近平总书记多次在各种重要场合强调，中国高等外语教育不仅具有把世界介绍给中国的使命，更重要的是还有把中国介绍给世界的使命。讲好中国故事，传播好中国声音，展现真实、立体、全面的中国，不断提高中国的国际传播影响力、中华文化感召力、中国形象亲和力、中国话语说服力和国际舆论引导力。因此，将习近平新时代中国特色社会主义思想的内容与翻译课程相结合，打造价值塑造、知识传授与能力培养三位一体的思政课程，帮助学生坚定“四个自信”，进一步增强对中国特色社会主义的认同感，同时提升外语类专业学生的国际传播能力，便显得尤为重要。

时政文献是中国话语基本内涵的主要代表之一，全面学习、深刻理解、准确翻译时政文献是向国际传播中国道路、中国理论、中国制度的关键所在。因此，在课程中依托时政材料，以读懂原著文献为基础，深化对中国话语的理解，才能提高对中国话语的阐释能力和传播能力。

《习近平谈治国理政》英译版本是中国话语体系的集中体现和融通中外的译文范本，课程选用的《理解当代中国》汉英翻译教程便是基于此书编写的，并结合选用了习近平总书记在各个重大场合的讲话和权威文献。课程内容涵盖习近平新时代中国特色社会主义思想十个重要方面，包括：1. 中国特色社会主义最本质的特征和中国特色社会主义制度的最大优势；2. 坚持和发展中国特色社会主义总任务；3. 坚持以人民为中心的发展思想；4. 中国特色社会主义事业总体布局和战略布局；5. 全面深化改革总目标；6. 全面推进依法治国总目标；7. 必须坚持和完善社会主义基本经济制度；8. 党在新时代的强军目标；9. 中国特色大国外交；10. 全面从严治党的战略方针。

在教学过程中，引导学生细读习近平新时代中国特色社会主义思想的十个重要方面相关选篇，通过课文学习和延伸阅读，把握习近平新时代中国特色社会主义思想的核心要义和内在逻辑，并能运用该理论体系解释中国实践，加深对中国理论和中国实践的认识。有助于深入开展课程思政，落实立德树人的根本任务，培养有家国情怀、全球视野、专业本领，堪当民族复兴大任的高素质人才。

通过学习中外权威翻译专家团队的译本，从中汲取翻译技巧、领会话语策略，同时引导学生批判性分析国际媒体对中国理论与实践英文传播中存在的误读和误解，综合提高外语应用能力和跨文化沟通能力，掌握推广中国话语的外译标准，构建中国话语特色，推动中国更好走向世界，世界更好了解中国。

课程所蕴含的思政元素主要通过以下几个方面来落实：

1. 通过对习近平新时代中国特色社会主义思想十个方面文献的研读和讨论，充分掌握各主题相关核心概念提出的背景、思想内涵和重大意义；

2. 通过对习近平新时代中国特色社会主义思想十个方面文献关键语句和重点段落的分析、讨论与翻译，引导学生在语境中深化主题思想的学习，同时用英语有效表达主题思想的核心内容；

3. 引导鼓励学生运用习近平新时代中国特色社会主义思想的基本观点和方法，在全球大背景下深入分析当代中国改革开放和社会主义现代化建设的丰富实践。

教案设计

教学目标

（一）知识目标

1. 通过原著文献选读，让学生充分了解中国特色大国外交核心术语提出的背景、具体内涵以及重要意义，如：习近平外交思想、独立自主的和平外交政策、和平发展道路、“一带一路”建设、新型国际关系、全球治理体系改革和建设、人类命运共同体、全人类共同价值等。

2. 通过双语文献对比阅读以及重点段落的翻译实践和讨论，推动学生对核心概念内涵的深度理解，掌握核心术语的英译，并基于自身翻译实践和集体讨论，总结分析中国时政文献翻译和国际传播的策略。

（二）能力目标

1. 培养学生独立研究能力和思辨能力。引导学生独立预习课文、独立检索课程主题相关文献，进行延伸阅读，培养自主学习能力；通过自主阅读与集体讨论等多样化的学习方式，引导学生在独立思考和研究基础上进行合作探究；客观、全面了解中国特色大国外交理念提出、形成和发展的过程，结合当前中国外交实践进行一定的分析和判断，锻炼和提高思辨能力。

2. 培养学生翻译实践和国际传播能力。通过翻译实践、译文对比和讨论，掌握并内化“以中国时政文献原文思想内涵为根本，兼顾国际受众理解与接受”的原则，灵活应用多样化的翻译策略与方法，如：语义对应、语篇衔接、句型调整、逻辑转换等，有效翻译中国特色大国外交主题语篇。

（三）价值目标

帮助学生理解中国特色大国外交中的重要理念，牢固树立“四个自信”。明确中国特色大国外交要服务民族复兴、促进人类进步，推动建设新型国际关系，推动构建人类命运共同体。

教学内容分析

（一）教学内容

本单元教学内容包括两方面。1. 课程思政。结合课前学生自主预习和课堂讨论，让学生比较全面掌握中国特色大国外交思想中核心概念的提出背景、主要内容和重大意义，包括习近平外交思想、独立自主的和平外交政策、新型国际关系、“一带一路”建设、人类命运共同体、全球治理体系改革和建设等。2. 翻译策略。通过翻译实践和讨论，深入诠释国际传播中中国外交思想核心概念，灵活运用语义对应与融合、句型调整、逻辑与视角转换等策略，准确有效对外传播中国特色大国外交思想。

（二）教学重点

本节课教学重点主要包括：学生通过对原著文献资料的梳理和阅读，充分掌握中国特色大国外交政策理念和核心概念的实质与内涵。在此基础上结合国际传播的特点，准确翻译中国特色大国外交的核心概念和相关文献。

（三）教学难点

本节课教学难点主要在于：1. 如何引导学生把中国特色大国外交思想的理论学习与当代中国的外交现实有机结合起来，提高学生的理论素养，学会用理论解读实践。2. 如何通过对核心概念的解读以及不同英文翻译的对比分析，融合理论阐释与翻译实践感悟，引导学生掌握中国外交理念和思想在国际社会的准确、有效传播。

教学对象分析

“汉译英理论与实践”是针对英语专业三年级本科生开设的专业必修课。之前学生已进行过相关的英语专业基础课程的学习，包括阅读、听力、写作等，也系统进行过翻译技能中笔译基础课程的学习，具有一定的双语转化能力。学习本单元前学生已对时政文献的特点、翻译原则和规律具备一定的了解，通过其他主题的学习和翻译实践也掌握了基本的研究方法和思路。

对于大国外交这一主题，学生并不陌生，从日常的新闻报道和学习中都有一定的接触和了解，具有比较丰富的感性认识，但对中国外交思想缺乏足够的理论认识，而且对于常听常见的外交核心思想和概念的认知更多地停留在表面，深层次的内涵理解不够。没有系统地学习过这些外交核心思想尤其是话语的表述，在翻译实践或国际传播中表述不够精准，对于不同词汇和句式的选择可能对传播效果带来的差异不够敏感。

通过本单元关于中国特色大国外交从点及面、从理论到实践的学习，帮助学生从理论上提升对中国特色大国外交理念全面深入的了解，鼓励学生能在此基础上结合时事，深入解读中国政府具体的外交政策，并能通过自身的翻译实践准确有效传播相关的外交思想和理念。

教学手段与方法

基于本节课的学习目标、重点与难点，结合授课对象的基本特征，本节课秉承基于重要思想理解的跨文化阐释和传播的原则，在课程的思政教学和翻译教学两部分均采用研讨式、启发式、互动式相结合的教学方法。

（1）时政文献准确翻译和有效传播的一个基本前提是对思想理念和核心概念的充分理解。通过课前指定阅读和自主阅读相结合的方式，学生梳理出中国外交思想和政策的基本脉络，对相关核心概念有大致的了解。课堂上以小组展示、教师提问和学生探讨等方式强化认识。同时，教师引导学生关注和思考学生陈述中未涉及的方面或问题，通过课堂提问、小组讨论和课后延展阅读等方式，进一步培养学生的研究能力和思辨能力。

（2）鼓励学生对中国特色大国外交核心概念、重点语句和段落进行独立翻译，以小组陈述的方式展示自己的翻译思路、理据，并结合他人译文以及参考译文进行对比分析，在讨论中加深对文本所含思想的认识，以及各种翻译策略的运用。整个过程中引导学生关注语言的细微不同对概念思想传递的影响，帮助学生树立时政话语的翻译意识和国际传播意识。

（3）鼓励学生课外观看电视剧《大国外交》以及其他相关外交话题方向的视频资料，尤其是中国日报、CGTN 等国内主流外宣媒体播出的英文报道和访谈，从而推动对中国大国外交思想的深度认识，并鼓励学生共享、共建这一主题的视频资料库。

教学过程

教学步骤	教学目的	教学内容	表达方式	教学设计	时间安排
1. 引入主题	确保学生具备深入学习本单元主题内容的基本背景信息	习近平外交思想：独立自主和平政策、“一带一路”倡议、人类命运共同体等基本概念的定义及通用译法	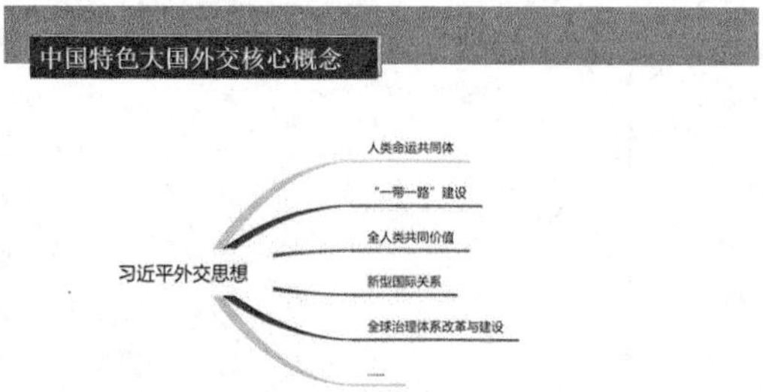	教师提问或学生相互提问的方式	<7>分钟
2. 教学内容介绍	学生了解本单元学习内容、要求和目标	提出本单元主题学习中学生自主学习的部分内容、要求以及课堂重点讨论内容	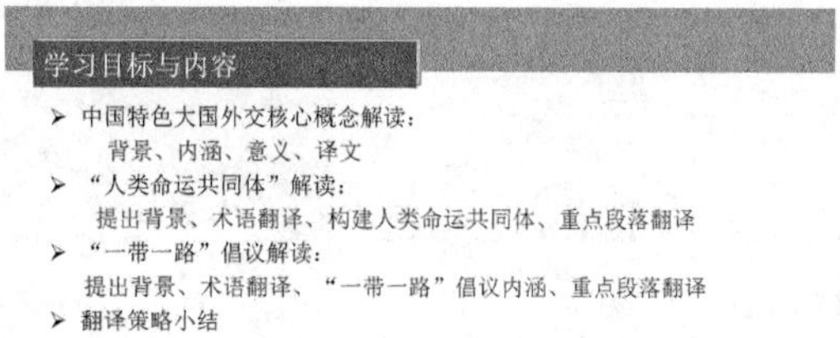	PPT展示和介绍	<3>分钟

续表

教学步骤	教学目的	教学内容	表达方式	教学设计	时间安排
3. 关键词：人类命运共同体	掌握“人类命运共同体”关键词的核心概念及其翻译	了解核心概念“人类命运共同体”的提出背景及意义	**“人类命运共同体”理念** ● 提出背景、发展历程 ● 理念内涵： 国际权利观、共同利益观、可持续发展观、全球治理观 ● 重要意义	学生分组陈述、教师补充讲解	<10>分钟
		分析讨论“人类命运共同体”核心概念不同英译	**“人类命运共同体”英译** ● the shared common future ● the community of shared destiny ● an international community of a shared future ● a community of shared future for mankind ● a global community of shared future	学生讨论＋教师点评	<10>分钟
		构建“人类命运共同体”重点段落的翻译及翻译策略小结	**构建“人类命运共同体”段落** ● 我们呼吁，各国人民同心协力，构建人类命运共同体，建设持久和平、普遍安全、共同繁荣、开放包容、清洁美丽的世界。要相互尊重、平等协商，坚决摒弃冷战思维和强权政治，走对话而不对抗、结伴而不结盟的国与国交往新路。要坚持以对话解决争端、以协商化解分歧，统筹应对传统和非传统安全威胁，反对一切形式的恐怖主义。要同舟共济，促进贸易和投资自由化便利化，推动经济全球化朝着更加开放、包容、普惠、平衡、共赢的方向发展。要尊重世界文明多样性，以文明交流超越文明隔阂、文明互鉴超越文明冲突、文明共存超越文明优越。要坚持环境友好，合作应对气候变化，保护好人类赖以生存的地球家园。	学生翻译＋小组陈述教师点评	<20>分钟
4. 关键词：“一带一路”倡议	掌握“一带一路”关键词的核心概念及其翻译	了解“一带一路”倡议提出背景及意义	**“一带一路”建设（倡议）** ● 丝绸之路经济带 ● 21世纪海上丝绸之路 ● 一带一路建设、一带一路倡议 时代背景、发展历程、具体内容、主要意义	学生陈述＋教师讲解	<10>分钟

续表

<table>
<tr><th>教学步骤</th><th>教学目的</th><th>教学内容</th><th>表达方式</th><th>教学设计</th><th>时间安排</th></tr>
<tr><td rowspan="2">4. 关键词：“一带一路”倡议</td><td rowspan="2">掌握“一带一路”关键词的核心概念及其翻译</td><td>分析讨论“一带一路”倡议核心概念不同英译</td><td>“一带一路”倡议 英译
● Silk and Road Economic Belt
● 21st Century Martitime Silk Road
● One Belt and One Road
● The Belt and Road Initiative</td><td>学生讨论＋教师点评</td><td><10>分钟</td></tr>
<tr><td>“一带一路”倡议重点段落翻译及翻译策略小结</td><td>“一带一路”倡议 段落
● 共建“一带一路”顺应了全球治理体系变革的内在要求，彰显了同舟共济、权责共担的命运共同体意识，为完善全球治理体系变革提供了新思路新方案。
● 新的征程上，我们必须高举和平、发展、合作、共赢旗帜，奉行独立自主的和平外交政策，坚持走和平发展道路，推动建设新型国际关系，推动构建人类命运共同体，推动共建“一带一路”高质量发展，以中国的新发展为世界提供新机遇。</td><td>学生翻译小组陈述教师点评</td><td><20>分钟</td></tr>
<tr><td>5. 拓展思考</td><td>培养学生的研究能力和思辨能力</td><td>分析中国官媒和外媒对同一时政内容不同译文的意义；拓展对“共同体”内涵的认识</td><td>拓展思考1
对比外媒和我国官方媒体的译文，分析差异原因和可能对读者产生的影响：
同时，中国人民也绝不允许任何外来势力欺负、压迫、奴役我们，谁妄想这样干，必将在 14 亿多中国人民用血肉筑成的钢铁长城面前碰得头破血流！
● By the same token, we will never allow any foreign force to bully, oppress, or subjugate us. Anyone who would attempt to do so will find themselves on a collision course with a great wall of steel forged by over 1.4 billion Chinese people.
● At the same time, the Chinese people will absolutely not allow any foreign force to bully, oppress or enslave us and anyone who attempts to do so will face broken heads and bloodshed in front of the iron Great Wall of the 1.4 billion Chinese people.

拓展思考 2
查阅资料，理解以下概念，并探讨其翻译：
➢ 人类卫生健康共同体
a global community of health for all
➢ 人与自然生命共同体
a community of life for man and nature
➢ 中华民族共同体意识
a sense of Chinese/national identity 或 a sense of community for the Chinese nation</td><td>课后独立思考和完成下次课检查讨论</td><td></td></tr>
</table>

教学效果分析

基于本次课程的目标设定及内容安排，可以从以下几个方面分析达到的教学效果：

（1）学生是否基本了解了中国特色大国外交的核心是推动建设新型国际关系，推动构建人类命运共同体。

（2）学生是否全面掌握了习近平外交思想体系，对相关核心概念提出的背景、主要内涵和重要意义有清楚的认识。

（3）学生是否能运用所掌握的大国外交思想和概念对相关时政做出清晰和正确的分析。

（4）学生是否掌握了中国特色大国外交思想中核心概念的英译，领会了官方译法的原因和效果。

（5）学生是否掌握了中国外交语篇翻译的原则和通用翻译策略，能对类似主题的语篇进行准确翻译，并对译文进行批判性分析。

“英语口语（演讲与辩论）”（理解当代中国）课程思政教学案例

中国梦

王　晶

课程名称　英语演讲与口才
课程性质　专业必修课
授课专业　英语专业
授课对象　三年级本科生

课程简介

本案例主要介绍《理解当代中国》英语演讲与口才教程，将习近平新时代中国特色社会主义思想与英语学习与演讲能力的培养有机融合。课程内容涵盖“理解当代中国”“理解公共演讲”“传播中国声音”三个主要板块，课文选自《习近平谈治国理政》第一卷、第二卷、第三卷相关主题篇章。本课程力图引导学生系统学习习近平新时代中国特色社会主义思想的英文表达，领会中国梦、社会主义核心价值观、文化自信、从扶贫到共同富裕、全面深化改革、生态文明建设、经济高质量发展、依法治国、“一带一路”倡议和人类命运共同体等思想的核心要义和内在逻辑，全面提高自身的政治理论素养，学会用中国理论在跨文化交流的国际舞台上传达好中国声音。因此本课程旨在帮助学生理解当代中国，着力提高学生英语公共演讲的能力，重点掌握中国特色话语体系，培养其思辨能力和跨文化沟通意识，使其成为能够具有家国情怀、用英语讲好中国故事、传播中国声音、参与全球竞争的高素质国际化外语人才。

思政元素分析

2016 年 9 月，习近平总书记参加中央政治局集体学习时指出，参与全球治理需要一大批熟悉党和国家方针政策、了解我国国情、具有全球视野、熟练运用外语、通晓国际规则、精通国际谈判的专业人才。2021 年 5 月，习近平总书记在参加中央政治局集体学习时又强调，要讲好中国故事，传播好中国声音，展示真实、立体、全面的中国，下大力气加强国际传播能力建设，形成同我国综合国力和国际地位相匹配的国际话语权，为我国改革发展稳定营造有利外部舆论环境，为推动构建人类命运共同体做出积极贡献。当今的青年大学生，尤其是英语专业学生要肩负起把中国介绍给世界、提高我国国际传播影响力的新使命。在世界各种思想文化交流交锋更加频繁、国际舆论斗争和软实力较量激烈的今天，国家需要更多有家国情怀、有全球视野，能够讲好中国故事的有专业本领的复合型人才。因此，将习近平新时代中国特色社会主义思想的内容和英语演讲与口才课程相结合，打造价值塑造、知识传授与能力培养三位一体的思政课程，帮助学生理解当代中国话语体系的基本逻辑、中国故事的叙述框架，提高外语应用能力和宽容、沟通能力显得尤为重要。中国特色时政文献是中国话语基本内涵的主要代表之一，全面学习、深刻理解、准确翻译时政文献是向国际传播中国道路、中国理论、中国制度的关键所在。因此，在课程中依托中国特色时政材料，以读懂原著文献为基础，深化对中国话语的理解，才能提高对中国话语的阐释能力和传播能力。

本课程选用的《理解当代中国》英语演讲与口才教程，旨在将习近平新时代中国特色社会主义思想的学习与英语演讲能力的培养有机融合，引导学生学会用中国理论观察和分析当代中国的发展和成就，从跨文化视角理解中国道路和中国智慧，重点掌握时政话语特别是中国特色时政文献的语篇特点和规律，培养演讲和思辨能力。课程内容涵盖习近平新时代中国特色社会主义思想十个重要方面，包括：1. 中国梦；2. 社会主义核心价值观；3. 文化自信；4. 从扶贫到共同富裕；5. 全面深化改革；6. 生态文明建设；7. 经济高质量发展；8. 依法治国；9. “一带一路”倡议；10. 人类命运共同体。

在教学过程中，引导学生深入阅读习近平新时代中国特色社会主义思想的十个重要方面相关选篇，掌握其基本观点和内在逻辑，理解中国理论和中国实践，倡导语言和内容融合发展的教学理念。通过丰富的案例、形式多样的教学活动，加深学生对中国理论和中国实践的理解和认识。

通过十个主体内容的学习和演讲技能训练，以任务为导向，搭建脚手架，帮助学生完成具有挑战性的口头产出任务，同时注重培养学生的跨文化思辨意识，提高用英语讲中文故事的能力。

本课程所蕴含的思政元素主要通过以下几个方面来落实：

1. 通过深入阅读学习习近平新时代中国特色社会主义思想，引导充分理解各个主题相关核心概念提出的背景、思想内涵和重大意义。

2. 通过对习近平新时代中国特色社会主义思想的学习，引导学生充分理解中国特色时政文献的语篇特点和规律，培养跨文化演讲和思辨能力。

3. 引导鼓励学生运用习近平新时代中国特色社会主义思想的基本观点和方法，在实践中学会用中国理论观察和分析当代中国的发展和成就，更好地传播中国声音，讲好中国故事。

教案设计

教学目标

（一）知识目标

（1）通过深入阅读学习习近平新时代中国特色社会主义思想，让学生充分了解中国特色核心术语提出的背景、具体内涵以及重要意义。

（2）通过主体内容学习和演讲技能训练，鼓励和帮助学生运用中国特色核心理论思想的基本观点和方法，深入分析全球大背景下中国丰富多彩的改革开放实践。

（二）能力目标

（1）培养学生独立学习能力和思辨能力。注重指导学生在课前检索课程主题相关文献，查找中国治理实力，理解和阐释课文内容。引导学生在研讨和合作研究中提升英语表达能力、沟通能力和跨文化思辨能力。

（2）培养学生演讲能力和口头产出。通过多样化的课内、课外、线上、线下小组学习活动和演讲技能训练，促进学生对发音、停顿、语速技能的提升，帮助学生完成一个综合性的演讲任务。

（3）培养学生多元能力。通过各种跨文化、跨学科、思辨性、合作性、探究性学习活动，挑战学生的思维框架和认知局限，不断促进提高跨文化能力、研究能力、合作能力、创新能力，促进自身的全面发展。

（三）价值目标

帮助学生理解习近平新时代中国特色社会主义思想，牢固树立“四个自信”，关注国际时事和国内社会民生，扩宽国际视野，只有切实掌握中国特色社会主义话语体系的英文表达才能真正肩负起向国际社会讲好中国故事、传播中国声音的历史使命和责任担当。

教学内容分析

（一）教学内容

本次课程带领学生阅读和分析习近平总书记在讲话中提出的“中国梦”的重要思想。引导学生在理解文章内容的基础上，对中国梦的概念、基本内涵、意义有更深入的理解，对当代青年的历史使命和实现中国梦的奋斗目标有更清晰的认识，并尝试结合具体事例思考如何将青年的个人梦想与中国梦有效结合。

（二）教学重点

本节课教学重点有以下三个方面：

（1）让学生了解习近平总书记提出的“中国梦”的背景，了解新时期中国共产党的历史使命是带领全国人民实现中华民族复兴的中国梦。2012 年 11 月 29 日，习近平提出“中国梦”的基本内涵，“大家都在讨论中国梦。我以为，实现中华民族伟大复兴，就是中华民族近代以来最伟大的梦想。”2013 年 3 月 17 日上午，习近平又提到“实现中华民族伟大复兴的中国梦，就是要实现国家富强、民族振兴、人民幸福”。（2）分析习近平总书记关于“中国梦”讲话的部分内容的结构和语言特点，结合中文原文分析选篇掌握中国特色话语的英文表述；（3）探讨当代中国特色社会主义建设取得的成就，以及大学生在实现中国梦的过程中应该肩负的重大责任，借鉴习近平总书记重要讲话的演讲技巧，要求学生掌握讲述“我的中国梦”的演讲技巧。

（三）教学难点

本节课教学难点主要体现为以下几点：

（1）如何引导学生了解“中国梦”的本质和构成要素，以及新时代中国共产党所取得的成就；（2）如何引导学生阐述当代中国青年在实现“中国梦”的过程中肩负的责任，为了实现“中国梦”，年轻人需要遵循的五个前进方向和目标，如理想和信念、专业能力、创新能力、创造力、艰苦奋斗的精神；（3）如何让学生更好地掌握跨文化公共演讲的技巧，了解将英语演讲能力与中国传统文化相结合的必要性，使观众对中国文化因素如信仰、价值观、传统形成正确认知，让观众想倾听、理解并回应演讲内容，如何通过讲述普通人的悲喜哀乐来使观众产生共鸣，如何运用大量的事实和有力的证据来达到演讲目的是本节课的一大难点。

教学对象分析

《英语演讲与口才》是针对英语专业三年级本科生开设的专业必修课。之前学生已接受过基本的英语专业基础课程的学习，包括阅读、听力、写作等，具有一定的双语转化能力。从整体上讲，本课程的授课对象具有以下特点：

（1）通过前期的基础课学习，学生已具备一定的词汇量，掌握一定的句法和修辞知识，具备较好的阅读能力，可以在此基础上阅读时政类语篇。由于学生此前对时政类语篇接触较少和对中国特色话语体系不够熟悉，因此需要系统学习中国特色话语体系的语篇特点与规律，掌握中国特色时政话语的英文口头表述。

（2）尽管大部分学生具备扎实的英语基本功，但欠缺专业的演讲技巧。通过前期的专业学习，学生的口语表达能力得到一定的提高，但他们很少有公共演讲的机会，即便有也不一定熟悉或掌握一些英语演讲知识，如演讲史、演讲类别、演讲特点、演讲范例、演讲技巧等。因此，要想讲好中国故事，有必要培养学生的英文演讲能力。

（3）学生在之前系统学习过政治理论课，对当代中国时政虽然比较了解，但对很多概念、内涵、事件的历史背景和意义缺乏思辨性的思考和跨文化沟通能力。因此需要将文献阅读、小组讨论、课外延展等多种环节相结合、注重演讲技能输入和演讲任务输出，积累经验，不断练习，提高用英语讲述中国故事的能力。

教学手段与方法

基于本节课的学习目标、重点与难点，结合授课对象的基本特征，本节课融合思政教学和演讲技能教学，采用研讨式、启发式、互动式相结合的教学方法。

（1）引导学生充分理解“中国梦”和其本质内涵。“中国梦”有两个基本内涵：第一，从总体层面上看，中国梦就是指实现中华民族伟大复兴。第二，从具体层面上看，中国梦就是要实现国家富强、民族振兴、人民幸福。通过课前指定阅读和自主阅读相结合的方式，学生对“中国梦”提出的背景所有了解。课堂上以小组展示、教师提问和学生探讨等方式强化认识。

（2）帮助学生理解选篇中的难点并引导学生如何阐述当代中国青年在实现中国梦的过程中肩负的责任。整个过程中引导学生关注中国特色时政话语的英文表述。

（3）鼓励学生课外观看习近平提出“中国梦”的讲话视频资料，尤其是中国日报、CGTN 等国内主流外宣媒体播出的英文报道和访谈。让学生就“我的中国梦”这一话题发表自己的演讲。

（4）教师在课堂上还可采用多模态教学法。灵活运用 PPT、影音资料、图片等多种教学形式，实现课堂的多模态教学。PPT 展示的图片、影音资料等让学生对“中国梦”有更直观的感受，可以增强课堂的趣味性。

教学过程

教学步骤	教学目的	教学内容	表达方式	教学设计	时间安排
1. 引入	导入本节课的主题	习近平中华民族伟大复兴的“中国梦”的提出	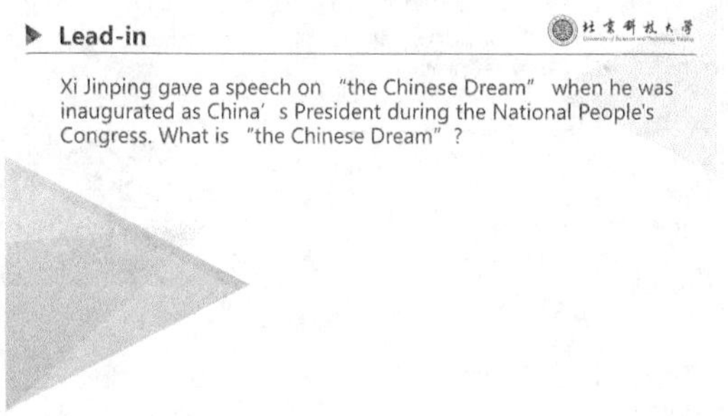	PPT 和视频展示	<10>分钟
2. 教学内容介绍	学生了解本单元学习内容、要求和目标	提出本单元课堂重点讨论内容	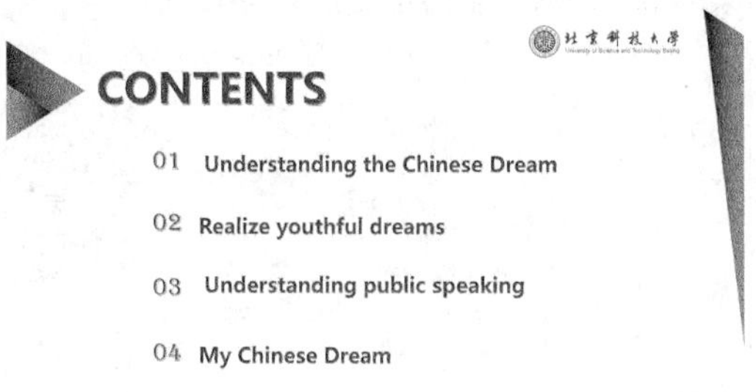	PPT 展示和介绍	<5>分钟

续表

教学步骤	教学目的	教学内容	表达方式	教学设计	时间安排
3. 关键词：中国梦	掌握习近平“中国梦”及其基本内涵	了解核心概念“中国梦”提出背景及意义	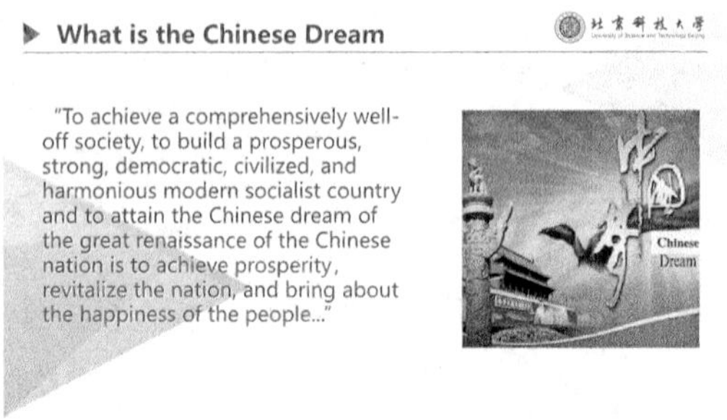	学生分组陈述教师补充讲解	<20>分钟
		分析讨论“中国梦”两层含义	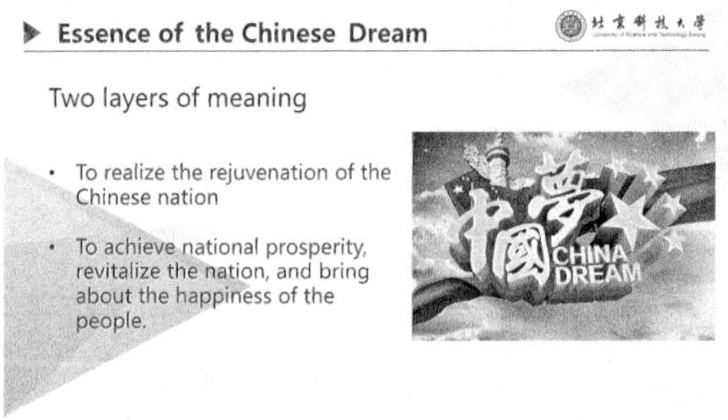	学生讨论+教师点评	<10>分钟
4. 如何实现中国梦	在实现“中国梦”的过程中年轻人的担当	读解课文 realize youthful dreams	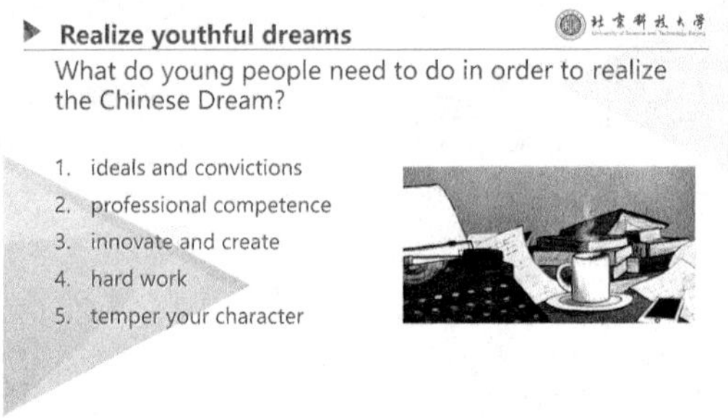	学生陈述+教师讲解	<20>分钟
		根据习近平关于“中国梦”的演讲内容阐释如何做好演讲，演讲的策略	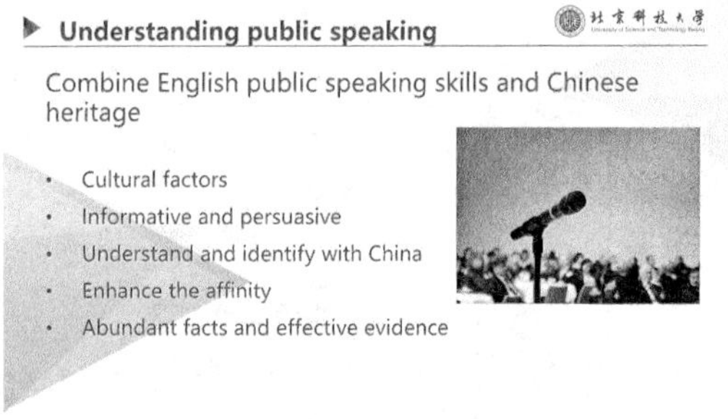	学生讨论+教师点评	<10>分钟

续表

教学步骤	教学目的	教学内容	表达方式	教学设计	时间安排
4. **如何实现中国梦**	在实现“中国梦”的过程中年轻人的担当	语言库	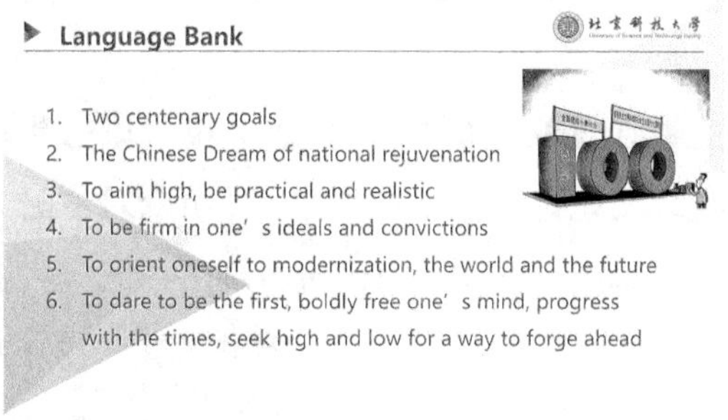	学生翻译	<5>分钟
5. **拓展演讲能力**	培养学生的演讲能力和思辨能力	组织学生以习近平的“中国梦”演讲为蓝本，围绕“我的中国梦”这一主题进行演讲		分组讨论，各个小组选取一个代表进行发言，老师点评	<10>分钟

教学效果分析

基于本次课程的目标设定及内容安排，可以通过以下几个方面分析达到的教学效果：

（1）学生是否对“中国梦”这一核心概念提出的背景、主要内涵和重要意义有清楚的认识，是否掌握如两个一百年奋斗目标，全面建成小康社会、中华民族伟大复兴的中国梦、敢为人先、解放思想、与时俱进、上下求索、开拓进取、空谈误国、实干兴邦等中国特色话语的英文表述。

（2）学生是否理解为了实现“中国梦”，年轻人需要遵循的五个前进方向和目标，如理想和信念、专业能力、创新能力、创造力、艰苦奋斗的精神。

（3）学生是否能运用所掌握的“中国梦”思想和概念对相关时政做出清晰和正确的分析。

（4）学生是否掌握了英语演讲中跨文化交际中的演讲策略，了解将英语演讲能力与中国传统文化相结合的必要性，使听众对中国文化因素如信仰、价值观、传统形成正确认知，让听众想倾听、理解并回应演讲内容，通过讲述普通人的悲喜哀乐来使听众产生共鸣，掌握大量的事实和有力的证据来达到演讲的最终目的。

（5）学生是否掌握了习近平在 2015 年 9 月发表的关于“中国梦”演讲的部分节选内容中的受众特点，了解讲好中国故事的方法，如对比分析，注重传统文化、运用大量的事实和有力的证据等。

“中国文化典籍英译”课程思政教学案例

《论语》中核心概念及语句的英译

王 琰

课程名称 中国文化典籍英译

课程性质 中外社会文化与人文素养类课程

授课专业 英语专业

授课对象 四年级本科生

课程简介

本课程主要聚焦对塑造中国文化具有奠定性作用的典籍英译，主要包括《论语》《孟子》《道德经》《庄子》等，兼顾典籍英译的学术性和实践性，普遍性与特殊性。一方面展示古代汉语和现代英语之间的异同及转换规律，教授学生典籍翻译的基本方法，使得学生具备一般性典籍的翻译能力，另一方面注重从奠定中国文化基础的哲学性典籍入手，使得学生掌握中国文化的核心内容后，再转到其他文化类典籍的翻译上来，从而使其在深层次理解的基础上，掌握各种文类典籍的特殊之处，能够深入浅出地翻译出易为英语读者理解，又不失中国文化精髓的译文。该课程旨在实现以下具体目标：（1）学生能够掌握富含中国传统思想文化的概念、语句和篇章的跨文化诠释和翻译方法；（2）学生具备一般性，尤其是实用性典籍的文本分析和翻译能力；（3）学生能够根据一定的典籍诠释和翻译原则，结合现实中国文化传播需求制定相应的翻译策略。

思政元素分析

习近平总书记在关于教育的重要论述中强调，要全面落实立德树人根本任务，坚持将思想政治教育贯穿人才培养全过程，着力发挥每门课程的育人作用，体系化、科学化、特色化推进课程思政建设，使各类课程与思政课程同向同行，努力培养堪当民族复兴重任的时代新人。总书记在党的十九大报告中强调指出，要深入挖掘中华优秀传统文化蕴含的思想观念、人文精神、道德规范，深入培育和践行社会主义核心价值观。而当前国家“新文科”建设和最新的《外国语言文学类教学质量国家标准》中，均强调对中国传统优秀文化的执着坚守和传承，强调外语教育在拓宽学生国际视野的同时，必须培养学生“正确的世界观、人生观和价值观”“中国情怀”及“人文素养”，要求学生能够在跨文化交流中坚守中国立场，讲好中国故事，传播中华文化，能与来自多元文化背景的人们共同构建人类命运共同体。中华优秀传统文化融入大学生思政教育，就是要坚持“立德树人”的根本任务，充分发掘中华优秀传统文化核心理念和人文精神的育人价值，切实增强大学生思政教育的亲和力和实效性。

英语作为世界通用语言，其所承载的西方主流文化对于世界其他文化都有一定的冲击。英语专业学生在长时间输入情况下，其世界观和价值观不免受到其所携带的文化价值观的影响和塑造，甚至自动放弃了中国传统文化的素养，进而在跨文化交际中一味附和英语文化，忽视了作为交际主体一方的中国传统文化，造成了“中国文化失语症”，失去了独立的文化立场。在教学中迫切需要导入中国传统文化，并维持其主导地位，从而使学生能够在跨文化交流中坚守中国立场。此外，英语专业文化类课程长时间以来局限于知识传授模式，多关注文化知识和交际技巧的浅层次介绍，弱化了培养学生人文素质和思辨能力的作用。而跨文化交际中许多现象的理解和问题的解决，需要突破浅层次的知识讲授层面，深入到文化深层次中的价值观、世界观、思维方式、宗教信仰的探究，这样才能使得学生掌握纷繁复杂的文化现象之后的根本性之“道”，从而客观、理性地认识自我，了解世界，提高其思辨能力，从而在各种跨文化语境中理解或传递交际的意图，做出合适的反馈。“中国文化典籍英译”这门课基于对塑造中国文化具有奠定性作用的典籍，有助于学生坚定中国立场，引导学生对比中国文化和其他文化在思维方式、价值观念、语言运用方面的异同，深刻理解蕴藏在中国文化中可贵的精神品质和价值观，将思政元素与专业学习有机地融合起来。

第一，中国文化典籍在现代社会中的主要功能是其文化功能和学术功能，体现于价值信念、道德伦理、行为准则、情感态度和文化身份的塑造中。以《论语》《孟子》为代表的儒家典籍中，蕴含了优秀的儒家文化，是中华民族精神和文化的重要载体，代表着我们民族的精神基因。儒家重人道，崇尚仁爱、奉献，尚中贵和，重义轻利，提倡格物致知、正心诚意，倡导自强不息、积极进取的精神。而以《道德经》《庄子》为代表的道家典籍，则尚天道，法自然，提倡自然和谐、道法自然、各得其正，尚朴、贵真。这些都构成了社会主义核心价值观的文化源头和成长土壤，不仅为社会主义核心价值观提供了义理论证，还提供了践行方法。在授课过程中可以引导学生深入剖析这些代表性典籍蕴含的优秀传统文化，使其理解这些概念和理念的深层次含义，能够解密我们民族的文化基因，进而深入理解社会主义核心价值观，真正地认同社会主义核心价值观。

第二，中国文化典籍中的核心词汇和概念是传统文化的重要载体，其英文翻译涉及两种文化的深层次比较，但目前此类教材和课程注重作品翻译的一般性特征和翻译技巧，且以主观性的点评鉴赏为主，未能深入到内里剖析，不能达到掌握传统文化精髓的目的。文化典籍中核心概念的掌握需要溯本求源，以典籍原本为中心，旁涉其他的典籍和历史背景类资料。比如《论语》中的核心词仁、义、礼、智、信，既需要回溯到先秦的典籍，又可以结合现代的诠释和发展，还可以分析其英文译文来审视西方对于这些核心概念的理解和诠释，需要引导学生进行全方位、立体式的阅读，才能明白这些文化核心概念的起源、发展、特色，进而深入到肌理掌握中西文化的异同，进行批判性的解读。

第三，中国文化典籍的英译中涉及两种文化，甚至多种文化的对比，有助于在新的世界文化格局中重新认识我们的传统文化，增强我们的文化自觉意识和文化认同感，同时找到我们文化在世界文化中的坐标，更好地融入世界文化体系中。另一方面也有利于我们更好地认识其他文化，打破西方文化中心主义，承认多元文化的平等价值。在授课过程中，需要引导学生思辨性地分析、判断，结合典籍翻译中所反映出的西方世界对于中国文化的看法，批判性地进行认知和解读。

综上所述，该课程蕴含的思政元素主要包括以下几个方面：

1. 通过对中国代表性的文化典籍所体现的传统思想文化的分析，引导学生深入了解其中蕴含的核心价值及其现代发展，进而理解、认同社会主义核心价值观；

2. 通过对中国传统文化核心概念立体式的分析，引导学生对其起源、发展、特色进行全面解读，从而引导学生深层次地理解中国传统文化的特点和优势，增强学生的文化自觉意识；

3. 通过文化典籍英译的对照式剖析，引导学生批判性地解读其中一些译文所体现出的西方文化中心主义，进而对各种文化进行客观、理性的分析，形成自己正确的判断，建构合理的知识结构。

教学内容分析

（一）教学内容

本节课带领学生阅读和分析《论语》中体现儒家思想的核心概念“仁”“义”“礼”，以及围绕这些概念的核心语句和论述，在此基础上对西方重要《论语》译本中的相应词句英译展开批判性的分析，找出其中体现的中西方文化价值观的异同。

（二）教学重点

本节课的教学重点有以下三个方面：

（1）让学生对《论语》中的核心概念“仁”“义”“礼”追本溯源，能够深入理解其中体现的价值观；（2）分析《论语》中的“忠恕”理念及重点句“我不欲人之加诸我也，吾亦欲无加诸人”，与英文译本中的译文进行对比，揭示中西文化价值观的不同；（3）分析这样的英译对西方认知中国的影响，探讨如何通过准确的译文体现中国文化的价值观。

（三）教学难点

本节课的教学难点集中体现为以下几点：

（1）如何帮助学生掌握《论语》中核心概念的准确含义。由于“仁”“义”“礼”等核心概念含义较为丰富，而在现实生活中又广为运用，词义复杂，需要结合古汉语工具书、典籍注疏类资料进行分析理解，学生相应古汉语基础不足，如何让其快速掌握方法，是本节课的一个教学难点；（2）如何帮助学生批判性地评价核心概念和关键语句的英文译文。概念词的英文译文涉及西方文化中的多层次分析，也需要追本溯源，结合西方宗教、价值观、历史展开，学生的相应知识储备不够，如何引导其展开相应分析，是本节课的另外一个教学难点。

教学对象分析

“中国文化典籍英译”是针对英语专业四年级本科生开设的社会文化与人文素养类拓展课程。学生之前已经完成了听、说、读、写、译等基本功的培养，并完成了大部分文学、文化类专业课程的学习，不少学生将进入硕士研究生学习阶段。整体上说，本课程的授课对象具有以下特征：

（1）学生在前三年专业学习的基础上，已经具备了普通文学、科技文本的翻译能力，也储备了相应的英美国家文化知识，但是由于文化典籍多为哲学性文本，其意义丰富隽永，需要一定的古代汉语、古代哲学的知识储备，而翻译涉及两种文化在哲学层次上的转换，也需要对西方的相应词汇和知识有一定的了解，这些对于该阶段学生来说都是较为缺乏的高层次知识和能力。

（2）学生的古汉语知识不够全面，大多只是储备了高中阶段的基础知识，缺乏古代文化典籍学习所必备的诠释学知识和参考典籍注疏的能力，这些都需要在课程开始时进行讲解，在授课过程中再具体指导。

（3）学生普遍对于传统文化有亲和感，但趋于浅表化的字面理解，对于《论语》《道德经》等典籍未能进行自觉的深入阅读，对其中蕴含的价值观念、伦理道德缺乏本质性的思考。

（4）学生综合分析能力和思辨能力还需要提升。学生虽然具备了一定的文本分析能力，但是容易就文本分析文本，缺乏关联性思考的能力和综合分析能力。另外，在分析原文和译文时容易主观性地下结论，不能客观地摆证据进行论证，思辨能力不够。这些都是在教学过程中需要注意进行引导的关键点。

教案设计

教学目标

（一）知识目标

（1）通过对《论语》中核心词句的分析，让学生掌握儒家思想的价值信念和行为准则，并联系其现代发展进行思考；（2）通过对《论语》中核心概念的分析，让学生理解概念的起源、发展和特色，并能够结合译文掌握中西方文化思维的不同；（3）通过对《论语》中核心概念及语句译文的分析，让学生明了其与西方文化价值观的主要区别，掌握其正确的译文。

（二）能力目标

培养学生的关联思考能力、独立分析能力和批判思维能力：（1）让学生能够就某一核心概念或者观点展开关联式的思考，搜索相关资料，联系古今、中外的相关论述展开比较；（2）让学生能够独立分析典籍中的核心词句的翻译，认识到其中所包含的两种文化思维和价值观的不同，并得出造成这种不同的原因所在；（3）让学生能够批判性地评价中西两种文化价值观，认识到中国传统文化及其社会主义核心价值观的特色和优势，增强文化自觉和文化自信。

（三）价值目标

学生通过对中国文化典籍中所蕴含的传统思想观念和道德规范的理解，能够更加认同社会主义核心价值观，并对西方价值观进行客观、理性的批判，理解不同文化背景中所产生的不同的价值观，结合现实将社会主义核心价值观付诸实践。

教学手段与方法

基于本节课的学习目标、重点与难点，结合授课对象的基本特征，本节课使用的教学方法主要包括以下内容：

（1）启发式教学法

课堂中采用教师提问的启发式教学，培养学生的文化思辨能力。教师精心设计课堂的问题，从一个概念或者文化点出发，鼓励学生积极思考，引导其深入到价值观、世界观的对比和探究。此外，还可以就一个点来进行扩展性引导，关联到类似的中西方文化对比的探讨，引导学生课下进行相关资料的搜集和分析，引导学生从价值观、政治制度、历史进行深入、发散性的思考。

（2）学生为中心的探讨型教学法

构建以学生为中心的探讨型课堂模式，课前布置相应的阅读材料，设置一定的问题，在课堂上就自己的发现展开探讨。如阅读《论语》中所有含有“道”的语句，解读其意义，思考与《道德经》中的“道”、西方的“logos”有什么区别？在课堂上引导其与《论语》中其他的核心概念，如“仁”相关联，并与儒家的“忠恕”观、“和”文化以及社会主义和谐观联系，引导其展开进一步的讨论。这样可以调动其主动性进行探究和思考，增强其参与性。

（3）多模态教学法

利用多模态手段延伸课堂，结合文本、图片、音视频、网络资源等多模态的教学手段来展开。可以选择西方人谈论《论语》及儒家文化的音视频，涉及中西方文化对比的图片和音视频，运用综合手段给予学生直观的跨文化交际感受。此外，也可借助网络上相关主题的微课、慕课，将课程内容延伸到课堂外，学生通过多种渠道进行个性化、选择性的学习。

教学过程

教学步骤	教学目的	教学内容	表达方式	教学设计	时间安排
1. **引入主题**	引发学生思考，进入课程主题	引出本节课所讲内容：《论语》中核心概念及语句的英译	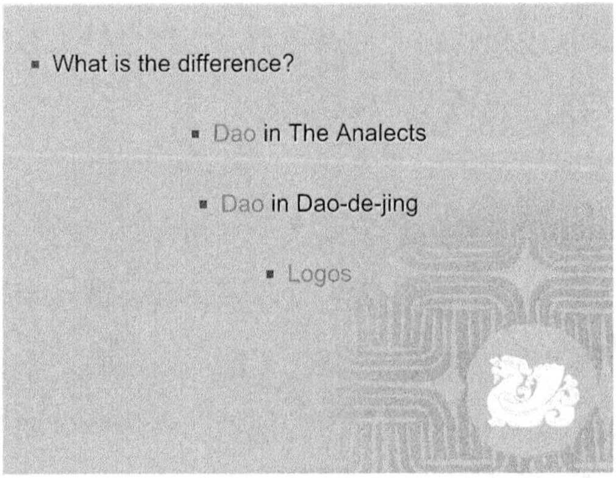 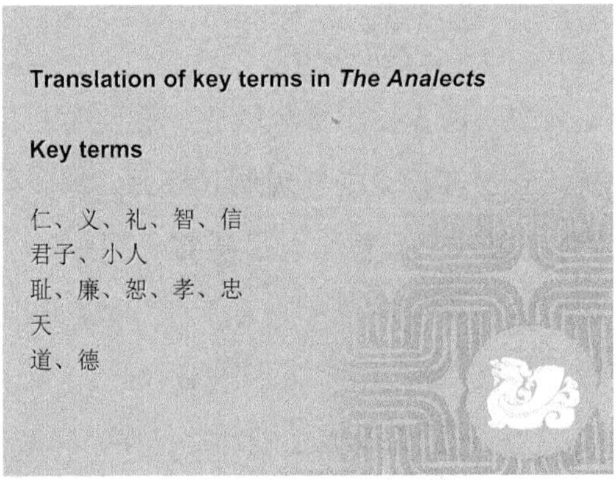 	学生讨论，教师引导	<15>分钟

续表

<table>
<tr><th>教学步骤</th><th>教学目的</th><th>教学内容</th><th>表达方式</th><th>教学设计</th><th>时间安排</th></tr>
<tr><td>2. 提出学习目标</td><td>提出本节课的学习目标，让学生建立宏观认识</td><td>提出本节课的具体学习目标：知识目标 能力目标</td><td>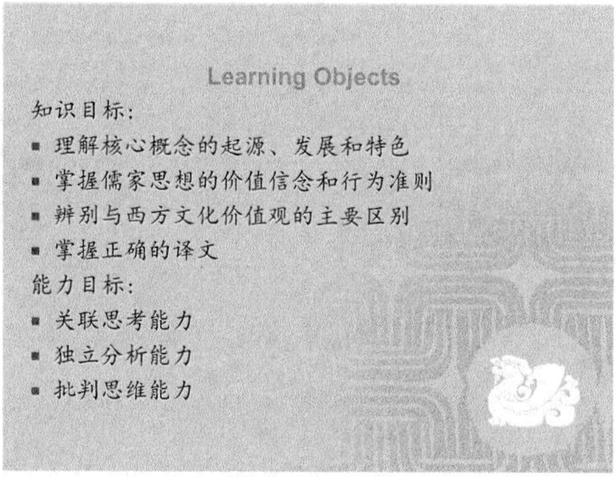
</td><td>PPT展示</td><td><5>分钟</td></tr>
<tr><td>3. 文本分析</td><td>引导学生思考核心概念的特点及翻译难点</td><td>王国维对于核心概念词英译特点的评论</td><td>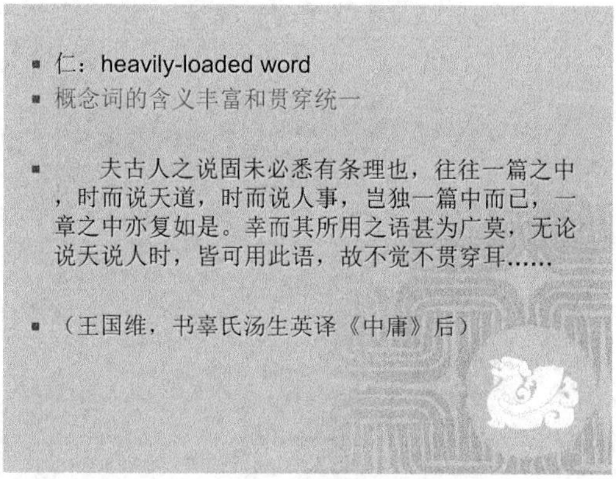

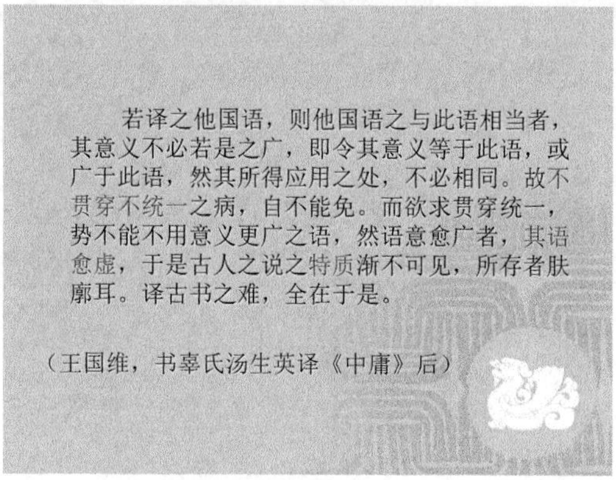
</td><td>PPT展示，引导学生给出一些具体例子</td><td><5>分钟</td></tr>
</table>

续表

<table>
<tr><th>教学步骤</th><th>教学目的</th><th>教学内容</th><th>表达方式</th><th>教学设计</th><th>时间安排</th></tr>
<tr>
<td>3. 文本分析</td>
<td>引导学生理解“仁”的意义，进而理解儒家的“人道主义”</td>
<td>运用词源法、本证、他证法来考察“仁”的含义</td>
<td>
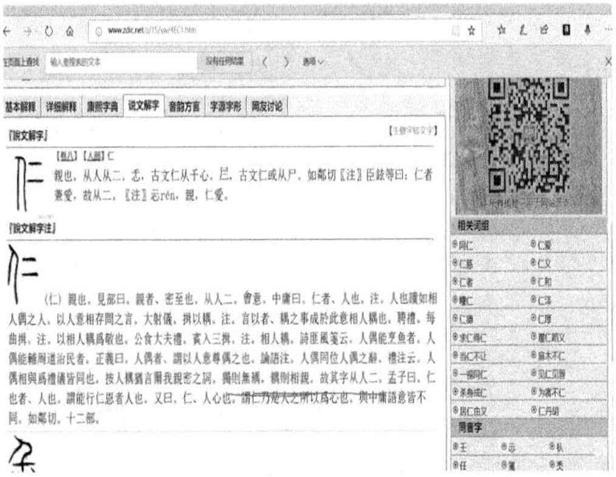

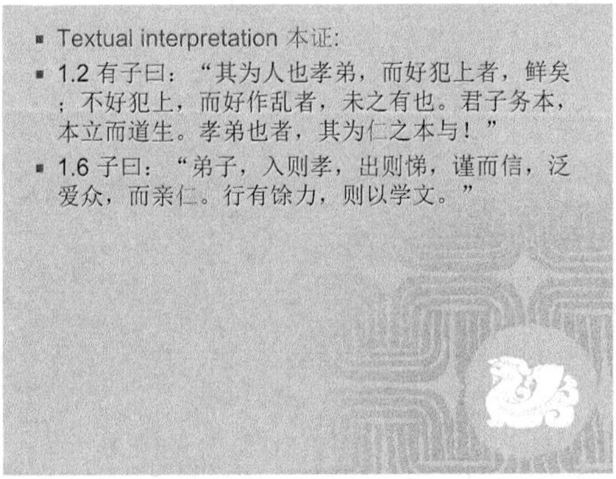

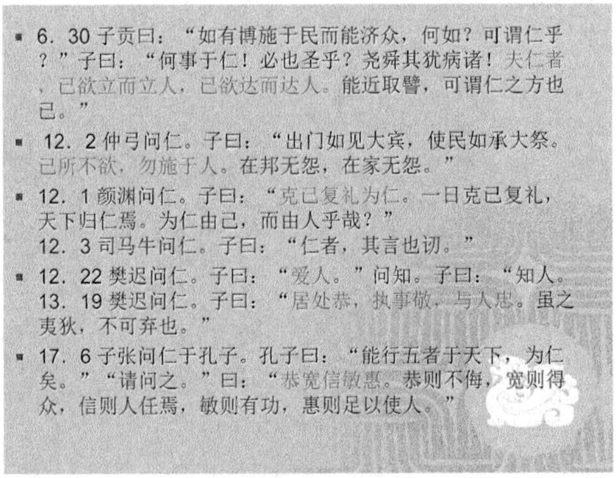

</td>
<td>教师讲解要求清晰、准确，有据可依</td>
<td><15>分钟</td>
</tr>
</table>

续表

<table>
<tr><th>教学步骤</th><th>教学目的</th><th>教学内容</th><th>表达方式</th><th>教学设计</th><th>时间安排</th></tr>
<tr><td rowspan="2">3. 文本分析</td><td>引导学生理解“仁”的意义，进而理解儒家的“人道主义”</td><td>运用词源法、本证、他证法来考察“仁”的含义</td><td>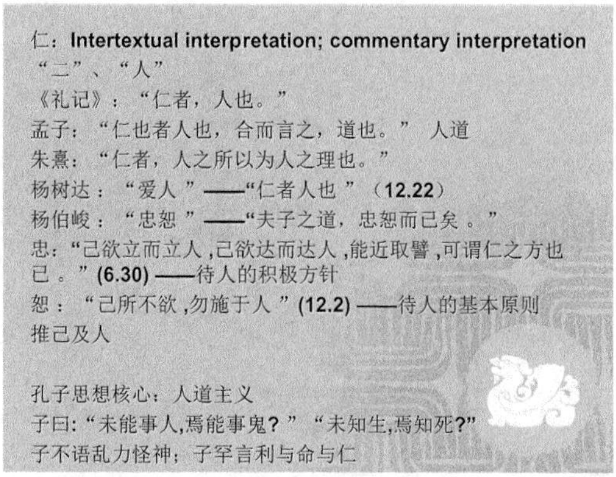

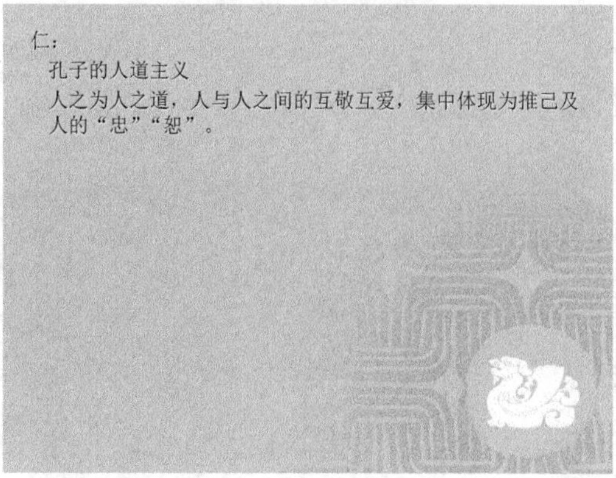
</td><td>教师讲解要求清晰、准确，有据可依</td><td><15>分钟</td></tr>
<tr><td>引导学生理解中西文化价值观的不同</td><td>引导学生分析核心语句及英译中所体现的中西文化价值观</td><td>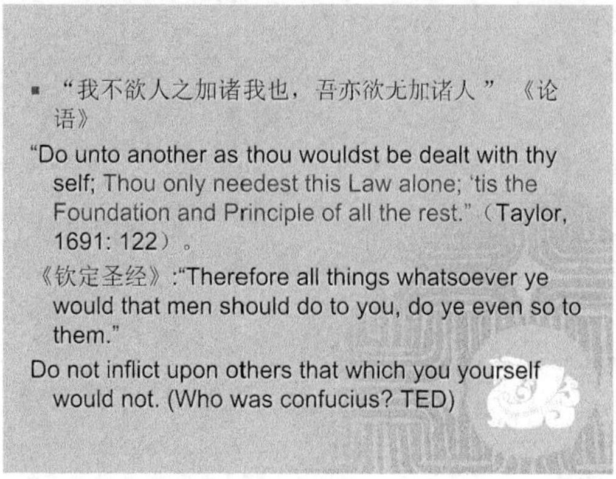
</td><td>教师讲解要求清晰、准确。</td><td><5>分钟</td></tr>
</table>

续表

教学步骤	教学目的	教学内容	表达方式	教学设计	时间安排
3. 文本分析	引导学生思考如何准确翻译核心概念，讲好中国故事	引导学生对“仁”的译文进行批判性的理解	仁： Arthur Waley: Good 理雅各：benevolence, virtue 辜鸿铭：humanity（译文: moral sense, moral life） 翟林奈（Lionel Giles）moral virtue 林语堂：true manhood 人道主义 庞德：Humanitas(Latin: human nature, civilization and kindness), humanity(the man and his full contents) （译：humanity, real people, the real man, manhood, the complete man） Simon Leys: humanity, goodness 刘殿爵：benevolence 陈荣捷：humanity Raymond Dawson: humaneness 安乐哲、罗思文：authoritative conduct/person 仁： Waley: Good ▪ Etymology: ▪ 人vs.民 ▪ Free man, men of the tribe V.S. subjects ▪ 《诗经·郑风·叔于田》:“洵美且仁” ▪ 《诗经·齐风·卢令》:“其人美且仁” ▪ Latin: gens---gentle ▪ kind, gentle ▪ “仁”—人 ▪ humane	教师讲解要求清晰、准确。	<15>分钟
	引导学生理解“义”“礼”的意义及如何准确翻译核心概念	运用词源法、本证、他证法来考察“义”“礼”的含义并对译文进行批判性理解	▪ 1.12 有子曰：“礼之用，和为贵。先王之道，斯为美；小大由之。有所不行，知和而和，不以礼节之，亦不可行也。” 《中庸章句》：“喜怒哀乐之未发，谓之中；发而皆中节，谓之和。中者也，天下之大本也;和者也，天下之达道也。致中和，天地位焉，万物育焉”。 ▪ 1.13 有子曰：“信近于义，言可复也。恭近于礼，远耻辱也。因不失其亲，亦可宗也。” ▪ 8．2 子曰：“恭而无礼则劳，慎而无礼则葸（xǐ），勇而无礼则乱，直而无礼则绞。君子笃于亲，则民兴于仁；故旧不遗，则民不偷。”	教师讲解要求清晰、准确。	<15>分钟

续表

教学 步骤	教学 目的	教学 内容	表达 方式	教学 设计	时间 安排
3. **文本分析**	引导学生理解“义”“礼”的意义及如何准确翻译核心概念	运用词源法、本证、他证法来考察“义”“礼”的含义并对译文进行批判性理解	礼： 节文：我国古代社会行为规范、仪式的总称，包括制度、仪文以及伦理和道德规范。 宗教、道德、政治 “仁”是内在的道德感情和伦理思想，“礼”是外在的伦理行为和社会制度，“仁”决定“礼”，二者一表一里，仁是内核，礼是形式。“仁”“礼”的结合，成为稳定社会秩序的主要规范(赵吉惠，**2004**)。 苏慧廉：religion, ceremony, deportment, decorum, propriety, formality, politeness, courtesy, etiquette, good manners 理雅各：propriety, rules of propriety 朱熹：“礼，事之宜也。” 韦利: rites, ritual **ritual, rites, customs, etiquette, propriety, morals, rules of proper behaviour, worship propriety** 1. 义为仪。《说文》：“义者，己之威仪也。”《尚书大传》“尚考太室之义，唐为虞宾”，郑玄注曰：“义，当为仪；仪，礼仪也。” 2. 适宜、适当。《释名·释言语》：“义，宜也。裁制事物使合宜也。” 3. 道德原则的总称。《孟子·公孙丑上》：“其为气也，配义与道。”赵歧注曰：“义谓仁义，所以立德之本也。” 4. 有利、利益。《墨子·经说下》：“义，利也。” （姜海军，《论语》“义”字考释） ▪ **15.18** 君子义以为质，礼以行之，孙以出之，信以成之。君子哉！（《卫灵公》） ▪ Confucius said, “The superior man regards righteousness (i) as the substance of everything. He practices it according to the principle of propriety. He brings it forth in modesty. And he carries it to its conclusion with faithfulness. He is indeed a superior man.” (Chan)	教师讲解要求清晰、准确。	<15>分钟

续表

教学步骤	教学目的	教学内容	表达方式	教学设计	时间安排
4. **拓展思考**	引导学生思考社会主义核心价值观中的传统文化源头	社会主义核心价值观与《论语》中所倡导的价值概念的联系	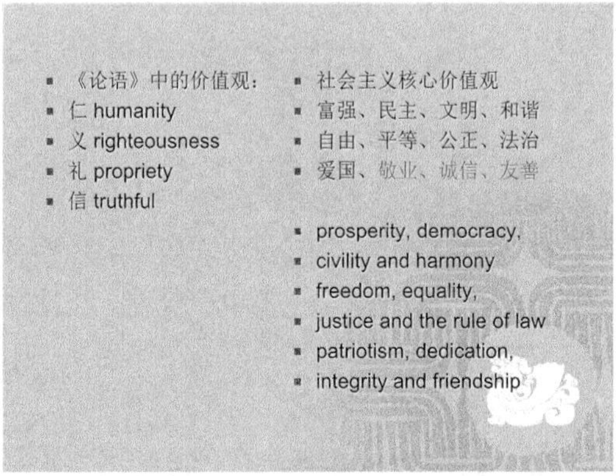 	学生参与讨论，老师给出反馈	<10> 分钟
5. **总结**	引导学生认识中国传统文化及社会主义核心价值观的特色和优势	中西方文化思维与价值观的对比	 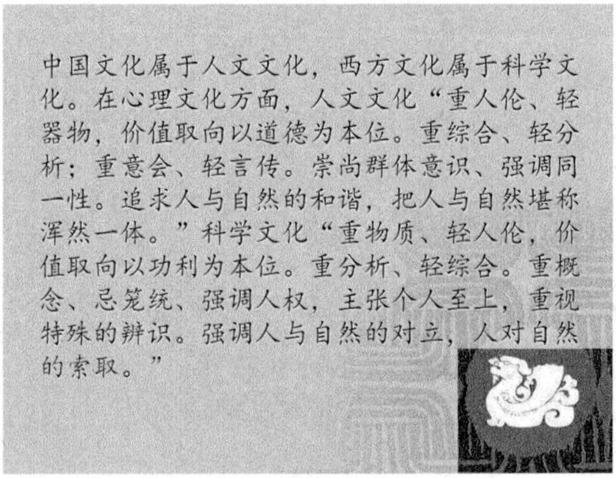 	引导学生做出总结	<5> 分钟

教学效果分析

基于本次课程的目标设定及内容安排，可以从以下几个方面检验达到的教学效果：

（1）学生是否基本掌握了《论语》中核心概念及语句的意义，是否能够融通掌握儒家思想的基本要义，进而理解儒家的价值观。这可以在下节课的提问、讨论和展示中体现。

（2）学生是否掌握了典籍核心概念词意义厘定的方法，是否掌握了概念词对应英文译文的分析方法，是否具备了关联思考的能力和查证资料的能力。这可以在下节课的展示中体现。

（3）学生能否从核心概念词和关联语句的原文和译文的对比中，追根溯源，辩证思考其中所包含的两种文化思维和价值观的不同，进而分析出这种不同的根源所在。这可以在下节课的展示、讨论及第二课堂活动中体现。

（4）学生能否运用英语将《论语》中核心概念和语句的意义较为准确地表达出来，可以运用语言灵活处理文化差异，并就某一相关论题展开讨论，具备跨文化交际能力。这可以在之后课程的讨论及第二课堂活动中体现。

（5）学生能否由典籍翻译中所体现两种文化思维和价值观的不同，对西方文化和价值观进行批判和辩证分析，能否从学理层面认识到中国传统文化及社会主义核心价值观的特色和优势，增强文化自觉和文化自信。这可以在下节课的讨论及日常生活中体现出来。

“交传与同传”
课程思政教学案例

中国的文明观：以习近平主席在“亚洲文明对话大会”上发言的英文译文为例

高慧叶

课程名称 交传与同传

课程性质 专业选修课

授课专业 英语专业

授课对象 四年级本科生

课程简介

“交传与同传”是英语专业课程体系中一门重要的高级语言实践课，是为英语专业四年级学生开设的一门进行英汉互译的基本技能训练课程，旨在为学生在未来的工作岗位中能胜任口译任务奠定一定的基础。

课程主要通过讲授口译基本理论、口译背景知识以及对学生进行口译基本技巧的训练，使学生初步掌握口译程序和基本技巧，初步学会口译记忆方法、口译笔记、口头概述、视译、公众演讲等基本技巧和口译基本策略，培养学生关心时事的信息意识，积累知识，掌握文献检索、资料查询的基本方法；培养学生的话语分析能力，提高学生的逻辑思维能力、语言组织能力和双语表达能力，提高学生跨文化交际的能力和英汉两种语言互译的能力，帮助有志于选择口译作为研究生学习方向的学生或毕业后从事口译相关工作的学生打好基础。

本案例以“交传与同传”课程中视译部分为基础。

思政元素分析

随着中国日益走近世界舞台中央，中国与世界深度融合、相互激荡，讲好中国故事，传播好中国声音，向世界展现真实、立体、全面的中国，是宣传思想战线的重要使命任务。在全国宣传思想工作会议上，习近平总书记围绕讲什么中国故事、如何讲好中国故事、怎样展现好中国形象作出深刻论述，并提出明确要求。

中国特色社会主义进入新时代，国际社会对中国发展的关注、认同与日俱增，但“中国威胁论”“中国崩溃论”等噪音、杂音依然存在。面对新形势、新任务，唯有把握大势、区分对象、精准施策，才能讲好中国故事，让世界深入了解中国，为我国发展营造良好国际环境。

中华民族在几千年历史中创造和延续的中华优秀传统文化，是中华民族的根和魂，也是我们最深厚的文化软实力。从天下为公、世界大同，到自强不息、厚德载物，再到仁者爱人、以德立人，传统文化中蕴含的思想观念、人文精神、道德规范，对于解决当代人类面临的难题具有重要启示意义。把优秀传统文化的精神标识提炼出来、展示出来，把优秀传统文化中具有当代价值、世界意义的文化精髓提炼出来、展示出来，我们就能启人入“道”、引人悟“道”，更加有效地传播中国理念，促进文明交流互鉴。

“交传与同传”的视译部分拟以习近平主席在亚洲文明对话大会上题为《深化文明交流互鉴 共建亚洲命运共同体》的主旨演讲为分析对象，讲解视译的定位、作用，基本原则和重要技巧。并通过对主旨演讲稿的阅读、分析、断句，充分理解习近平主席的重要发言，体现习近平主席的发言精神。

视译课在课堂教学内容设计中，会以国家元首、政府首脑的发言稿作为练习文本。这主要是因为对于口译初学者来说，文字规范、高质量的源语相对容易处理。习近平主席在亚洲文明对话大会上的主旨演讲从语言角度来分析，可称得上是用语规范、字字珠玑的高质量范文。“未来之中国，必将以更加开放的姿态拥抱世界、以更有活力的文明成就贡献世界。”习近平主席深入阐释中华文明在继承创新中不断发展、在应时处变中不断升华的深厚底蕴，深刻阐明中华文明在兼收并蓄中历久弥新的特质与气质，为深化文明交流互鉴提供了中国经验、贡献了中国智慧，彰显了中华文明为亚洲文明和世界文明作出更大贡献的气度与自信。

综上所述，该课程蕴含的**思政元素**主要有以下几个方面：

第一，视译强调的基本原则是顺句驱动，断句是实现顺句驱动的必要途径，而增补、预测、重复、转换等技巧又是在断句后实现连接的有效方法。习近平主席的讲话立意深刻、影响深远，他从亚洲的璀璨文明讲起，阐述亚洲人民对于和平安宁、共同繁荣、开放融通的亚洲的期待，提出夯实共建亚洲命运共同体、人类命运共同体基础的四点主张。如何熟练运用翻译策略和技巧、准确流畅地把源语视译为目标语英语，从而让英语受众也能准备理解习近平总书记发言的精神和思想，这是该课程蕴含的政治元素的主要体现之一。例如，习近平主席指出，“坚持美人之美，美美与共……各种文明本没有冲突，只是要有欣赏所有文明之美的眼睛。”“美人之美、各美其美、美美与共、天下大同”是中国著名社会学家费孝通先生总结提出的处理各种不同文化关系的十六字箴言，体现中国对于世界各国不同文明的欣赏、尊重、包容、和谐的理念。而所谓“文明的冲突”则是美国学者塞缪尔亨廷顿在其《文明的冲突与世界秩序的重建》一书中提出的，饱受政界和学术界争议。习近平主席的发言有力地驳斥了“文明的冲突”这一论断，指出既要让本国文明充满勃勃生机，又要为他国文明发展创造条件，让世界文明百花园群芳竞艳。该段建议翻译为：We need to uphold the beauty of each civilization and the diversity of civilizations in the world. Civilizations don’t have to clash with each other; what is needed are eyes to see the beauty in all civilizations. We should keep our own civilizations dynamic and create conditions for other civilizations to flourish. Together we can make the garden of world civilizations colorful and vibrant.

第二，当今世界正面临百年未有之大变局。面对波诡云谲的国际形势，习近平主席指出：“我们要加强世界上不同国家、不同民族、不同文化的交流互鉴，夯实共建亚洲命运共同体、人类命运共同体的人文基础。”“亚洲文明共同体”是继习近平主席提出“人类命运共同体”的概念之后，与亚洲人民更息息相关的理念。对于“人类命运共同体”的译法，目前外交部官方的译文为“a common community with a shared future”；借鉴此结构，相应“亚洲命运共同体”可以处理为“an Asian community with a shared future”。全句可处理为“We need to promote exchanges and mutual learning among countries, nations and cultures around the world, and strengthen popular support for jointly building a community with a shared future for both Asia and humanity as a whole.”。译文准确地演绎了习近平主席的文明观，简洁有力地表示了中国致力于共建亚洲命运共同体和人类命运共同体的决心。

第三，通过从视译的原则和翻译策略的角度来理解、分析、研判原文，能帮助我们更深刻地理解习近平主席高屋建瓴的思想和精神，从而实现准确达意的译文。“浩渺行无极，扬帆但信风”。今日之中国，不仅是中国之中国，而且是亚洲之中国、世界之中国。以更加开放的姿态拥抱世界、以更有活力的文明成就贡献世界，我们就一定能让中华文明为共建亚洲命运共同体、人类命运共同体注入强大正能量，和各国一道共同创造亚洲文明和世界文明的美好未来。

教案设计

教学目标

（一）知识目标

1. 了解什么是视译及其如何应用于国际会议
2. 理解视译的基本原则（顺句驱动）
3. 掌握视译的三大技巧（skill focus）：顺译、断句、连接

（二）能力目标

1. 培养快速阅读能力
2. 培养提取核心信息和逻辑分析能力
3. 培养语篇分析能力
4. 提高双语流畅表达能力

5. 积累领域知识能力

6. 跨文化交流能力

7. 为同传打下扎实基础，逐步由视译向带稿同传（simultaneous interpreting with texts）过渡

（三）价值目标

1. 树立正确的“文明观”：第一，文明是多彩的，人类文明因多样才有交流互鉴的价值；第二，文明是平等的，人类文明因平等才有交流互鉴的前提。各种人类文明都各有千秋，没有高低、优劣之分；第三，文明是包容的，人类文明因包容才有交流互鉴的动力。只有交流互鉴，一种文明才能充满生命力。只要秉持包容精神，就不存在什么“文明冲突”，就可以实现文明和谐。

2. 正确理解亚洲文明与世界文明的关系：中华文明是亚洲文明的重要组成部分，是在同其他文明不断交流互鉴中形成的开放体系。习近平主席深入阐释中华文明在继承创新中不断发展、在应时处变中不断升华的深厚底蕴，深刻阐明中华文明在兼收并蓄中历久弥新的特质与气质，为深化文明交流互鉴提供了中国经验、贡献了中国智慧，彰显了中华文明为亚洲文明和世界文明作出更大贡献的气度与自信。

3. 深刻认识“亚洲命运共同体”和“人类命运共同体”的人文基础：文明因多样而交流，因交流而互鉴，因互鉴而发展。我们要加强世界上不同国家、不同民族、不同文化的交流互鉴，夯实共建亚洲命运共同体、人类命运共同体的人文基础。

教学内容分析

（一）教学内容

1. 视译绪论：什么是视译及其如何应用于国际会议？视译是介于口笔译之间的翻译形式，学习视译能引导学生由笔译向口译过渡。与此同时，由于视译和同传有同样的基本原则（顺句驱动），学习视译也是为未来的同传学习做准备。

2. 视译的基本原则（顺序驱动，指源语到译语的衍生过程和自然语言的衍生法则一样，选择最经济的方式来完成同声传译的译语）（杨承淑，2002）。

3. 视译的三大技巧（skill focus）：顺译、断句、连接。

4. 以习近平在亚洲文明对话大会开幕式上的主旨演讲作为文本，探讨分析并练习视译的技巧。与此同时，树立正确的亚洲文明观和世界文明观，正确理解亚洲文明与世界文明的关系，深刻认识“亚洲命运共同体”和“人类命运共同体”的人文基础。

（二）教学重点

视译的基本原则（顺句驱动 lineal approach）：译出语在语序上与源语保持一致，不做大幅度的语序调整。顺句驱动也是同传的基本原则。视译的三大技巧（skill focus）：顺译、断句、连接。顺译即指要按照源语的语句顺序来翻译，不做大幅度的语序调整。断句（segmentation）指把句子分开成各个意群单位。“意群”是指意义相对独立的句子成分，主要由三个特征：第一，含义相对独立，翻译出来后不会由于前后文的影响而出现歧义。第二，在一目所及的范围之内，可长可短，因个人阅读能力和理解能力而异。第三，意群和意群之间，可以通过“连接语”自然而不生硬地连接起来。

（三）教学难点

如何正确的断句（segmentation）以及断句后的连接是视译教学的难点。初学者面对视译材料，往往无法“脱壳”，不能合适地断句，不能跳出源语的框架和束缚，总是不自觉地想去调整句子成分的顺序，给自己造成较大的信息负荷，有悖于“顺句驱动”的初衷。

另一方面，断句之后如何“连”，也是初学者的难点。断句不是为断而断，而是为“连”而断。断句后的“连接”，也有方法可循：增补、重复、转换、省略、预测等，都是常用的技巧。目的是翻译信息流畅（delivery），做到不回溯的翻译（no backtrack）。但在课堂教学反馈中，对源语长句断句后译出来的句子往往缺乏连贯性，句子中各意群之间的连接不顺畅。

教学对象分析

“交传与同传”面对英语专业大四年级的学生。在经过三年的专业学习后，学生在英语听力、阅读、写作、口语等四个方面已经打下了夯实的基础，可以过渡到更高阶的知识和能力训练——翻译。口译是翻译的形式之一，也是体现学生综合运用语言的能力。学生在进入视译学习前，已经了解口译绪论，掌握了原文复述，接触了英汉汉英交传和笔记方法。

教学手段与方法

基于本节课的学习目标、重点与难点，结合授课对象的基本特征，本节课使用的教学方法主要包括以下方面：

1. 比较法

视译是介于口笔译之间的翻译形式。为了体现视译译文与笔译译文的不同点，从而引导学生直观认识并理解，教师列举了多个汉译英句子，比较笔译译文和视译译文的异同点。

2. 示例法

为了做到顺句驱动，译员需要使用多种技巧，如断句、重复、增补、转换等。教师将一一列举示例，以帮助学生理解掌握并运用此类技巧。

教学过程

教学步骤	教学目的	教学内容	表达方式	教学设计	时间安排
1. 引入主题	吸引学生兴趣，让学生快速进入主题	教师首先阐述视译的概念，视译的顺译原则即保证译语与源语在语序上一致		PPT 展示	<5>分钟

续表

<table>
<tr><th>教学步骤</th><th>教学目的</th><th>教学内容</th><th>表达方式</th><th>教学设计</th><th>时间安排</th></tr>
<tr>
<td>2.
提出学习目标</td>
<td>提出本节课的学习目标，掌握顺句驱动的方法</td>
<td>教师通过三个例句，向学生解释什么是顺句驱动，顺句驱动下的译文与笔译译文的差别</td>
<td>
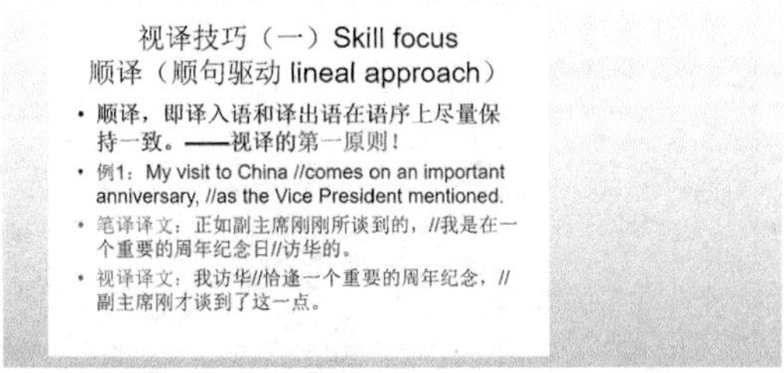

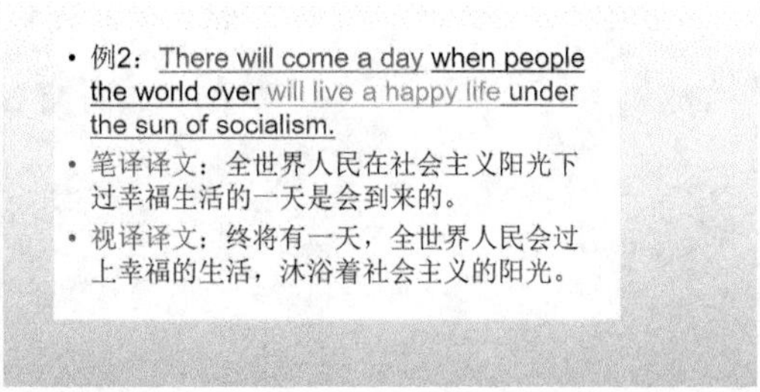

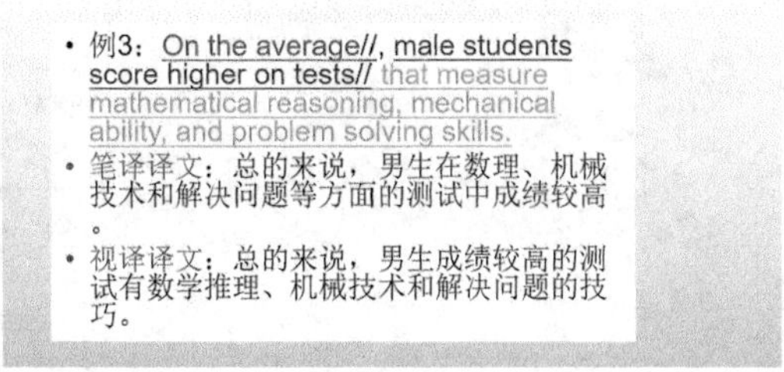

</td>
<td>PPT 展示</td>
<td><10>分钟</td>
</tr>
</table>

续表

教学步骤	教学目的	教学内容	表达方式	教学设计	时间安排
3. **具体文本分析**	在了解并初步掌握了视译的原则和若干技巧之后，教师开始引导学生进入真正的视译练习。教学过程设计紧贴国际会议的工作实践，按照国际会议中视译的运用要求和方式组织教学。	列举习近平主席讲话中的两个“金句”为例	例 4：应对共同挑战、迈向美好未来，既需要经济科技力量，也需要文化文明力量。 ■ 笔译译文：To meet our common challenges and create a better future for all, we look to culture and civilization to play their role, which is as important as the role played by economy, science and technology. ■ 视译译文：To meet our common challenges and create a better future for all call for economic, scientific and technological strength. It also calls for culture and civilization development. 笔译译文中，把 we look to culture and civilization to play their role 放在 which is as important as the role played by economy, science and technology 的前面，也就是把原来在后面的“也需要文化文明力量”前置。视译译文不做语序调整，因此在处理“也需要文化文明力量”的时候，可以另起一句。 例 5：文明因多样而交流，因交流而互鉴，因互鉴而发展。 ■ 笔译译文：Diversity spurs interaction among civilizations, which in turn promotes mutual learning and their further development. ■ 视译译文：Diversity drives interaction; interaction inspires mutual learning; and mutual learning spurs further development. 在视译场合中，由于时间极为有限，对于源语的理解和分析不可能像笔译一样字斟句酌地去理解，因此，视译的译文直接表现为在句子结构、句序、句子成分与源语非常接近甚至是完全一致。但这并不意味着视译的译文在意思上有错误。例 5 就是很好的例子。 在学生视译练习结束后，教师播放学生录音，鼓励学生互评，并提供教师反馈。着重学习讲话中的重点段落。	教师先将事先打印好的文本发给学生，对材料背景（亚洲文明对话大会）、术语、专有名词做解释，提供译文。然后给学生 10 分钟的准备时间，在这 10 分钟内，学生需要快速阅读指定语段、做好断句、形成基本的翻译策略。然后，学生开始一边看文本，一边口译；教师使用 NewClass 系统，实时录下学生的译文。翻译结束后，教师播放学生的录音译文，并点评和互评。	<10>分钟

续表

教学步骤	教学目的	教学内容	表达方式	教学设计	时间安排
3. 具体文本分析	引导学生思考中国文明观与文化观。	阐述了中国的文明观与文化观	段落1:当前，世界多极化、经济全球化、文化多样化、社会信息化深入发展，人类社会充满希望。同时，国际形势的不稳定性不确定性更加突出，人类面临的全球性挑战更加严峻，需要世界各国齐心协力、共同应对。 译文：The world today is moving toward greater multi-polarity, economic globalization and cultural diversity, and is becoming increasingly information-oriented. All this points to promising prospects for the future. Meanwhile, instability and uncertainties are mounting and the global challenges faced by humanity are becoming ever more daunting, calling for joint responses from countries around the world.	教师讲解要求清晰、准确，条分缕析	<10>分钟
	教师再引导学生思考当今世界局势的不确定性，各国之间唯有交流互鉴，才能消除隔阂与偏见，才能促进民心相知相通。	给出洛伊使用的各种方法	段落2: 文明因多样而交流，因交流而互鉴，因互鉴而发展。我们要加强世界上不同国家、不同民族、不同文化的交流互鉴，夯实共建亚洲命运共同体、人类命运共同体的人文基础。为此，我愿提出4点主张。第一、坚持相互尊重、平等相待。第二、坚持美人之美、美美与共。第三、坚持开放包容、互学互鉴。第四、坚持与时俱进、创新发展。 译文：Diversity spurs interaction among civilizations, which in turn promotes mutual learning and their further development. We need to promote exchanges and mutual learning among countries, nations and cultures around the world, and strengthen popular support for jointly building a community with a shared future for both Asia and humanity as a whole. To that end, I believe it is imperative that we act in the following ways: First, we need to respect each other and treat each other as equals. Second, we need to uphold the beauty of each civilization and the diversity of civilizations in the world. Third, we need to stay open and inclusive and draw on each other's strengths. Fourth, we need to advance with the times and explore new ground in development.	教师讲解要求清晰、准确	<10>分钟
4. 总结	引导学生更深层次了解中国的文明观和开放观。	思考中国与世界的关系	• 中国势必以更加开放的姿态拥抱世界，正如习近平主席在结语中提到："今日之中国，不仅是中国之中国，而且是亚洲之中国、世界之中国。未来之中国，必将以更加开放的姿态拥抱世界、以更有活力的文明成就贡献世界。"	引导学生做出总结	<5>分钟

教学效果分析

通过比较法和示例法，学生正确认识理解视译的定位、功能，理解视译的基本原则，学习运用断句、连接、增补、重复、转换等技巧。与此同时，所选练习材料《深化文明交流互鉴 共建亚洲命运共同体》紧贴时事，在练习过程中，学生不仅掌握了视译的知识点，更深刻了解了中华文明和亚洲文明，领悟到文明只有交流互鉴、取长补短，才能保持旺盛的生命力。文明交流互鉴亦是消除隔阂与偏见的重要途径。中国必将以开放的胸襟，加强同世界上不同国家、不同民族、不同文化的交流互鉴，夯实共建亚洲命运共同体、人类命运共同体的人文基础。

“传播学概论”
课程思政教学案例

翻译与国际传播

唐中黎

课程名称 传播学概论

课程性质 中外社会文化与人文素养类课程

授课专业 英语专业

授课对象 二年级本科生

课程简介

“传播学概论”是一门以全英文授课的中外社会文化与人文素养类课程，它以几种主要的传播方式为主线，探讨传播的本质、传播过程、传播对象等问题，引导学生在学习传播学知识的过程中提升英文表达能力和思辨能力，并在此基础上引导学生坚持正确的政治方向，加强对国家、社会、人民的认知，培养良好的思想道德素质和行为习惯。

在课程中，学生将深入学习传播学，尤其是国际传播的相关知识，了解不同文化之间的交流与融合，以及传播技术的发展和应用。同时，课程也将引导学生重视传播的社会责任和使命，提高媒体职业道德，增强社会责任感和担当精神。

课程注重实践教学，通过案例分析、调研报告、翻译练习等形式，帮助学生深入了解国际传播的实际应用，提高解决实际问题的能力和水平，为学生今后成为一名优秀的“外语人 + 传媒人”奠定坚实的基础。

思政元素分析

习近平总书记在“5.31 学习”时强调，讲好中国故事，传播好中国声音，展示真实、立体、全面的中国，是加强我国国际传播能力建设的重要任务。要深刻认识新形势下加强和改进国际传播工作的重要性和必要性，下大气力加强国际传播能力建设，形成同我国综合国力和国际地位相匹配的国际话语权，为我国改革发展稳定营造有利外部舆论环境，为推动构建人类命运共同体做出积极贡献。秉承此重要精神，在传播学这门课中，主要在以下几个方面融入思政元素：

1. 强调核心价值观：在教学中，重点强调学生应该具备的核心价值观，如诚信、尊重、平等、责任等。通过著名传播实验和传播案例分析的方式引导学生思考这些核心价值观在实际生活中的应用，从而激发学生对这些价值观的认同和实践。

2. 引导理性思考：引导学生以理性、科学的态度来看待大众传媒和国际传播的问题。可以通过课堂辩论、研讨会等方式，让学生就重大国际议题展开讨论，从不同的角度思考问题，进一步提高学生的思维能力和批判性思维能力。

3. 强化国际视野：在传播学范围内，添加跨文化沟通、翻译与传播的元素，让学生了解全球化背景下的国际传播、翻译交流等方面的问题，从而拓宽学生的视野和国际竞争力。

基于以上这些理念，本课具体教学方式上，将注重以下几点：

首先，通过传授国际传播的理论知识，帮助学生深入理解国际传播的理论，掌握国际传播的规律，树立创新国际传播话语体系的思维模式，增强国际传播的亲和力和实效性。这有助于学生树立正确的世界观和价值观，推进中国故事和中国声音的表达。

其次，国际传播涉及多种文化之间的交流和融合，这就需要学生具备跨文化交际的能力。通过课堂教学、案例分析和实践活动等形式，引导学生主动了解和尊重不同文化、信仰和价值观，增强学生的文化包容性和交流能力，培养学生的国际视野和跨文化交际能力，从而帮助他们更好地适应全球化的社会环境。

最后，通过国际传播的案例分析和批判，可以帮助学生更好地抵御西方错误思想和文化霸权的影响。学生需要了解西方媒体传播内容的局限性和片面性，避免被西方意识形态和价值观所左右，从而保持自主思考和判断能力。同时，也需要让学生更有效学习如何传播中国文化和中国价值观，提高中国传播力和影响力，改进和加强对外宣传，以达到习近平总书记所指出的“有效开展国际舆论引导和舆论斗争，初步构建起多主体、立体式的大外宣格局”。

习近平总书记曾指出，要加快构建中国话语和中国叙事体系，用中国理论阐释中国实践，用中国实践升华中国理论，打造融通中外的新概念、新范畴、新表述，更加充分、更加鲜明地展现中国故事及其背后的思想力量和精神力量。因此，在国际传播的教学过程中，更要以打造中国话语体系为主要依据，让学生在传播学理论、国际传播案例、翻译与传播的关系方面，更深层次地树立起正确的传播观和外宣意识，打造真正具有国际视野和家国情怀的外语人。

教案设计

教学目标

1. 知识目标：

- 熟悉中国的对外宣传策略、政策和主要传播平台。
- 了解中国对外传播的整体框架和策略，包括国际传播的重要性、传播目标、传播对象等。
- 通过翻译案例分析和练习，引导学生树立正确的翻译观和传播观，掌握有效的国际传播的策略。

2. 能力目标：

- 良好的跨文化交流能力。两种不同文化之间的沟通需要传播者具备跨文化思维和交流技巧。随着全球化的加速，学生们需要具备适应不同文化环境的能力，跨越语言和文化的障碍，将不同文化的思想、理念、科技和文化的成果传递给全球各地的读者。

- 能够运用翻译技巧和方法，将中文信息翻译成符合国际传播规范的外语信息。
- 能够分析和评价不同语言和文化之间的差异和相似性，做出合理的翻译决策。

3. 价值目标：

- 培养学生的国际视野和文化自信。
- 培养学生担当国际传播的使命和责任感，促进国际关系的和平与发展。
- 培养全球视野和跨文化沟通的能力，具备适应全球化时代的竞争力和胜任力。

教学内容分析

（一）教学内容

本次课程带领学生思考和练习一些翻译案例，从中体会翻译与外宣、国际传播之间的关系，“误译误国”警醒，帮助学生了解国际传播的重要性以及讲好中国故事的有效方法。

（二）教学重点

本节课的教学重点有以下三个方面：

（1）让学生对“误译误国”理念有基本的了解；（2）分析翻译案例，讨论错误或不恰当的翻译导致的外宣和传播困境；（3）分析如何通过正确的理念和恰当的翻译手段，达到讲好中国故事目的的翻译和传播效果。

（三）教学难点

本节课的教学难点集中体现为以下方面：

（1）如何帮助学生站在受众的立场上创新翻译原则、方法和策略。翻译和外宣传播都需要考虑到目标受众的语言和文化背景。这就需要学生掌握多语种和多文化背景知识，以及在不同语言和文化背景下进行有效传播的策略和技巧。（2）如何培养学生具备文明互鉴的意识。在教学时，需要引入对比和思辨的视角，通过语言转换的手段来习得文化，探索文化间的共通性，并在中外对比中求同存异。（3）培养学生的外宣意识。外宣传播是一种国际传播方式，需要制定合适的外宣策略。学生需要了解不同国家和地区的文化背景和传播规律，制定适合不同目标受众的外宣策略，同时还需要掌握新媒体传播技术，以便更好地适应现代传播环境。

教学对象分析

“传播学概论”是针对英语专业二年级本科生开设的中外社会文化与人文素养类课程。本课程的授课对象具有以下特征：

1. 具备一定听说读写能力：在前面一年半学习的基础上，学生已经具备了一定的词汇量，掌握了一定的句法、修辞知识，并具备了一定的听说读写译的能力。他们可以在此基础上阅读国外英语原文，并进行翻译案例分析。

2. 缺乏思辨能力：学生除了学习语言和文化外，还需要加强思辨能力的培养。英语专业的学生可能更加注重词汇和语法的学习，而忽略了对阅读材料的深入分析和思考。此外，学生在学习时可能更加注重背诵和记忆，而缺乏对知识的理解和运用能力。信息过载和社交媒体可能会导致学生的思考变得浅显和表面化，他们可能更倾向于浏览短文和图片，而不是阅读和思考长篇材料。

3. 视野局限于语言学习：英语专业学生还尚未树立起“英语 +”的意识。需要了解国际传播的重要性，思考如何通过语言的转换，即翻译，在国际范围内讲好中国故事，传播中国声音。

教学方法与手段

基于本节课的学习目标、重点与难点，结合授课对象的基本特征，本节课使用的教学方法主要包括以下方面：

（1）案例分析教学法

选择一些具有代表性的翻译案例，如某些外宣文献、国家的形象宣传、跨国企业的品牌营销的翻译等，让学生在分组讨论中探讨翻译成功之处以及存在的问题，加深对国际传播的理解。

（2）互动式教学法

教学中，可以采用互动式教学法，引导学生对翻译案例提出自己的观点和看法，并对其他同学的观点进行评价和讨论，让学生在思辨中提高自己的批判能力和论证能力。教师可以引导学生进行多方位思考和交流，从而拓展学生的视野和思路。

（3）多模态教学法

使用多种媒体和教学资源来教授国际传播知识。比如，可以使用视频、图片等多媒体资料，让学生了解不同国家的文化特点和传播方式；使用实际的案例或者场景，让学生通过实践来理解知识点；使用在线工具或者应用，让学生亲身体验国际传播的过程。通过多种教学方式的结合，让学生更全面地了解和掌握国际传播的知识和技能。

教学过程

教学步骤	教学目的	教学内容	表达方式	教学设计	时间安排
1. 引入主题	吸引学生兴趣，让学生快速进入主题	引出本节课所讲内容：不恰当的翻译在国际上可能引起的传播问题。	INTERNATIONAL COMMUNICATION 人民民主专政 《中华人民共和国宪法》第一章 总纲 第一条 中华人民共和国是工人阶级领导的、以工农联盟为基础的人民民主专政的社会主义国家。 Chapter 1 General Principles Article 1. The People's Republic of China is a socialist state under the people's democratic dictatorship led by the working class and based on the alliance of workers and peasants. （讨论：dictatorship一词是否合适？） 2023-9-4	PPT展示	<10>分钟

续表

教学步骤	教学目的	教学内容	表达方式	教学设计	时间安排
2. **提出理论指导和学习目标**	提出本节课的学习目标，让学生有目的地展开学习和思考	基于习近平总书记的讲话，提出本课主要学习目标		PPT展示	<10>分钟
3. **介绍理论知识**	引导学生从传播学理论知识入手，思考翻译与传播的关系	（1）介绍“议程设置”这一基本传播学原理，为后面的翻译案例打下理论基础；（2）理论结合具体案例进行讲解，增强学生对理论的理解	  	教师讲解	<15>分钟

续表

教学步骤	教学目的	教学内容	表达方式	教学设计	时间安排
4. 具体翻译案例分析	引导学生思考国际传播过程中存在的问题	通过对国际传播核心问题的理解，树立正确的传播观	What to do? 要深入开展各种形式的人文交流活动，建强适应新时代国际传播需要的专门人才队伍，要加强国际传播的理论研究，掌握国际传播的规律，增强国际传播的亲和力和实效性。不断扩大知华友华的国际舆论朋友圈。 Carrying out people-to-people exchanges, cultivating capable professionals for international communication, studying its theories and better grasping its laws, so as to increase the appeal and effectiveness of the country's international communication and enlarge the circle of friends who understand China 2021年5月31日，习近平在中共中央政治局第三十次集体学习时强调 2023-9-4	教师讲解	<5>分钟
	引导学生进行具体案例分析	从具体的翻译词汇、段落入手，分析国际传播中出现的问题，解决的方案	INTERNATIONAL COMMUNICATION •新兴大国关系 •Major power? Major Country? 2023-9-4 •中国共产党的精神谱系 如何翻译？ •译文1：the spiritual genealogical lineup of the Communist Party of China •（Spiritual一词不合适） 2023-9-4	学生小组讨论与教师讲解	<20>分钟

续表

教学步骤	教学目的	教学内容	表达方式	教学设计	时间安排
4. 具体翻译案例分析	翻译练习	让学生从刚才的讨论和讲解中掌握规律，然后进行一些小的翻译训练	•中国共产党的精神谱系 如何翻译? •译文1：the spiritual genealogical lineup of the Communist Party of China •（Spiritual一词不合适） •中国共产党的精神谱系 如何翻译? •译文2：the source of genealogical lineup of the Communist Party of China	上课问答与教师讲解	<18>分钟
5. 回归理论	基于翻译练习，再次回归传播学“议程设置”理论	让学生理解翻译与国际传播之间的关系，用传播学理论为翻译奠基	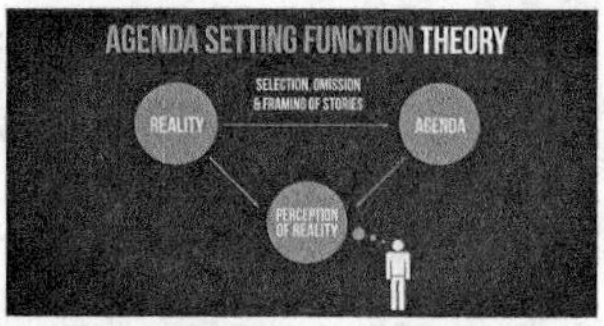 The press "may not be successful much of the time in telling people **what to think**, but it is stunningly successful in telling its readers **what to think** *about*." (Bernard Cohen, 1963)	教师讲解	<6>分钟
6. 总结	总结翻译与传播的关系，翻译对国际传播和外宣的重要性	让学生再次回顾翻译与传播的关系，并思考什么是“国家翻译能力”	•中共中央宣传部 •译文1：Propaganda Department of the Communist Party of China •译文2：Publicity Department of the Communist Party of China 	引导学生做出总结	<6>分钟

教学效果分析

本次课程的目标是通过教授中国对外宣传思路、政策和主要传播平台以及进行翻译案例的分析和练习，引导学生树立正确的翻译观和传播观，掌握有效的国际传播的策略。在这个基础上，可以从以下几个方面分析达到的教学效果：

（1）学生是否基本掌握了传播学理论中“议程设置”这一理论。议程设置是传播学中重要的理论之一，指的是媒介对公众关注点的引导和形成，是媒介对社会舆论的影响的重要体现。本次课程以此为基础，讨论翻译文本在议程设置和国际传播中的作用。通过本课程的学习，学生应该能够理解并掌握这一理论。在课堂问答中，学生可以展示他们对于议程设置理论的理解程度，通过互动讨论，可进一步提高对这一理论的理解深度和广度。

（2）学生是否理解翻译与传播的关系。在翻译和传播的关系上，翻译是国际传播不可或缺的一环，对于对外宣传和国际传播的成功至关重要。通过进行翻译案例讨论，教师点评，学生们应该能够更加深入地理解这两者之间的关系，以及翻译对外宣和国际传播的重要性。这将有助于学生们进一步树立正确的翻译观和传播观，掌握有效的国际传播的策略。

（3）学生是否掌握了外宣类翻译文本翻译的原则和策略，能对类似词汇、句子、篇章进行有“传播视野”的翻译，并对译文进行批判分析。在教学过程中，应该让学生掌握外宣类翻译文本翻译的原则和策略，并在案例分析和练习中进行实践。通过这样的实践，学生们可以更好地理解外宣类翻译文本的特点，并能够根据传播视野进行翻译，进一步提高翻译的质量和效果。同时，在对译文进行批判分析时，学生们可以更好地理解译文的优缺点，从而更好地改进和提高翻译质量。

“中西文化比较”课程思政教学案例

中西创世神话比较

淡晓红

课程名称	中西文化比较
课程性质	文化类扩展课程
授课专业	英语专业
授课对象	一年级本科生

课程简介

本课程是英语专业大一下学期的一门选修课。本课程旨在帮助学生在全球化的时代，了解不断发展变化的中国文化与西方文化之间的共性和差异，培养学生的全球化视野。课程涉及神话、宗教、哲学、历史、语言、教育、艺术、饮食、节日、时空观念等方面的异同。通过对本课程的学习，学生有望既学习了西方文化的源起、特点及优长，又了解了中国文化的深刻内涵与独特风貌。通过对中西方文化的多维比较，保证学生在当今文化交融、文化碰撞的时代，保持清醒的头脑，树立正确的人生观、价值观、世界观，从而增强学生的中国文化自信，激发学生为弘扬中国文化做出自己贡献的动力。

思政元素分析

中国文化作为世界文明古国中唯一一个从未中断过的文化，底蕴深厚，内涵独特。熟谙中国文化，了解西方文化，是每个当代大学生的必备素养。

面对西方文化，有的学生对其所取得的科技、物质成就往往会产生崇拜，从而对中国文化产生怀疑；面对中国文化，有的学生非常热爱，但也拒绝学习和了解西方文化。这两种倾向都应该避免，它们的根源在于对两种文化都理解不深。西方文化注重个性张扬，造就了西方的先进科技，但同时也带来了环境灾难、科技反噬和战争灾难；中国文化素来以培养健全的人格和心智作为重要目标，倡导求同存异，具有极大的包容性。学生需要在相互尊重的基础上互相学习、取长补短才是最佳策略。在这种正确的学习态度之下，了解差异，比较差异，深入思考这些差异，学生才能抵制西方文化中不良思想的侵蚀，增强对中国文化的文化自信，树立立志为弘扬中国文化做出贡献的信念，这是"中西文化比较"的课程思政大有可为之处。

综上所述，该课程蕴含的思政元素主要有以下几个方面：

1. 大学教育的一个重要任务就是"解决好创新性、批判性思维培养的问题"。本课程注重提高学生发现问题、分析问题、解决问题的能力，使学生在理解的基础上，通过条分缕析，逐步提高鉴别能力。通过中西文化比较，培养学生对西方文化的批判性反思的能力，使学生认识到，学习西方文化，要服务于我们自身的民族认同、文化自信和道德修养，目的是打通文明、地域间的隔阂，建设人类命运共同体。

2. 通过比较中西文化诸多方面的差异，增强中国文化自信。例如，中国文化以家庭、集体、国家为重，重视"集体主义"，西方社会崇尚"个人主义"，享乐主义盛行。

3. 通过中西历史的比较，可以完成对学生的知识传授、文化传承和价值引领。西方历史上不断向外扩张、殖民掠夺，而中华五千年文明从未间断，华夏各民族之间的友谊长久永存。西方文化具有很强的侵略意识，而中国文化倡导“以和为贵”，坚持“和平共处”。

教案设计

教学目标

（一）知识目标

（1）学习中西方神话中的主要创世故事;（2）学习中西方创世神话中的主要神灵;（3）分析创世神话中主神的性格特点;（4）对课本中故事进行讲解，对长难句进行解释和分析。

（二）能力目标

（1）能对中西方神话体系进行对比分析，说明异同;（2）对中西方创世神话中的神灵特征以及体现出的价值做批判性分析。

（三）价值目标

中国文化中创世神往往为了人民的福祉而牺牲自我。西方创世神则非常热衷扩张，借以增强自身力量，提高自身地位，谁力量最大，谁就是众神之王，而众神之王也时刻提防和打击其他企图超过自己的神，甚至不惜杀父夺权。通过中西创世神话的比较，深刻理解中国创世神话中主神体现的宽厚的包容性。

教学内容分析

（一）教学内容

本次课程主要学习中西方主要的几个创世神话故事。西方神话中的主神，中国的女娲补天、盘古开天辟地。

（二）教学重点

本节课的教学重点有以下三个方面：

（1）学习中西方主要的创世神话及神话中的主要神灵；（2）中西方创世神话的异同；（3）中西方创世神话所体现出的价值观。

（三）教学难点

本节课的教学难点集中体现为以下两个方面：

（1）对于西方神话，特别是古希腊神话中，众多神灵及其关系的掌握。在了解创世神话之前，需要对西方神话有个大概的了解，而西方神话是一个完整的体系，在有限的时间内将其梳理清楚，比较具有挑战；（2）中西方创世神话和它们与中西方文化中其他方面上的体现。

教学对象分析

“中西文化比较”是针对英语专业一年级本科生开设的文化类选修课程。学生刚分专业，英语基本功才正式开始集中训练。整体上说，本课程的授课对象具有以下特征：

（1）英语读写能力有待提高，在学习知识的基础上，需要同时强化这些语言能力。因此，课堂上需要引领他们做一定量的文本阅读。

（2）口语能力还未得到充分训练，在对比分析时，会存在心领神会，但却难以言传的现象。

（3）思辨能力有待培养，在对比分析时，会存在浮于表面、不够深刻的现象。

教学手段与方法

基于本节课的学习目标、重点与难点，结合授课对象的基本特征，本节课使用的教学方法主要包括以下方面：

（1）翻转课堂的授课模式

“中西文化比较”探讨的是较为宽泛和宏大的文化现象，不需要像其他英语课程一样以教师讲授为主、学生听课为辅。学生需要从不同角度和层面对文化现象进行思考，这就突出了课前查阅和课后拓展的重要意义。因此，每堂课都需要有课前查阅、课堂讨论和课后拓展三部分，条理清晰地展现出翻转课堂的进行方式。

（2）启发式教学法

本课程不是按部就班地将文化现象进行罗列，而是将有对比意义的现象进行重点比较，进一步加强比较的深度，并在比较过程中提出具体问题，进行深度、主动思考。从而促使学生去从无尽的中西文化海洋中进一步寻找更多有意义的材料，完成真正意义上的文化比较。

（3）多模态教学法

教学手段应在以课本为依据的基础上尽量多样化，充分利用现代化的教学手段，使本课程的教学不仅信息丰富，而且生动有趣。不同专题，使用的授课方式略有不同，比如介绍西方建筑、中西方绘画时，可以通过大量的图片展示，而在介绍历史、重要人物时，可以借助相关的影视作品。

教学过程

教学步骤	教学目的	教学内容	表达方式	教学设计	时间安排
1. 引入主题	通过问题引发学生讨论与思考	了解东西方的创世神话	 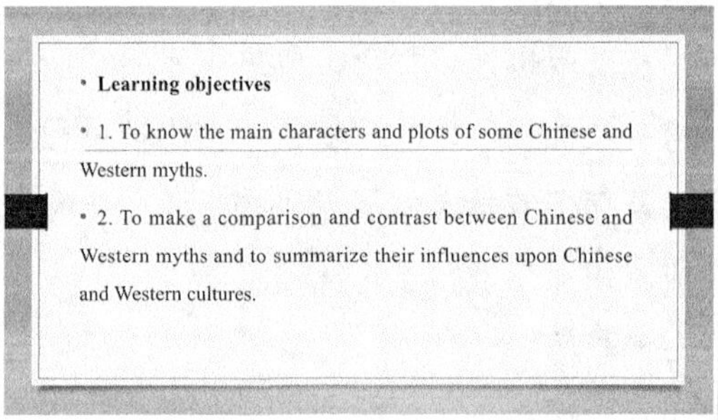 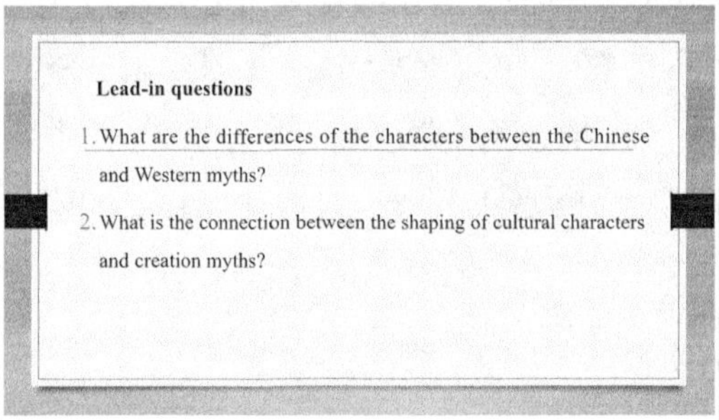 	提问	<10>分钟

续表

教学步骤	教学目的	教学内容	表达方式	教学设计	时间安排
2. 对比分析	学习中国创世神话故事及其主神	讲解中国的创世神话故事	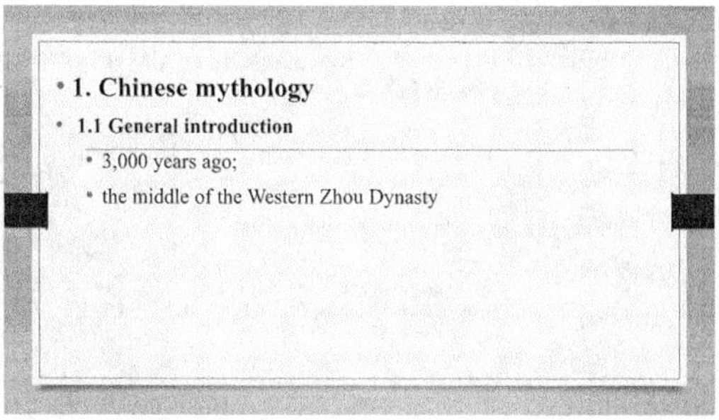	PPT展示	<45>分钟
		分析每个故事中所体现的价值观念	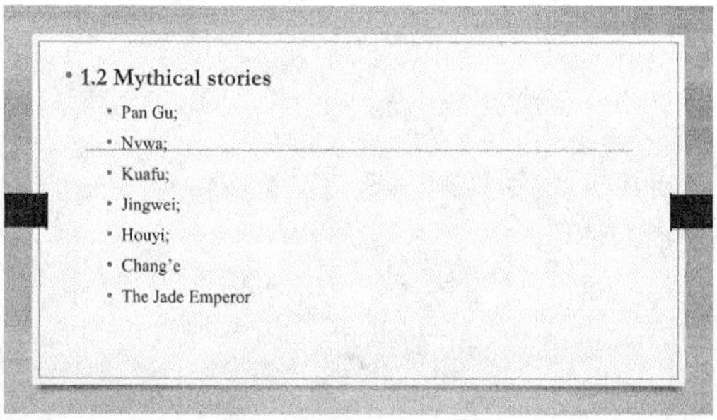		
	学习西方创世神话故事及其主神	学习诸神体现出的特点	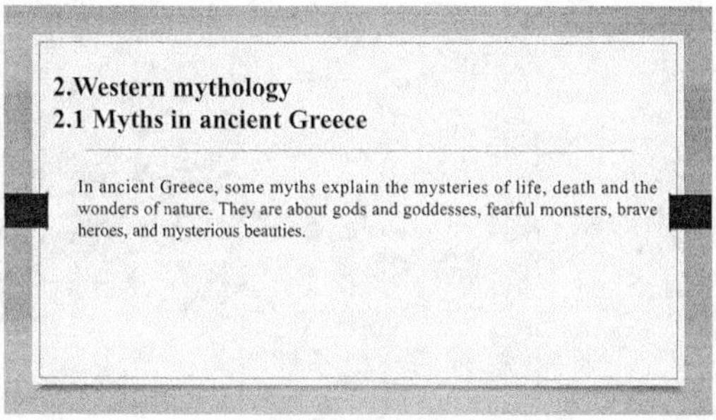 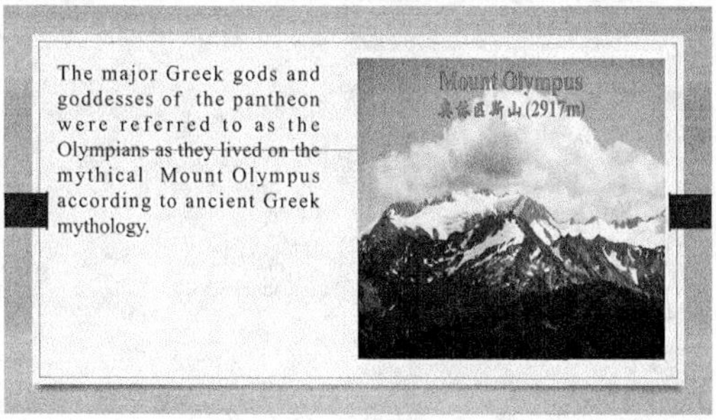	PPT展示	<20>分钟

续表

<table>
<tr><th>教学
步骤</th><th>教学
目的</th><th>教学
内容</th><th>表达
方式</th><th>教学
设计</th><th>时间
安排</th></tr>
<tr><td rowspan="4">2.
对比
分析</td><td rowspan="4">学习西方创世神话故事及其主神</td><td>理清诸神之间的关系，了解西方神话体现的严密的逻辑体系</td><td></td><td rowspan="4">PPT
展示</td><td rowspan="4"><20>
分钟</td></tr>
<tr><td>分析宙斯的性格特点</td><td>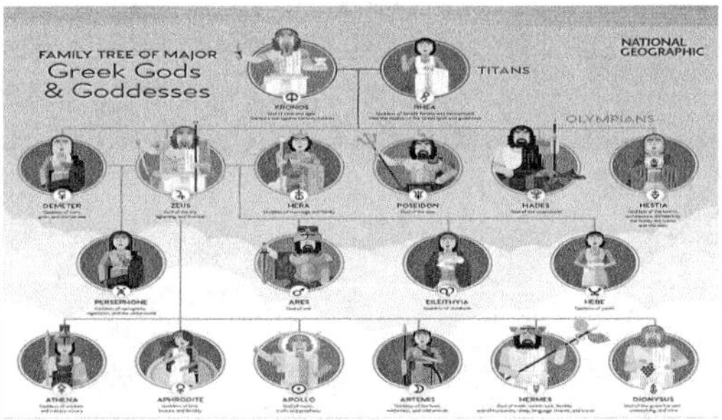</td></tr>
<tr><td>分析宙斯的性格特点</td><td></td></tr>
<tr><td>宙斯惩罚普罗米修斯，体现出的主神性格</td><td>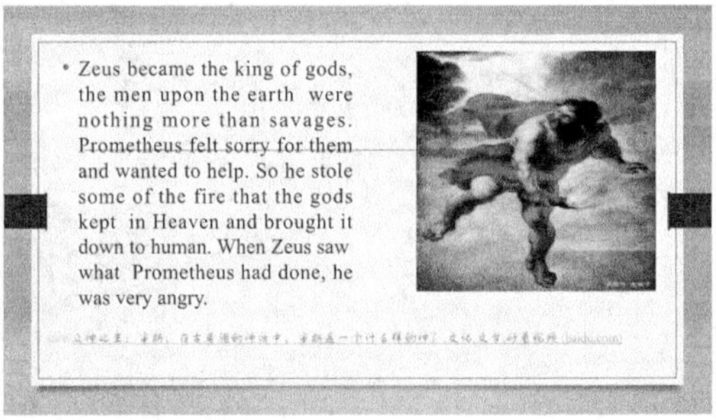</td></tr>
</table>

续表

教学步骤	教学目的	教学内容	表达方式	教学设计	时间安排
2. **对比分析**	学习西方创世神话故事及其主神	学习《圣经》中的创世故事，理解其对世界起源的解释	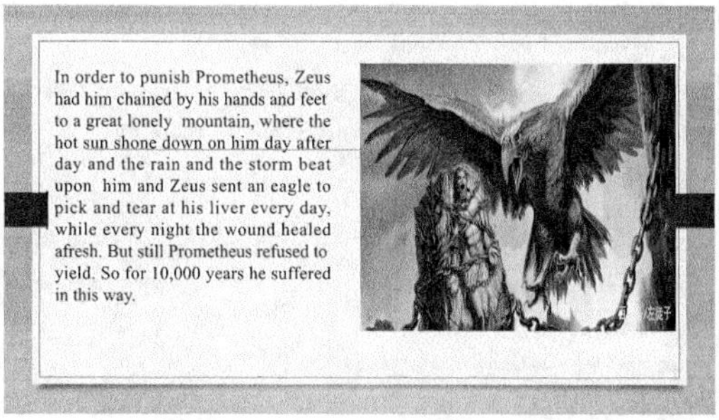 	PPT展示	<20>分钟
3. **拓展讨论**	深度讨论这些创世神话的差异	进行批判性思考，完成价值引领	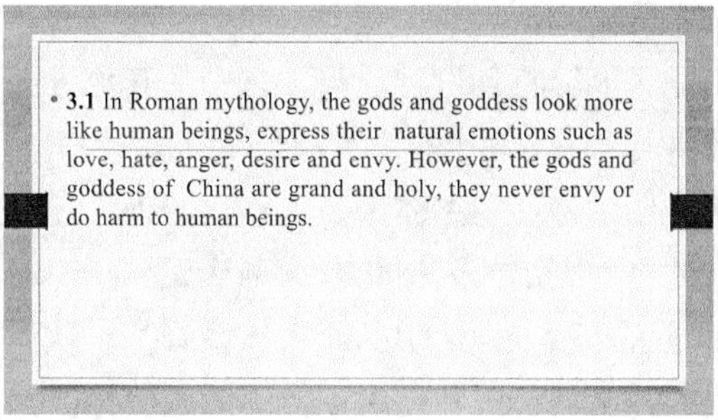	学生讨论	<10>分钟

续表

<table>
<tr><th>教学步骤</th><th>教学目的</th><th>教学内容</th><th>表达方式</th><th>教学设计</th><th>时间安排</th></tr>
<tr><td>4. 总结</td><td>分析中西创世神话主神所体现出的文化差异</td><td>对中国文化体现的包容有深刻认识，增强文化自信</td><td>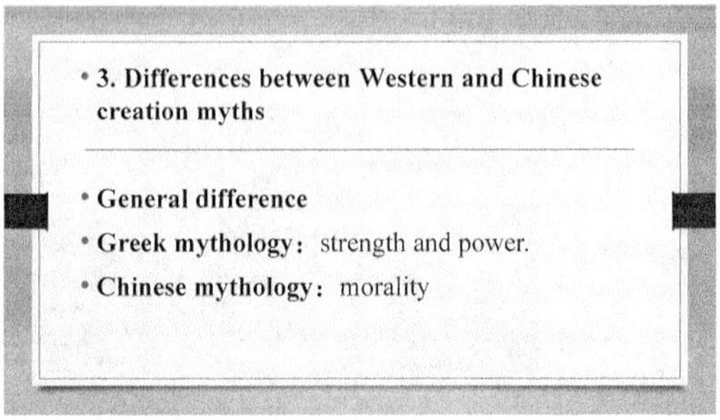

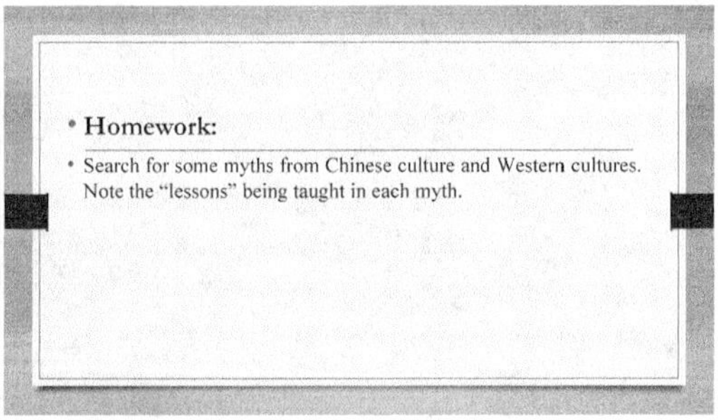
</td><td>教师对所学内容进行总结，并布置课后思考问题及阅读任务</td><td><5>分钟</td></tr>
</table>

教学效果分析

基于本次课程的目标设定及内容安排，可以从以下几个方面分析达到的教学效果：

（1）学生通过充分的课前准备、课堂讨论、课下总结，是否了解了中西创世神话，思考了它们之间的异同，是否培养了自己深刻严谨的思维方式，形成客观、成熟的文化认知。

（2）学生是否能够将创世神话与文化中的其他方面联系起来，比如创世神话中创人的故事与“我从哪里来”的哲学问题。

（3）中西方创世神话的主体都是人格化的神灵，学生是否对西方创世神话中所体现出来的更为突出的人格化有深刻认识。

（4）学生是否对西方神话中的严密体系有基本认识，例如各神之间明确的关系，以及西方神话的起源和发展中体现的逻辑性。是否对中国文化诸神之间相对独立，体现出更强的感性思维有基本认识。

（5）通过中西创世神话的比较，学生是否增强了对中国文化的自信。

“英汉语言对比分析”课程思政教学案例

英汉语用对比

薛　锦

课程名称　英汉语言对比分析

课程性质　本专业选修课

授课专业　英语专业

授课对象　二年级本科生

课程简介

本课程运用对比语言学的最新研究成果，对英语和汉语的语音特征、构词原理、内部结构、语义关系、句法关系、篇章结构、修辞方法等进行对比，同时通过大量的言语实例，探讨这两种语言在这些方面的差异和共性，并尝试解释造成这些差异的原因。本课程介绍汉语和英语两种语言在语言结构和特征上的差异，旨在扩展学生的相关语言知识，并提高他们的英语语言技能，如英语发音、汉英之间的翻译技能。

思政元素分析

2018年5月2日，习近平总书记考察北京大学时指出，“要把立德树人的成效作为检验学校一切工作的根本标准”。2019年3月，习近平总书记主持召开学校思想政治理论课教师座谈会时指出，要坚持显性教育和隐性教育相统一，挖掘其他课程和教学方式中蕴含的思想政治教育资源，实现全员全程全方位育人。在此背景下，高校外语“英汉语言对比”课程同样需要积极跟进“课程思政”，迈入课程思政的建设大潮，对学生开展英汉两种语言的对比不仅是培养学生对两种语言异同观察和分析的能力，也能从分析中挖掘和传承中华优秀传统文化，因此，从学生知识、思想、素养提升的角度看，二者之间是相辅相成的。

中国和英语母语国家存在不同的地理环境、生活方式、人文思想、经济制度、政治制度、历史根源、宗教信仰以及文化体系等。中西方民族的行为习惯、思想文化各有千秋，英语和汉语在使用的过程中呈现诸多差异。汉语和英语文化背景下的交际语言、内容和方式上存在一定的差异。这种差异不仅根源于语言系统特征，也作用于语言表达和理解的种种方面。

本课程蕴含的思政元素主要体现在以下几个方面：

1. 本课程将要求学生对汉语和英语两种语言都具备一定的功底，能把两种语言的知识体系对应完善起来，既能促使学生加强英语专业学习，又进一步深化学生对汉语的学习和认识。

2. 宏观层面主要涉及英汉语言习惯和文化背景异同分析。文化是语言赖以生存和发展的土壤，语言不能脱离文化而存在。语言是文化的载体和交流的工具，是文化的镜子，而文化是语言发展的动力。

3. 微观层面从词汇和语篇方面进行英汉两种语言的对比，涉及英汉语言外来词汇的不同来源。英汉语言词汇的构成方式不同：汉语重意合，多流水句，句法结构比较松散，而英语重形合，句间多用连接手段，句间紧密连接；汉语重主体意识，英语重客体意识。

4. 学生在对两种语言语用进行对比分析的过程中，不仅能了解语言表达的差异、不同的思维和文化，也感受不同的认知方式、世界观和价值观。通过对比英语和汉语在语言特征、语义、语用等领域的差异，帮助学生理解英汉思维的差异、赏析英汉语言蕴含的优秀思维和文化，培养学生的观察力和批判性思维，并注入思政元素，塑造中国文化自信，培养学生思想和正确的价值观，增强学生跨文化沟通和交际能力。

教案设计

教学目标

（一）知识目标

了解英汉语用差异和相关语言、思维、文化差异；跨文化交际相关知识；对案例中的语用现象进行分析。

（二）能力目标

帮助学生把握汉英双语在语用各方面的差异，使学生了解相关差异的根源，以及对跨文化交际的影响，并有意识地避免两种语言语用的差异导致的负迁移。

（三）价值目标

塑造自我意识；培养批判与创新精神；加深跨语言交际的语用理解；树立和坚定文化自信、传承发扬优秀的传统文化，学习国外交际方式。

教学内容分析

（一）教学内容

语用的定义和研究内容；语用学的重要理论框架；英汉语言差异案例分析；语言差异根源。

（二）教学重点

重点在介绍英语和汉语在语言的语用方面的异同，引导学生从文化、思维方式、语言特点等方面思考英汉双语语言差异的根源，并树立正确的价值观，避免跨文化语用错误，培养学生跨文化交际意识。

（三）教学难点

语用学的基本概念；汉英双语语用差异和根源；汉英语用差异的分析方法；语言对比的视角引导学生发现汉英双语语用的特点。

教学对象分析

“英汉语言对比分析”针对英语专业二年级本科生开设的本专业选修课。本课程是他们接触的第一门专业课。本课程的授课对象具有以下特征：

（1）学生在本科一年级积累了一定的词汇量，但英语听、说、读、写、译基本技能还不熟练。因此，在课堂教学中需要先让学生熟悉一下专业词汇。在课堂教学采取英语为课堂语言时需要使用相应简单的词汇以及较慢的语速进行教学。在必要的情况下，可以使用汉语进行辅助教学。

（2）学生缺乏语言学相关的知识背景，教师在讲解专业知识时需要适当解释该领域的基本概念、研究内容、方法等，使学生更方便融入本课程内容。

（3）学生在本课程将系统了解汉英两种语言特点（如词汇、语义、句法、构词法、语言），同时预期学生会容易受英语文化、思维模式、价值观的影响。在授课过程中，应鼓励学生开启批判式思维模式，引导学生中华民族的价值观，培养文化自信。

教学手段与方法

本节课使用的教学方法主要包括以下四点：

（1）启发引导教学法

课堂上教师引出主要话题（论题），引导学生参与讨论、观察现实生活中英汉语用的差异、挖掘两种语言语用差异背后文化、价值观。

（2）互动式教学法

为了更好地实现教学效果，在启发引导学生的基础上，本课中，鼓励学生在课前或课中思考可以解释相关案例的语用差异背后的文化和价值观。在课中邀请学生使用批判式思维对相应观点进行评论，调动学生的积极性和参与程度。教师需要对学生进行及时的反馈，修正和补充学生的观点。

（3）多模态教学法

使用板书勾勒该课的重点，给学生提供课程内容线索，帮助学生记忆；使用 PPT 展示课件和图片，使用访谈方式、课堂投票等方式实现多模态教学方法，增强课堂趣味性和学生的参与度。

（4）案例分析法

以表扬、邀请、拒绝、称呼等例子为基础，详细分析相关情境下的语用差异，分析语言表达特征，引导学生挖掘差异背后的价值观、文化等差异。

教学过程

教学步骤	教学目的	教学内容	表达方式	教学设计	时间安排
1. 引入主题	吸引学生兴趣，进入主题	从语言表达的歧义引入语用研究的概念	Try out the following ambiguous sentences: You have a green light. Without the context or the identity of the speaker, it is difficult to know the speaker's intent or to infer the meaning. The above sentence could have the following meaning: The space that belongs to you has green ambient lighting; You are driving through a green traffic signal; You no longer have to wait to continue driving; You can proceed in a non–driving context; Your are cast in a greenish glow; You possess a bulb whose light is green.	PPT 展示	<10> 分钟

续表

教学步骤	教学目的	教学内容	表达方式	教学设计	时间安排
2. **提出教学目标**	提出本课的学习目标	提出知识目标、价值目标、能力目标	Objectives Get to know the definition of pragmatics. Understand pragmatic failures for Chinese native learners of English Understand causes for pragmatic failures	PPT展示	<5>分钟
3. **定义**	引导学生学习语用的定义	语用的研究内容	Pragmatics（语用学） A subfield of linguistics and semiotics that studies the ways in which context contributes to meaning. Pragmatics studies how the transmission of meaning depends not only on structural and linguistic knowledge（e.g., grammar, lexicon, etc.）of the speaker and listener, but also on the context of the utterance, any pre–existing knowledge about those involved, the inferred intent of the speaker, and other factors	PPT展示	<10>分钟
4. **理论介绍**	了解语用相关理论	语用研究的主要理论	Speech act theory Conversational implicature Talk in interaction Other approaches to language behavior in philosophy, sociology, linguistics and anthropology	PPT展示	<10>分钟
5. **案例分析**	引导学生思考英汉两种语言在语用上的差异	汉语母语者在英语语境交际中的尴尬情境	英汉语用差异 英语言和汉语言各自显隐性内容与语境间特定关系的差异； 通过差异比较分析，更好地掌握目的语（英语）语用规则和语用习惯，从 而提高学习者的跨文化交际能力。 Group discussion: What is your observation concerning pragmatic failures for Chinese native learners of English?	问答	<10>分钟

续表

教学步骤	教学目的	教学内容	表达方式	教学设计	时间安排
5. **案例分析**	引导学生思考英汉两种语言在语用上的差异	案例 1	Situation 1: Compliment and Response Compliment is a kind of social speech act which has several functions. The dominating function of complimentary speech In English: to coordinate the "consistency" in the interaction of communicators. In Chinese: firstly, making the hearer feel good; secondly, expressing appreciation; thirdly, making use of others. The third function of Chinese complimentary speech is different from those of Western culture.	教师讲解，引导讨论	<5>分钟
		案例 2	Situation 2: Invitation and Acceptance Chinese always use a threadlike thinking model, and the whole structure of communication includes many turns of conversation shifts after multiple negotiation. The inviters and invitees usually have negotiation for many times before they can reach the agreement. Chinese natives will go with the following steps: inviting—declining—inviting again—declining again—inviting—accepting	教师讲解，引导讨论	<5>分钟
		案例 3	Situation 3: Refusal The speech act is face-threatening and requires a high level of pragmatic competence because it tends to risk the interlocutor's positive or negative face (Brown & Levinson, 1978). In conveying the refusal message, the speaker should keep a balance between clarity and politeness in order to reduce the risk of face. The politeness value might not be universal across cultures. Chinese and westerners (e.g., American) sociolinguistic rules and the value of the speech act are different regarding being polite or the face-save challenge.	教师讲解，引导讨论	<5>分钟

续表

教学步骤	教学目的	教学内容	表达方式	教学设计	时间安排
5. 案例分析	引导学生思考英汉两种语言在语用上的差异	案例 4	Situation 4: Salutation（称呼语） 根据 Brown 和 Gilman 的研究成果，称呼语的使用有两种范畴：对等式称呼（reciprocal/symmetrical）和非对等式称呼（nonreciprocal/asymmetrical）。 中国社会的称呼系统远比西方复杂。中国较习惯于非对等式称呼类型，而西方偏爱于对等式称呼。中国非对等式称呼的使用表现出一种权势取向。 中国人在称谓中喜欢称呼对方所担任的职务或所具有的头衔，以示尊敬，如“曹院”。人们在社交场合喜欢使用一些泛亲属称谓，对陌生男子称作“老伯”“叔叔”等，把母亲的同事称作阿姨，以及“医生叔叔”“护士阿姨”等。 在西方国家，不论地位和职位高低，人们越来越愿意直呼其名。雇员、年轻人乃至家庭中的子女在称呼他们的上司、长辈以及父母等都直接用他们的名字。在社交称谓上也只是 Mr、Mrs 或 Miss 加上姓来称呼。	教师讲解，引导讨论	<5>分钟
		案例 5	Situation 5: Greeting（寒暄语） 在中国，闲聊的话题可涉及年龄、姓名、收入等，中国人常用的寒暄语“吃了没有”“你上哪儿去”等，体现了中国文化中宗族社会的影响，全天下就是一家人。 在西方国家，使用最多的是谈论天气的寒暄语：“A nice day, isn’t it?”，“Lovely day, isn’t it?” 西方人讨厌谈及隐私。如果将中国人常用来寒暄的话题如年龄、家庭、工资去问西方人： “Where are you going?”， “Have you eaten?”， “How much money do you earn each month?” 西方人会很诧异，很容易产生文化冲突，造成误解。	教师讲解，引导讨论	<5>分钟

续表

<table>
<tr><th>教学步骤</th><th>教学目的</th><th>教学内容</th><th>表达方式</th><th>教学设计</th><th>时间安排</th></tr>
<tr><td rowspan="4">6. 拓展思考</td><td>引导学生思考负迁移的作用</td><td>让学生从文献学习</td><td>Extension: How to say no?
Reference: Yuh–Fang Chang. How to say no: an analysis of cross–cultural difference and pragmatic transfer. Language Sciences 31（2009）477–493.</td><td>教师讲解，引导讨论</td><td><5>分钟</td></tr>
<tr><td>引导学生分析语用差异</td><td>引导学生分析英汉表达差异</td><td>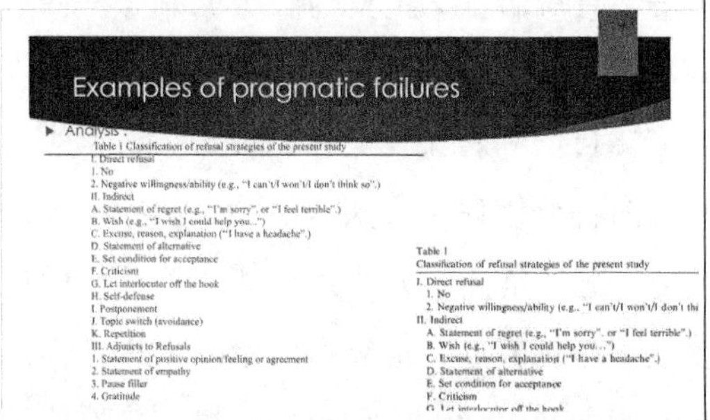
</td><td rowspan="2">数据分析</td><td rowspan="2"><5>分钟</td></tr>
<tr><td>引导学生解释语用差异</td><td>引导学生思考负迁移来源</td><td>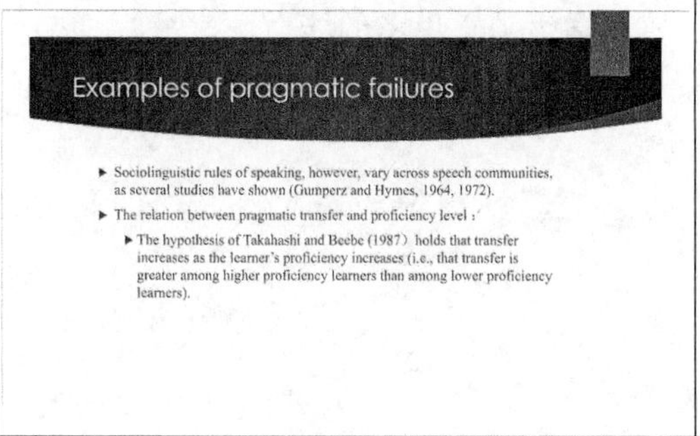
</td></tr>
<tr><td>引导学生思考文化、价值观等的差异</td><td>让学生从现实中寻找语用差异根源</td><td>Causes for pragmatic failures
语用差异的根源，归根结底还在于文化的差异。</td><td>师生互动</td><td><5>分钟</td></tr>
<tr><td>7. 总结</td><td>引导学生树立文化自信</td><td>让学生从汉语语用中发现民族价值观</td><td>Implications
Group discussion on the failures in language expressions.
Practice</td><td>引导学生做出总结</td><td><5>分钟</td></tr>
</table>

教学效果分析

本课程目标设定和内容安排合理，实施效果较好达成了教学目标。学生不但学到了语用的定义、研究领域、英汉语用差异、背后根源以及常见的跨文化交际中的语用误区。在英汉对比的过程中也加深了对汉语语用的认识，在学习语言知识和锻炼语言综合能力的同时也体验到了中西方文化、思维、价值观的差异。不同的语言、文化、价值观自然地融入了“英汉语言对比分析”中，于无声中联结了文化自信和跨文化交际的视野。让学生参与课外整理资料、课堂回答问题、课程内容分组讨论等实践活动，从中引导评判学生的学习态度，培养自主学习能力、思辨能力、知识运用能力等，从而也提升学生综合素质。

课程思政教学初见成效，但还可以不断改进教学设计，从课程教学内容中挖掘思政元素，特别是引导学生用批判性思维来看待语用差异背后隐含的人生观和价值观，培养学生独立思考的能力。

“综合英语”
课程思政教学案例

《青香蕉》中的文化自信与跨文化意识

王志欣

课程名称 综合英语

课程性质 学科平台课程

授课专业 外语专业

授课对象 一年级本科生

课程简介

“综合英语”课程旨在帮助外语专业一年级学生完成中学英语学习到大学专业学习的转变，通过传授系统的基础语言知识（主要包括语音、词法、句法、基本的篇章知识），对学生进行全面的、细致的基本语言技能训练，使学生逐步提高语言运用的准确度和地道性，扩大词汇量，并能够辨析同义词或近义词在不同语境下意义的细微差别，解读作者使用某一特定表达方式的效果等。教师要鼓励学生积极参与课堂的各种语言活动，以提高英语表达的精确和英语理解的精准，达到新《大纲》所规定的听、说、读、写、译等技能的要求。同时教师应指导学生正确的学习方法，培养他们的独立思考能力和语言修养，为以后的写作课和高年级的专业课学习打下基础。

在该课程中，我们通过英语语言、自我认同、浪漫情怀、文化多元、文学艺术等五个单元的15篇文章，向学生展现语言、文化、人际关系、不同国家、不同艺术形式在英语中的表达。该课程属于技能训练为主型课程，但所学文章内容又涉及语言、文化、社会、生活的方方面面，思想的渗透、交流甚至碰撞都是不可避免的。因此，在本课程的教学中，需要精心把握阅读材料对于塑造学生思想价值观念的重要意义，把新型课程思政理念贯穿授课的始终，不仅讲授传统的英语语言知识，更要着力培养学生的思辨能力，使其能够在当前复杂的国际形势下，用批判性的眼光去看待英语作者的文化观念和文化态度，形成正确的世界观、人生观和价值观，真正成为高等教育培养出的时代新人。

思政元素分析

习近平总书记在全国高校思想政治工作会议上强调，“坚持把立德树人作为中心环节，把思想政治工作贯穿教育教学全过程，实现全程育人、全方位育人，努力开创我国高等教育事业发展新局面。”总书记强调，做好高校思想政治工作，要因事而化、因时而进、因势而新。要遵循思想政治工作规律，遵循教书育人规律，遵循学生成长规律，不断提高工作能力和水平。要用好课堂教学这个主渠道，各门课都要守好一段渠、种好责任田，使各类课程与思想政治理论课同向同行，形成协同效应。要更加注重以文化人、以文育人，要运用新媒体新技术使工作活起来，推动思想政治工作传统优势同信息技术高度融合，增强时代感和吸引力。

党的十八大以来，习近平总书记多次强调文化自信问题。在庆祝中国共产党成立95周年大会上的重要讲话中，习近平同志提出，“文化自信，是更基础、更广泛、更深厚的自信。在5000多年文明发展中孕育的中华优秀传统文化，在党和人民伟大斗争中孕育的革命文化和社会主义先进文化，积淀着中华民族最深层的精神追求，代表着中华民族独特的精神标识。”他还强调，“全党要坚定道路自信、理论自信、制度自信、文化自信。”高校是文化创造和传播的重镇，是坚定大学生文化自信的前沿阵地，要将坚定文化自信作为思想政治教育的重要任务。

20 世纪 80 年代以来，外语学习中开始强调文化的重要性，这对于帮助学生快速掌握这门语言、理解英语篇章无疑是非常重要的。但是，我们也应该看到，大学生处在性格形成、三观树立的关键时期，容易受到周围的信息和多元化思想的冲击和影响，特别是外语专业的学生，几十年来一直处于文化认同的撕扯中。因此，如何在思想上对学生进行正确的引导，帮助他们既学好外语，又做好中国人，这是一线教师在授课过程中需要特别关注的方面。

"综合英语"课程作为外语专业一年级学生的必修课，所选 15 篇文章作者的母语均为英语。在这门课程的语言学习中，我们会特别强调准确与地道。同时，我们也需要引导学生展开积极思考，理解标准英语与其他国别英语变体的关系，参透标准英语外衣下文化和价值倾向的本质，以批判的态度去面对阅读文本的语言和内容，如此才能将思政元素与专业学习有机地结合起来，充分发挥课堂教学这个主渠道在"以文育人"中的重要作用。

首先，在"英语语言"单元中，几位作者强调了英语的国际地位，强调了英语对其他语言的影响，强调了英语复杂而光辉的历史，也描摹了非本族语使用者面对英语的困惑与不解。这些文章都在强调语言不仅仅是语音、词汇和语法的组合，它更多地涉及思维方式和社会文化背景，隐含的是学好英语，也意味着要学习英语的思维，接纳英语文化下的语用方式。对于学习者来说，地道的、承载英语思维与英语文化的内容，无疑是最好的学习材料之一。但是，我们也应该认识到，我们的大学生学习英语，除了要理解英语语言和英语文化之外，更重要的是要能够用英语来表达自己，表达中国思维和中国文化。19 世纪的英国殖民主义和 20 世纪美国的政治、军事影响合力把英语推上了国际语言的位置，它不仅仅是以英语为母语的人交流的工具，也是以英语为母语的人和以汉语为母语的人交流的工具，更是以汉语为母语的人和说日语、德语、西班牙语、意大利语的人之间的交流工具。在这样的背景下，英语已经不仅仅属于英国和其他以英语为母语的国家，它也属于所有用这种语言和全世界进行交流的国家，因此，在该课程的教学中，标准英国英语和标准美国英语不应该是学生英语产出的目标。我们希望，学生在学会地道英语的基础上，更要明白标准变体和其他国别变体之间，只有差异，没有高低贵贱。标准变体是学习的范例，但不是语言产出的目标，在当前的国际环境下，中国英语的存在是一种必然。

其次，在“自我认同”“浪漫情怀”等单元中，阅读材料涉及大量的西方文化内容，既包括当代西方青年的现状与思考，也包括对传统的父母子女关系和新兴的网络关系的探索，更有不同文化，尤其是英语文化和其他国家非主流文化的遭遇和碰撞。在阅读这些篇章时，既要汲取西方文化中好的一面，比如美国学者 Batchelder 所强调的对不同文化的尊重、有意识地以开放的心态去体验不同的文化内容，Susan Moon 对父母与子女关系的反思，对亲密关系的探讨。同时，更要提防阅读材料中所鼓吹的一些西方观念，比如过于追求自由、自我，比如躺平的“X 一代”。在学习这些篇章时，要帮助学生理性看待阅读材料中关于人性、人权、人际关系、文化认同等方面的内容，引导学生去粗取精，保持理性，批判地看待西方作者的价值观和文化取向，客观地将这些观念、观点放到全球背景下去理解和评判，横向对比分析中国传统文化和西方文化的共性和差异，坚定自己的文化认同，让英语更好地为表达中国文化、中国思想服务。

综上所述，该课程蕴含的**思政元素**主要有以下几个方面：

1. 通过对阅读材料中所涉及的文化内容进行分析，引导学生反思社会主义文化的先进性，坚定积淀在中华民族最深层的精神追求，认清具有中华民族特色的文化标识，培养文化自信。

2. 通过对阅读材料中关于文化碰撞和文化冲突的梳理，引导学生用批判的、客观的眼光看待文化差异，指出西方所谓的“普世价值”是不存在的，培养学生的判断力和鉴别力，提高跨文化意识和文化自信。

3. 通过文本的语言进行分析，引导学生认识到标准英语隐含的不平等权力关系，认识到学好外国语、做好中国人的深远意义，培养学生以地道的英语表达中国文化、中国精神的能力。

4. 通过补充阅读材料，添加优秀的反映中国社会的历史、文化、现状的英语作品，引导学生更好地了解中国文化和中华文明，避免文化误读，更好地用英语与其他国家展开文化交流。

教案设计

教学目标

（一）知识目标

（1）通过对文本的内容分析，让学生理解文化差异的客观存在，反思非主流文化的意义，联系中国实际进行思考，培养学生的文化自信和跨文化意识；（2）通过文本的语言分析，让学生发现如何使用标准英语的词汇和语法表达与美国主流文化大相径庭的文化内容，并结合中国社会的文化现状，学习有中国特色文化内容的表达。

（二）能力目标

培养学生的批判思维能力：（1）让学生能够批判性地思考标准英语，认识到标准英语可以与任何文化相结合，鼓励学生创造真正的"中国英语"，摆脱西方国家的文化霸权；（2）让学生能够批判性地阅读英文篇章，认识到其宣扬的价值观和理念都是有局限性的，并非具有真正的普适性，提高学生的批判力和鉴别力，增强学生对社会主义文化的自信。

（三）价值目标

将文化自信和跨文化意识内化于心，外化于行。学生通过对这些阅读材料中所体现的文化内容进行批判性思考，认识到每个国家都有自己独特的文化，都有等待外部世界了解的"青香蕉"，由此可以更好地理解中国的传统文化和地域文化，在国际交流中可以将文化自信和跨文化意识有机地结合在一起。

教学内容分析

（一）教学内容

本次课程带领学生阅读和分析美国学者 Donald Batchelder 的文章《青香

蕉》，引导学生在理解文章内容的基础上，对美国主流文化和巴西腹地小山村的地域文化的差异和冲突进行批判性思考，并找出作者的跨文化意识和当地人的文化自信在文中的具体体现。

（二）教学重点

本节课的教学重点有以下三个方面：

（1）让学生对文化差异、跨文化意识和文化自信有基本的概念和了解；（2）分析文章的语言特点，比较叙事部分和说理部分语言风格的不同，探讨作者这样做的原因；（3）分析作者面对文化冲突的心理和处理方式，理解当地人的文化自信，讨论跨文化意识该如何培养，探索国际交往中该如何坚持和表达我们的文化自信。

（三）教学难点

本节课的教学难点集中体现为以下两点：

（1）如何帮助学生理解文章中两个重要的意象——青香蕉和作为当地人心目中世界中心的岩石的象征意义和文化意义；（2）引导学生恰当地进行自身跨文化交流实践与文章所描述的现象的类比，强调文化自信和文化宽容，培养学生的跨文化意识。

教学对象分析

“综合英语”是针对外国语学院一年级本科生开设的学科平台课程。修读该课程时，学生尚未分专业，该课程仍以听、说、读、写、译等基本功的培养为主，不涉及专业内容。整体上说，本课程的授课对象具有以下特征：

（1）学生经过中小学 9–12 年的英语学习后，已经具备了一定的词汇量，掌握了一定的句法、修辞知识，具备了一定的阅读能力，因此可以阅读有一定文化深度和语言难度的内容。但学生对英语语言、英语国家文化的了解都非常有限，需要通过本课程的学习，让学生初步了解与英语相关的社会、历史、政治、文化、思想等内容，为他们的专业选择和未来的专业学习打下基础。

（2）学生在中小学的英语学习中，以学习英语基本技能为主，缺乏思辨能力的培养。批判性思维的缺乏导致学生在上课时，会将大部分精力集中在词汇、句法上，忽略材料的文化内容和作者的思想倾向。这门课程作为第一个学期的平台课，肩负着帮助学生完成从把外语作为一个考试科目到把外语作为专业来学习的转变，培养学生的思辨能力迫在眉睫。

（3）学生在接触西方文化时容易受到各种思想观和价值观的冲击和影响，因此需要老师在思想上进行正确引导，培养三种能力：① 辨别能力：让学生在了解中国文化的基础上，理解阅读材料中所反映出的不同文化之间的异同，不断提升文化自信；② 批判能力：培养学生的批判思维能力，让学生能够批判性地思考阅读材料中的文化倾向和价值取向；③ 拓展能力：通过学习承载一定思想和文化内容的标准英语，提高用地道英语讲好中国故事、表达中国文化、传递中国精神的能力。

教学手段与方法

基于本节课的学习目标、重点与难点，结合授课对象的基本特征，本节课使用的教学方法主要包括以下方面：

（1）以启发为主的互动式教学：为了让学生更好地对文章中的文化内容进行反思，达到培养文化自信和跨文化意识的目的，要引导学生注意文章中关键的语言、意象、内容，倾听他们对这些元素的理解和思考，引导学生就这些元素进行讨论，并鼓励学生结合自身的跨文化交际经历，解读文化自信的重要性，提出跨文化意识和跨文化能力的培养方法。

（2）多模态教学。除了传统的课堂讲授和教师提出问题、学生回答问题的互动方式之外，考虑到这篇文章兼具故事性和说理性，可以灵活运用 PPT、影音资料、图片等多种教学形式，实现课堂的多模态教学。PPT 展示的图片、影音资料等既让学生对作品有更直观的感受，也增强了课堂的趣味性，可以让学生更好地融入课堂的文化讨论中来。

教学过程

（1）引入主题（约 10 分钟）：让学生讲述文章中所涉及的文化遭遇，提醒学生注意关键细节：作者的文化身份，遭遇发生的具体环境，解决问题过程中出现的重要意象等，在学生讲述完毕之后，利用完形填空和 PPT 动图对故事进行复述和总结。

This article discusses the attitudes we are to take ____ different cultures in the world. With the development of ____ communication, the world we live in is more and _____ like a global village, in which different cultures _____ each other. And the conflict between different civilizations has the potential of _____ more and more serious. Thus the question of how to look at _____ cultures and cultural differences becomes an important ____, which deserves serious consideration. The author of this article, through an ____, tells us about his own thinking on the issue.

（2）提出问题（约 5 分钟）：提出“青香蕉”和“作为世界中心的岩石”的概念，提醒学生在阅读过程中注意这两个意象的象征意义和文化内涵，思考作者对这两个文化内容的接受有怎样的不同，原因是什么。

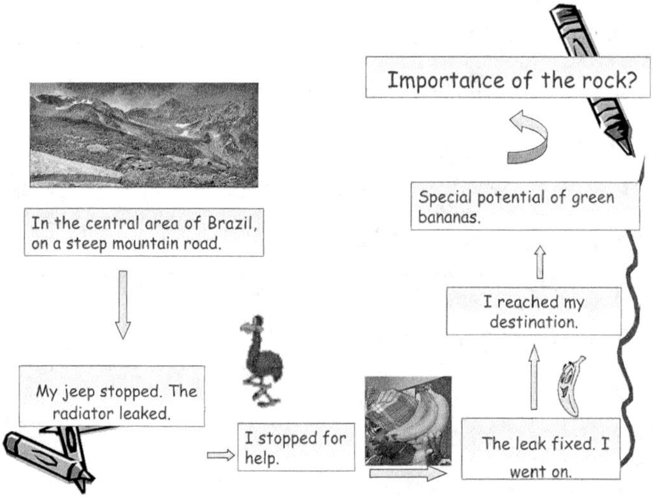

（3）内容讲解（约 60 分钟）：对文本进行仔细梳理，在讲解重点词汇、语法的同时，提醒学生注意作者在叙事和说理部分不同的语言特点，思考作者使用不同风格语言的原因，以及所达成的表达效果。

Batchelder's view on cross-cultural education:

- If some of the goals of education in modern times are to open up possibilities for discovery and expand learning and the chance for mutual acceptance and recognition in a wider world, it may be important to offer students a perspective on their own immediate center of the world by enabling them to participate sensitively as cross-cultural sojourners to the center of someone else's world.

pinnacle

- The pinnacles of the Himalayas were visible above the cloud.
- Once considered the pinnacle of human achievement, climbing Mount Qomolangma now is almost commonplace.
- The Olympics represent the pinnacle of competition and achievement.
- By the age of thirty-two she had reached the pinnacle of her career.

（4）文化反思与讨论（约 15 分钟）：组织学生对文章中所涉及的文化和跨文化内容进行讨论，分析美国学者和巴西当地人在面对文化冲突时的表现，剖析这些文化表现中所隐藏的精神内核，反思在跨语言、跨文化交流中如何在文化宽容的前提下坚定、自信地表达中国文化，讲述中国故事。

教学效果分析

基于本次课程的目标设定及内容安排，可以从以下几个方面分析达到的教学效果：

（1）学生是否基本掌握了《青香蕉》中涉及的词汇和语法，特别是有关文化内容的表达，可以在下节课开始的时候通过提问进行检查。

（2）学生是否真正理解了“青香蕉”和“世界中心”两个文化概念，这可以在下节课的提问中体现。

（3）学生是否能够将“青香蕉”和“世界中心”的概念与自身的跨文化交际实践相结合，可以在课堂讨论中体现。

（4）长远来看，学生是否具备了一定的辨别能力、批判能力和拓展能力，是否能够培养出充分的文化自信，能否用地道的英语讲好中国故事，表达中国文化和中国精神，可以在以后的学习中进行观察、培养。

“英语泛读与课外必读Ⅰ”课程思政教学案例

分析与批判性阅读——网络媒体中的国家形象

杨　子

课程名称　英语泛读与课外必读Ⅰ
课程性质　学科基础课
授课专业　英语专业
授课对象　一年级本科

课程简介

泛读作为语言学习的重要方式之一，又称自主阅读（free voluntary reading），阅读者自由选择感兴趣的材料，自行掌控阅读速度，通过轻松氛围下的大量阅读，不自觉地习得生词、增强语感、提升阅读能力。国外的泛读教学主要以项目形式开展，组织者提供大量指导性分级读物，学生基于个性化需求，自行选择阅读时间、地点与书目，定期交流反馈，以追踪学生阅读能力发展；而国内英语专业的泛读通常执行每周2学时的课堂教学，有限课堂学时远不能满足泛读对阅读实践量的需求，亦难于兼容个性化选材、自主阅读等泛读理念。为解决上述问题，北京科技大学英语系于2014年开始泛读课程改革，采取“精选课堂话题＋自主课外阅读”的模式，以课内、课外相结合的方式，实现学生的广泛阅读和阅读能力的综合提升。为此，我们将课程定名为“英语泛读与课外必读”。

教学理念上，本课程以培训阅读技巧为先导、拓宽阅读视野为渠道、形成自主阅读为核心、培养批判思维为目标，在潜移默化中提高学生独立思考与探究的能力。具体而言，本课程的课堂教学以能力培养为主，弱化语言知识点输入，关注快速捕捉信息、独立思考及分析批判等阅读能力的培养；课外以自主阅读实践为导向，依托自主阅读，强化能力提升。

教学方法上，（1）为培养学生对不同领域话题的自我探索与研究能力，我们不指定阅读材料，而是指定阅读话题，提供相关思考问题，由学生自行搜索并选择阅读材料，进行阅读，做出思考，然后将阅读所得带入课堂，与他人交流分享。（2）为培养学生对不同阅读方式与方法的探索与研究能力，我们不是先传授阅读技巧，再进行阅读实践训练，而是先进行阅读实践，再由学生自己发现提高阅读能力的经验技巧，如辨别不同阅读材料的不同阅读目的、总结不同阅读方式（如搜寻信息型阅读、文学欣赏型阅读、观点批判型阅读等）、灵活采取不同阅读方法（如使用跳读、扫读或常规阅读等）掌控阅读速度。（3）为培养学生对英语语言问题的自学与研究能力，教师不讲解语言知识点，由学生在阅读过程中发现语言知识点（包括词汇意义与搭配、句法结构等），通过大量浸入式阅读，自行逐渐熟悉并掌握重要知识点。

“英语泛读与课外必读Ⅰ”作为该系列课程的初级阶段，由泛读基础和实践两大板块构成，前者关注泛读的基本技巧，如词义猜测、预测式阅读、略读和查读、分析与批判性阅读等，后者围绕东西方文学、文化、经济、社会、科技、时政等不同主题展开，注重阅读技巧的整合和阅读能力的综合培养。为保证学生适度的阅读选择权，本课程不指定全部阅读材料，每周给出 1 个话题和 2–3 篇基础阅读文章，确保学生对相关话题的基本认知，学生需课外自行选择话题相关的感兴趣文章做拓展阅读。阅读内容中，以技巧训练为目的的指定文章和针对特定话题的指定文章主要在课堂完成，要求学生通过小组活动的方式，完成课上及课后任务；针对特定话题的自选文章阅读由学生在课外完成，要求学生撰写读书笔记，对所读话题发表看法、意见。

思政元素分析

“课程思政”是一种教育教学理念，其基本涵义是：大学所有课程都具有传授知识培养能力及思想政治教育双重功能，承载着培养大学生世界观、人生观、价值观的作用。课程思政要求教师充分发挥课程的德育功能，提炼课程蕴含的文化基因和价值范式，转化为社会主义核心价值观具体化、生动化的有效教学载体，在“润物细无声”的知识学习中融入理想信念层面的精神指引。“英语泛读与课外必读Ⅰ”作为英语专业大一学生的基础必修课，面对的是处在三观树立关键期的低年级大学生，课程内容涉及大量原汁原味的英美读物，特别是自主阅读部分，教师对阅读内容的掌控性降低，学生在阅读中必然会感受到多元化思想的冲击和影响，因此课程处于与西方思想接触碰撞的前沿阵地。为实现对外语低年级学生人生观、价值观和世界观塑造的正确引导，需疏堵结合，一方面，通过对阅读材料的严格把关，净化阅读环境，确保罔顾事实的极具偏见性、误导性文章不出现在学生视野；另一方面，更需要利用好课堂，加强学生思辨和批判能力的培养，使其能够在专业学习阶段的阅读中以及未来进入社会的任何阶段，保持对中西方价值观念和意识形态差异等的理性认识，善于独立思考，自觉抵御西方的文化霸权和价值观渗透，成为具有道路自信、理论自信、制度自信和文化自信的社会主义建设者和接班人。

具体而言，该课程蕴含的思政元素主要有以下几个方面：

1. 通过对不同体裁英语作品的阅读，培养全类型阅读材料的观点分析能力，特别是引导学生分析和关注作者隐性引导或影响读者思维的方式，实现学生对西方作者观点的客观理性认识，增强学生在文本阅读中的政治判断力和鉴别力，形成独立思考能力。

2. 通过对不同题材英语作品的广泛阅读，实现学生对西方社会文化的全方面了解，引导学生剖析中西方文化、思维方式和价值观念等的异同，强化阅读中的中西方比较意识，在增进了解的基础上提升跨文化沟通能力，立足国际视野，厚植家国情怀，以西方受众听得懂、听得进去的方式，讲好中国故事，做好国际传播，完成新时代新形势下我国外语人才的历史使命。

3. 通过教学方式和理念的转变，在研究型、任务型教学中锻炼学生自主学习和实践能力，通过基于阅读的中西方对比讨论，提升学生在理解当代中国、传播国家形象、促进国际交流中的参与感、获得感与专业认同感，提升作为新时代外语人和社会主义接班人的使命感。

教案设计

“分析与批判性阅读——网络媒体中的国家形象”为“英语泛读与课外必读Ⅰ”课程体系中的第六讲，也是课程第一板块“泛读基础”中的最后一讲，以网络媒体中的国家形象为主题，通过指定主题的阅读与讨论，增强学生对分析性阅读与批判性阅读的认识，掌握相关技巧与方法，服务于第二板块“泛读实践”中对各类阅读技巧的综合运用和泛读能力的强化提升。

教学目标

“分析与批判性阅读——网络媒体中的国家形象”一讲在知识点传授、能力培养和价值观塑造方面的具体目标如下：

（一）知识目标

（1）了解阅读的三个层次，即 reading for information → reading for thoughts → reading for inspiring thoughts 及其相互关系。

（2）掌握阅读的三种方式类型，即 extensive reading → analytic reading → critical reading 及其相互关系。

（3）在了解批判性思维对客观理性看待问题的必要性的基础上，认识分析性阅读和批判性阅读的基本方法。

（4）在文本对比阅读与讨论的基础上，认识媒体操控和影响民众的常用话语方式和手段。

（二）能力目标

（1）培养学生将分析性阅读和批判性阅读内化于英文自主阅读的能力。

（2）培养学生阅读外媒文章时缘事析理、明辨是非的能力，提高学生独立思考和批判思维的能力，增强观点分析时的反操控意识。

（3）培养学生跨文化沟通中以受众为导向的策略意识，避免自说自话，提升讲好中国故事的能力。

（三）价值目标

通过对多国主要媒体对同一事件报道中所体现出的价值观差异比较，并结合对象国国情对不同价值观的批判思考，让学生认识到事物的复杂性，以及用西方价值观念衡量评判我国事务的弊病和荒谬性，进而自觉抵制外媒中的误导性观点，避免对西方价值观的盲从；引导学生领会看待事物、分析问题不存在普适性标准，理解从国情出发看待问题的重要性，增强对社会主义核心价值观的认同，做好社会主义核心价值观的信仰者、传播者和践行者，增进对我国社会主义建设的道路自信、理论自信、制度自信和文化自信。

教学内容分析

整体而言，本课程摒弃以语言学习为目的的内容设计，没有与词汇、语法相关的选择题或翻译练习，只有以理解文章、激发与主题相关思考为目的的阅读任务，让学生在任务驱动型阅读中附带习得词汇、提高阅读速度、增强语感，更要实现与阅读相关思维能力的综合提高，体现泛读的宗旨所在。就本讲课程而言，教学内容和重难点如下所示：

（一）教学内容

本次课程作为“泛读基础”板块中的最后一讲总结提升，先通过对前几讲分析过的文章的总结梳理，以案例分析的方式，让学生了解以目的区分的三个阅读层面——捕捉信息、认识观点和启发思想，以及与此存在一定对应关系的三类阅读方式——泛读、分析性阅读和批判性阅读。进一步通过理论解释和例证分析，让学生了解不同类型阅读间的关系和阅读分析方法。随后带领学生对来自美联社（美）、路透社（英）和新华社（中）三家媒体对相似两个事件的六篇不同报道进行对比分析，通过课堂讨论和小组展示的形式，引导学生在分析和领悟各篇报道观点的基础上，对以西方价值观评判他国事务的做法展开批判性思考，并找出媒体通过话语手段隐性操控读者思想的具体方式，通过对其梳理总结，提升今后阅读中的独立思考能力和反操控意识，同时反思我国媒体建构国家形象时的不足和优化策略，增强学生跨文化沟通中的策略意识。

（二）教学重点

本节课的教学重点有以下三个方面：

（1）让学生对阅读目的的三个层次和三类阅读方式有基本的认识；

（2）让学生了解批判性阅读的主要开展方式；

（3）让学生运用所掌握的阅读方法，分析媒体对同一事件的不同报道方式及其背后体现的媒体影响读者的话语手段，提升学生在媒体文章阅读中的独立思考和判断能力。

（三）教学难点

本节课的教学难点集中体现为如何帮助学生在了解批判性阅读及其方法的基础上，成功实现将该类阅读应用于实践，而不是简单停留在对知识点的机械记忆层面。批判性阅读在知识点讲解上并不难懂，但在实际应用中需要做到灵活处理，举一反三，同时还需要学生具备足够的背景知识和对社会文化价值观差异的敏感性。因此，使学生合理运用知识点，调用相关知识储备，分析作者观点，捕捉观点背后隐藏的价值观，并在此基础上进行批判性思考，是本课主要难点。

教学对象分析

“英语泛读与课外必读Ⅰ”面向英语专业大一学生开设，虽然学生间存在个体差异，但整体上讲，本课程的授课对象往往具有以下特征：

（1）学生在中学英语学习的基础上，具备一定的词汇量、语法知识，以及一定的阅读能力，外语课堂对短文的精细化分析较为常见，但对长篇英语作品（特别是非小说类的长篇读物）的接触较少，普遍缺乏系统性的泛读训练。由于外语专业无论是了解对象国国情的需要，还是为毕业论文写作和学术研究做准备，海量原语阅读均必不可少，因此，课程需要对泛读技巧进行系统梳理。

（2）学生在高考英语应试教育阶段，往往更注重对听、说、读、写等基本语言技能的学习，以外语国家国情、社会文化知识等为导向的外语学习相对欠缺，学生的知识面相对狭窄，国际视野不足，跨文化交流所需的知识储备有待提升。因此，泛读课程在提升阅读速度、扩展词汇量、增强语感的同时，也应该利用课程对大量阅读实践的要求，增进学生对英语国家的相关了解，扩大知识储备，服务跨文化交际和国际传播力培养。

（3）学生受我国传统文化价值观念影响，与西方学生相比，往往更为注重传承、敬畏权威，独立思考和批判思维的能力相对薄弱，体现在阅读上，会更关注文本中的知识和观点获取，思辨和批判能力不足，易于被文中观点和作者思想所左右，难于形成独立见解，在接触西方作品的过程中，有对西方价值观等的盲从风险。因此，课程在提高学生阅读能力的同时，更需培养其分析判断力，免受西方不良思想的影响。

教学手段与方法

本课程通过大胆革新和尝试，尽可能与传统教学模式中“重知识轻思维、重结果轻过程、重课堂轻课外、重记忆轻运用、重教师轻学生、重理论轻实践、重继承轻创新”的特点做到互补。就整门课程而言，课内教学灵活采用任务型、启发式、讨论式、研究式等多种教学方法，引导学生在主动积极的思维活动中获取知识、掌握学习方法，最大限度地让学生参与学习的全过程；课外教学和第二课堂活动采取课外阅读、头脑风暴、辩论、读书报告会等形式，作为对课堂教学的延伸拓展，进一步激发学生的学习兴趣，培养学生的自主学习、交际、思辨和创新能力。同时，积极采用先进的和多元的现代教育技术手段，如在线慕课、网络学习中心和交互平台等手段，实现信息的有效传递，使课堂教学与课外教学相得益彰，达到更好教学效果。

基于本讲课程的学习目标、重点与难点，结合授课对象的基本特征，本节课主要用到以下教学手段和方法组织课堂：

（1）探究式学习课堂（Enquiry–Based Learning），以多篇针对同一事件的报道为研究对象，让学生以小组讨论等方式，通过团队合作，对比文章中针锋相对的看法、截然不同的写作手法或隐匿在观点差异背后的共性写作策略等，在探究中锻炼和提升学生的分析性和批判性思维能力。

（2）以学生为中心的互动启发式课堂，在课堂组织形式上，教师通过指定阅读内容、引导讨论方向、抛出思考问题等方式，以活动组织者（而非知识提供者）的身份加入课堂互动，学生作为课堂主体，主要通过组内和组际两类交流讨论，在教师引导下，锻炼主观能动性，通过自行探究媒体操控读者的手段方式等问题，实现自我学习和彼此互助学习。

（3）多模态教学手段，灵活运用板书、图表、图片、视频等多种形式的教学资料，帮助学生提炼和系统梳理由其自身探究得出的知识点，加深对批判性阅读的理解和感悟，强化对媒体报道及其背后读者操控手段的体会和鉴别力。

教学过程

教学步骤	教学目的	教学内容	表达方式	教学设计	时间安排
1. **引出学习任务**	让学生了解本讲与先前各讲之间的关系，以及作为“泛读基础”板块最后一讲的定位	简要回顾前几讲内容，承上启下，引出本节课所讲内容：阅读的三个层面及其与三类阅读方式间的对应关系	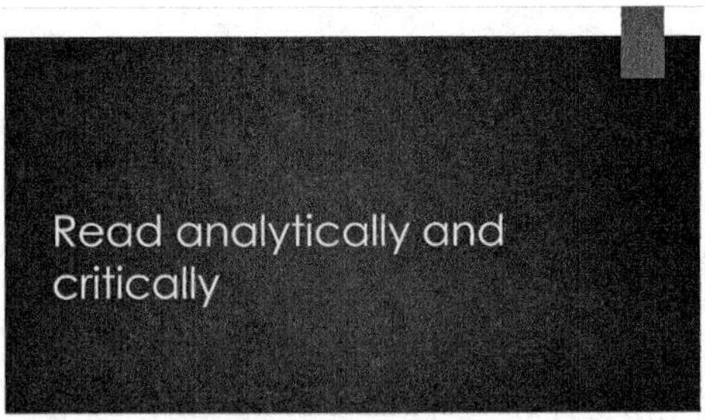	问答互动；PPT展示；关键词引导	<10>分钟

续表

教学步骤	教学目的	教学内容	表达方式	教学设计	时间安排
1. 引出学习任务			 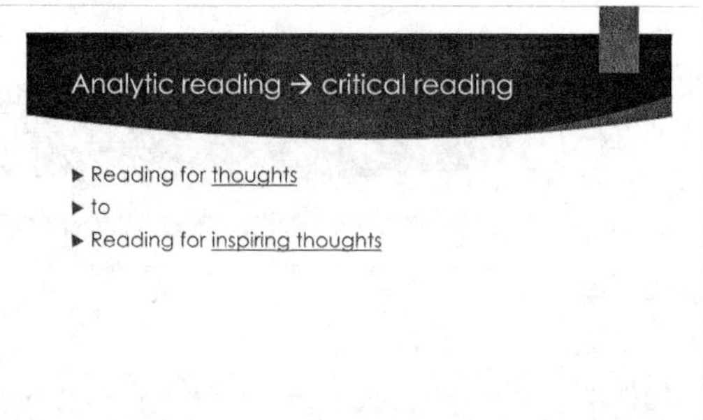		
2. 明确学习意义	让学生切实体会学习本课内容的必要性和重要意义，积极投入本讲课堂活动	介绍掌握分析和批判性阅读的两方面必要性： （1）所有的写作都几乎不可能保持中立； （2）阅读的目的不仅仅是获取信息，而是累积证据以形成自己的想法。	 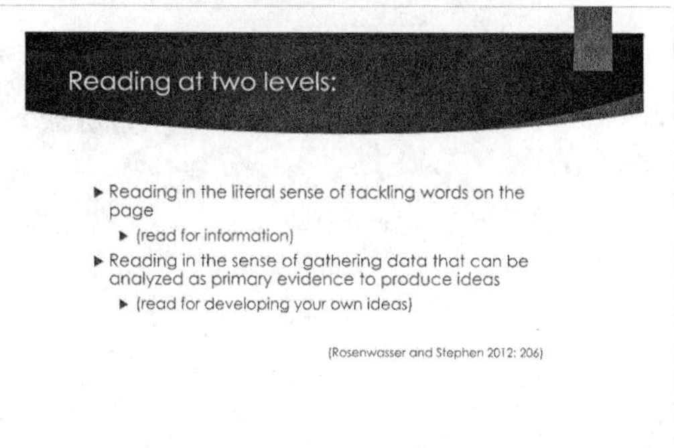	教师讲解；PPT展示；例证分析；图片引导；文献解读	<10>分钟

续表

<table>
<tr><th>教学步骤</th><th>教学目的</th><th>教学内容</th><th>表达方式</th><th>教学设计</th><th>时间安排</th></tr>
<tr><td>3. 呈现学习内容</td><td>引导学生了解体会批判性阅读的步骤和方法</td><td>给出进行批判性阅读的五种思路，介绍批判性阅读五要素在阅读三构件中的位置，引导学生通过案例分析、自主思考，深入领会批判性阅读的切入点、步骤与方式。</td><td>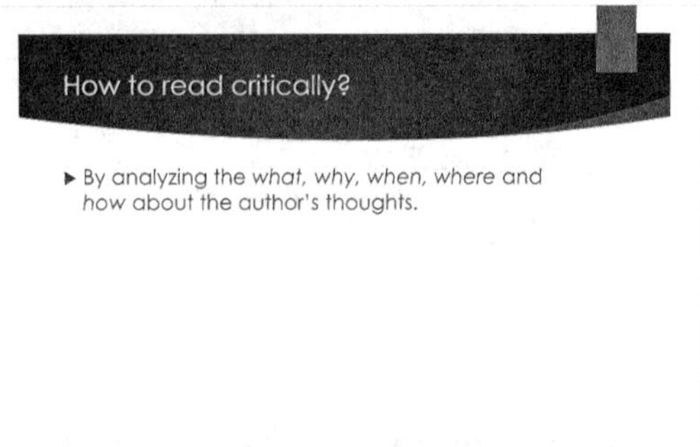

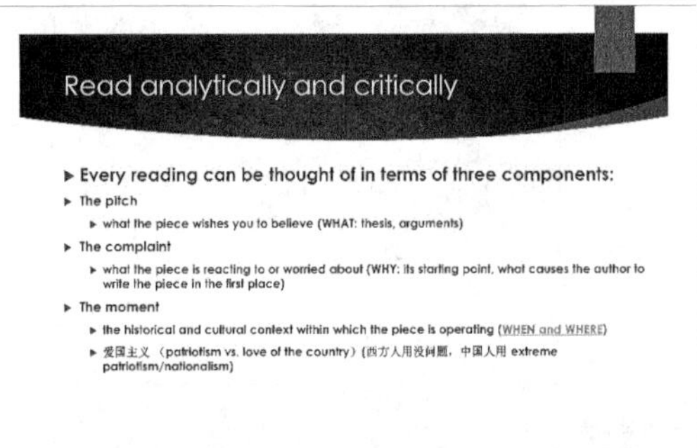

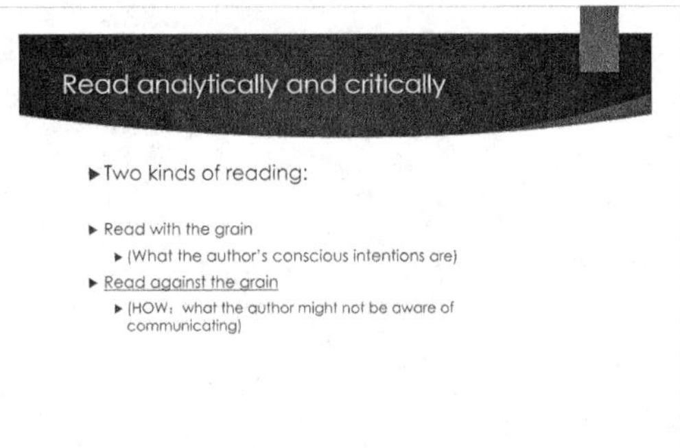
</td><td>PPT 展示；师生互动；小组讨论；例子分析；视频佐证</td><td><25>分钟</td></tr>
</table>

续表

教学步骤	教学目的	教学内容	表达方式	教学设计	时间安排
3. 呈现学习内容			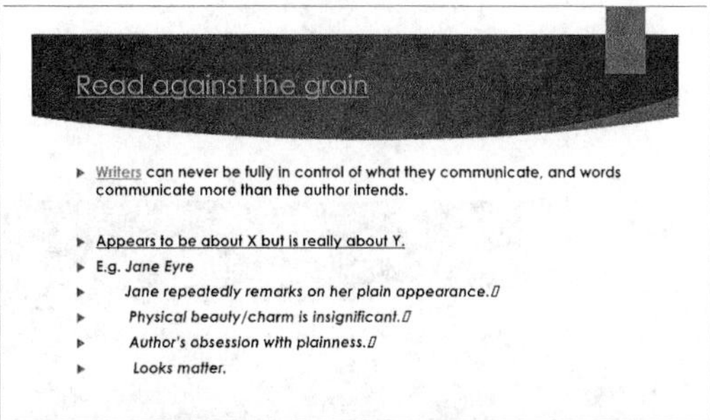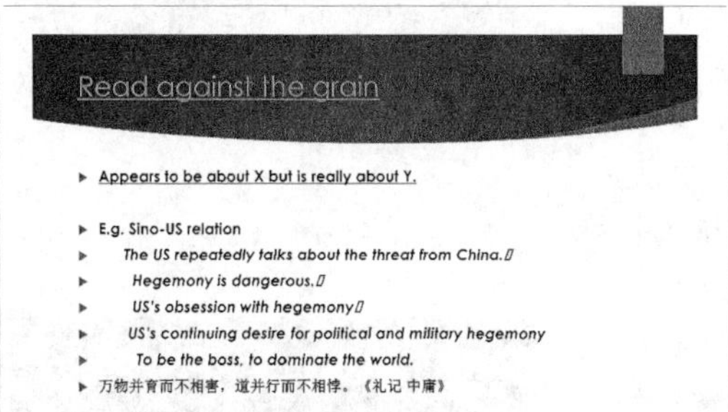		
4. **展开批判性阅读实践**	引导学生从方法讨论过渡到阅读实践	列举外媒涉及中国媒体人的一些报道或讨论，反推西方对媒体功能的定位，引出对外媒报道客观性的质疑，进而过渡到本讲指定阅读的主题。		教师引入；图片展示；文献援引；师生互动	<5>分钟

续表

教学步骤	教学目的	教学内容	表达方式	教学设计	时间安排
4. **展开批判性阅读实践**	（1）利用文本对比，综合锻炼学生泛读、分析性阅读和批判性阅读三方面能力；（2）基于对比结果，反思我国媒体国家形象建构的不足之处及优化方式。	引导学生自行对三篇不同主流媒体的同主题文章，从三方面进行对比分析——文章标题、结构和主题观点，关注国内外媒体建构的中国形象和形象建构方式的差异，分析原因，思考对做好国际传播的启示。	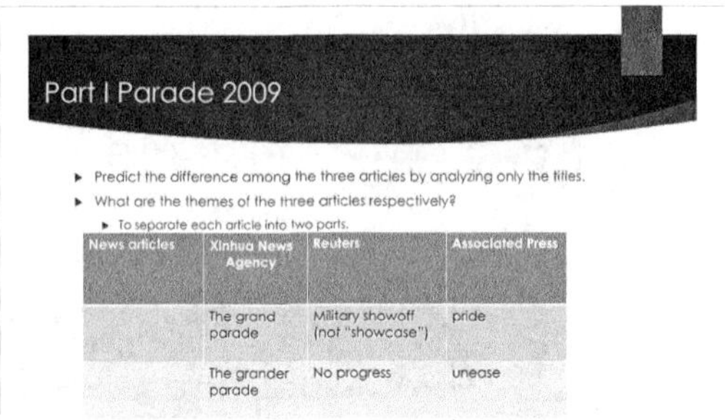 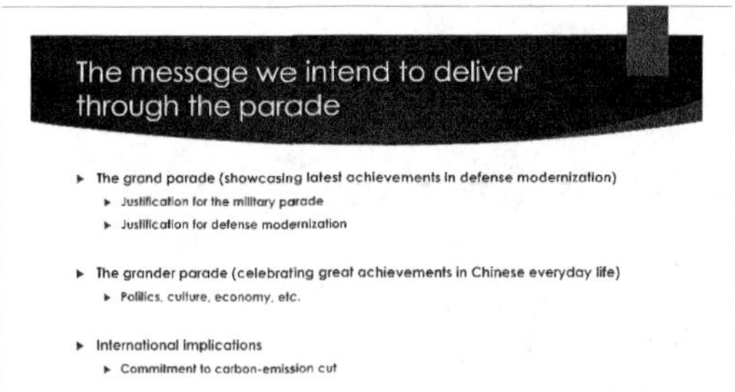 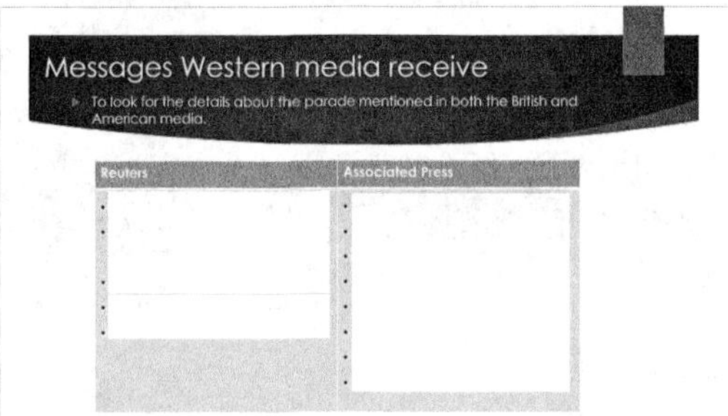	任务布置；小组讨论；教师引导；组际互动；表格填写	<20>分钟

续表

教学步骤	教学目的	教学内容	表达方式	教学设计	时间安排
4. 展开批判性阅读实践	（3）强化和拓展对比分析	在前三篇文章比较分析基础上，由学生主导另外三篇相近主题文章的对比分析，同时进行横向（Part Ⅱ 内部）、纵向（Part Ⅰ与 Part Ⅱ间）比较，拓展深化对媒体操控读者方式的领悟。	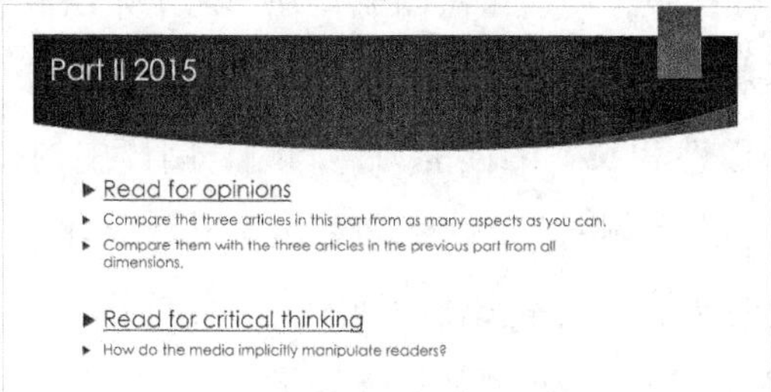	学生主导；小组讨论；课堂展示	<10>分钟
5. 总结与反思	总结本课要点，强化学生对批判性阅读的理解和感悟	总结重申对不同媒体文章平行比较阅读的目的和意义，深化本讲课程的价值引领作用，引导学生增强受众分析意识，思考具体语境下有针对性地讲好中国故事的策略和方法。	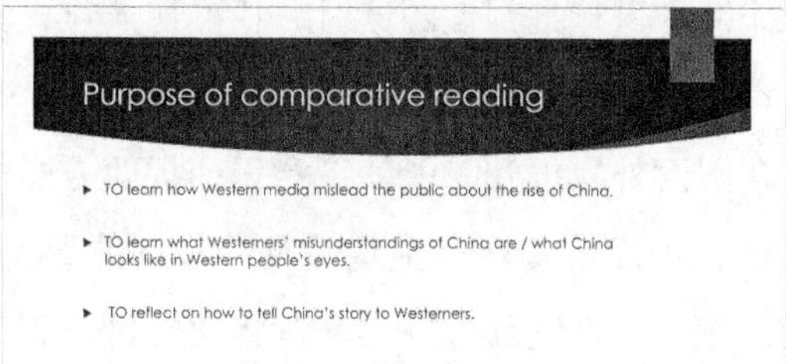 	教师引导；要点梳理；师生互动；学生总结	<10>分钟

教学效果分析

自2014年启动泛读课程教学改革以来，“英语泛读与课外必读”系列课程先后进行了校级研究型教学示范课和规划教材建设，结项等级优秀，基于多年改革和课堂教学探索编撰而成的教材《英语泛读与分析性阅读》，于2018年由清华大学出版社出版，此后多次印刷，在国内十余所高校使用，反响良好。

通过多年来的教学改革实践，我们发现，通过该课程的学习，能有效提高学生的阅读积极性和长文阅读能力，同时，阅读中的批判思维意识有明显提高，独立思考能力和判断鉴别力有较好的提升。此外，本课程采用的探究式学习理念也间接助推了学生跨文化沟通能力、分析和解决问题能力的提高。学生对课程满意度高，连续多年评教等级为优。

就本讲课程而言，教学效果的达成具体反映在以下几个方面：

（1）学生能够准确理解阅读的三个层面、三类方式及其间联系。

（2）学生能够在任何阅读场合保持独立思考的意识和批判性思维的敏感度。

（3）学生能够在进行批判性阅读时，找准切入点，具体文章具体分析，做到观点评判有理有据，逻辑清晰条理。

（4）学生在阅读外媒报刊时能够下意识捕捉西方媒体影响读者的常用话语技巧和写作手法，进而辨别观点主观性及其背后的意识形态、价值观念差异，自觉提高反操控意识，抵制部分外媒文章将西方价值观“普世化”的做法，增强文化自信。

（5）学生在跨文化沟通中养成进行受众分析的习惯，结合受众特征进行有针对性的话语设计，避免自说自话，提升讲好中国故事的策略性意识。

“西方思想经典选读”课程思政教学案例

马克思主义理论比较视域下的《共产党宣言》（1848）

范一亭

课程名称 西方思想经典选读
课程性质 人文类素质拓展课程
授课专业 英语专业
授课对象 三年级本科生

课程简介

本课程属于英语专业高年级语言文化类课程，主要向学生介绍古希腊罗马到20世纪中叶西方文化史上代表性的经典英文原著选段，力求从总体上勾勒出西方人文思想的发展脉络，反映西方历史文化的一个侧面。西方人文思潮是西方文明数千年发展的积累，是西方语言文化谱系的重要载体和研究对象。学习西方思想文化典籍，阅读西方政治思想、社会、经济、科学、哲学及人文思潮领域里有代表性的论著选段，有助于学生从宏观上了解和把握西方人文思潮的发展脉络，提高对西方历史文化的整体认识，改善知识结构，提高综合素质，增强批判性思维能力。本课程教学形式以介绍、赏析为主，并对重点作品的篇章进行细读和思想分析。本课程通过和中国、东方的人文传统进行横向比较，增强学生的文化自信。在分主题、分领域引导学生深度阅读理解经典的西方人文、社科思想，并以思想对比和文化反思的教学方式，融汇东西方思想的比较和对比。最为重要的是，课程致力于以马克思主义理论和习近平新时代中国特色社会主义思想为指导，帮助学生深入体会马克思主义如何从西方思想经典传统逐步在中国落地生根，并成就了中国式马克思主义思想和中国式现代化道路。

思政元素分析

2019 年 3 月习近平总书记在学校思想政治理论课教师座谈会上指出，课程思政“最根本的是要全面贯彻党的教育方针，解决好培养什么人、怎样培养人、为谁培养人这个根本问题。”他还强调，“要开展马克思主义理论教育，用习近平新时代中国特色社会主义思想铸魂育人，引导学生增强中国特色社会主义道路自信、理论自信、制度自信、文化自信，厚植爱国主义情怀，把爱国情、强国志、报国行自觉融入坚持和发展中国特色社会主义、建设社会主义现代化强国、实现中华民族伟大复兴的奋斗之中。”因此，在介绍西方思想经典脉络和代表性思想家作品的同时如何科学地引导学生对西方思想传统加以批判地理解和辨析，取其精华、去其糟粕，这便是第一个重要的思政主题。为知彼知己，百战不殆，就需要我们必须正面去了解西方思想传统的来龙去脉，因此早在 2016 年 1 月在省部级主要领导干部学习贯彻党的十八届五中全会精神专题研讨班上，习近平总书记就指出，“实践告诉我们，要发展壮大，必须主动顺应经济全球化潮流，坚持对外开放，充分运用人类社会创造的先进科学技术成果和有益管理经验。”西方经典思想传统作为经济全球化背后的西方精神谱系的重要载体，我们无疑需要加以重视和研究。

另一方面，如何引导学生在西方思想传统的参照系下充分认识到中国式马克思主义、中国式现代化的来之不易和伟大内涵。从苏格拉底、柏拉图、亚里士多德，历经培根、马基雅维利、叔本华、尼采、霍布斯、洛克，到马克思、恩格斯最后到达尔文、弗洛伊德和韦伯——这个极简版本的西方经典思想传统亦是西方资本主义意识形态建构和遭到批判的历程。如豆勇超所论，“马克思主义将‘群众’作为历史活动的主体，习近平‘以人民为中心’的发展思想汲取了我国传统‘民本’思想中的合理面，并运用马克思主义‘群众’观对其不合理性进行了批判改造，最终转化为以人民利益为出发点、坚持人民是现代化建设的主体和为人民谋幸福的新型人民观。”细数中国式现代化九个方面的本质要求：坚持中国共产党领导，坚持中国特色社会主义，实现高质量发展，发展全过程人民民主，丰富人民精神世界，实现全体人民共同富裕，促进人与自然和谐共生，推动构建人类命运共同体，创造人类文明新形态；我们就会在和西方思想传统的比对中深刻认识到我们才是真正实现了人与自然、人与社会、人与历史的和谐发展、全面发展、以人为本，从而在众多方面实现了对西方思想传统的超越，体现了我们社会主义制度的优越性。

最后但也是相当重要的一点则是：马克思主义强调人是社会关系中的人，中国学生在学习西方语言文化和思想传统的过程中，需要深刻认识到中西有着截然不同的历史、科技、政治、社会、经济、思想等因地制宜的文化发展语境，虽然钱锺书先生说“东海西海心理攸同”，但在学习西方思想经典的同时，心中要有中国传统文化要义、中西文化差异，方能从马克思主义接受美学的角度出发，自觉践行讲好中国故事、传播好中国声音的新时代青年使命，而要做好这件事情，没有对西方思想的辩证认知则无疑失去了重要的参照系。

综上所述，本课程蕴含的思政元素主要集中体现在以下四个方面：

1. 通过学习了解西方思想传统简要脉络，引导学生理解中西文化和思想谱系的基本差异，从而促使学生主动去思考如何在中西比较的框架下辨析西方思想经典传统的特色和问题。

2. 通过探索西方思想传统内部的矛盾性和复杂面向，鼓励学生深入思考西方唯理主义思想以及过度重视科技造成精神异化之可能，剖析西方文明在经济全球化语境下无法实现人与自然、人与社会的和谐共生。

3. 通过了解西方思想传统的源头，教育学生深刻认识中国人民在中国共产党领导下的党史、革命史、社会主义发展史和西方思想的内在关联，一方面没有共产党就没有新中国，另一方面马克思恩格斯的伟大思想扎根中国大地后成为了无往不胜的中国式马克思主义，反过来中国式马克思主义又提出了震古烁今的人类命运共同体精神。

4. 语言专业的学生在本课程学习过程中当然需要关注英文语言文化的特点，但同时需要认识到西方语言的霸权机制和深层次的“他者”逻辑。因此，教师要有意识去引导学生时常进行东西方思想文化的比较思考，理解源远流长的中华文明和汉语言文字的博大精深，从而对西方思想传统保持有距离的审慎考察和批判性借鉴，从而深刻认识社会主义核心价值观的可贵和来之不易，从而增强“四个意识”、坚定“四个自信”、做到“两个维护”，自觉做共产主义远大理想的坚定信仰者和民族复兴伟业的矢志创造者和不懈奋斗者。

教案设计

教学目标

（一）知识目标

了解马克思主义文献经典名篇《共产党宣言》产生的历史背景和历史必然，考察这一时期资本主义发展的历史积极性和局限性，精读本课程所节选的片段，深刻领悟伟大导师马克思、恩格斯对19世纪上半叶的全球经济格局和革命斗争局势的全面洞察，以及该篇文献对于资本主义全球化空间发展和阶级斗争必然性的精准批判。

（二）能力目标

培养学生的批判思维能力和政治鉴别力，引领学生体悟资本主义从一开始就具有的阶级剥削的本质、追求利益最大化的欲望和占领全球市场的野心，进而认识到中国共产党是为人民谋利益的政党，自诞生之日起，就把全心全意为人民服务作为党的根本宗旨。为人民执政，这是中国共产党能赢得人民信任和支持的根本原因。

（三）价值目标

通过阅读接近200年前的这篇经典马克思主义文献，学生能够迅速建立起社会主义优越性的判断力和内在情感结构，领会社会主义核心价值观及其战略思维、历史思维、辩证思维、创新思维、法治思维和底线思维，夯实对社会主义建设规律、人类社会发展规律的认识，从而胸怀“中国梦”核心理念，全面领悟“中国共产党为什么能，中国特色社会主义为什么好，归根到底是马克思主义行，是中国化时代化的马克思主义行。”

教学内容分析

（一）教学内容

本次课程带领学生阅读和分析马克思主义重要文献《共产党宣言》（简称《宣言》）英译本的片段，即聚焦第一部分“资产者与无产者”，并参考权威中译本，引导学生在双语思维和意识下，认真研读马克思主义文献原典。

（二）教学重点

本节课的教学重点有以下三个方面：

（1）英文专业学生首先需要借助英译本尽量准确地理解马恩导师在本篇文献中文字表述上精湛的水平和对资本主义本质鞭辟入里的辨析；

（2）讨论分析《宣言》中关于现代西方社会尤其自工业革命以来生产关系翻天覆地的变化和资本主义对世界市场的疯狂开拓，了解马恩对资产者和无产者的全面剖析和界定、资产阶级和大工业生产的历史必然性和局限性；

（3）引领学生领悟资本主义在阶级、空间上的重新布局，深刻认识西方资本主义发展的自私贪婪的本质，从而以中西比较的视野体悟中国共产党为什么能、中国式马克思主义为什么行的历史规律。

（三）教学难点

本节课的教学难点集中体现为以下两个方面：

（1）马克思、恩格斯的文字汪洋恣肆、气势磅礴且具有浓烈的文学气息，如何引导学生正确把握英译本的文字内涵是本节课的一个教学难点；

（2）与此同时，英文专业学生容易狭隘地过度陷入文字阅读之中，忽视或者尚不具备欧洲历史和文化的相关知识。因此如何引领学生一方面扎根 19 世纪上半叶经济和工业发展浪潮来认识“资产者与无产者”，另一方面引入一定的当代马克思主义学者的评介，从而使得学生获得双重视角，能够融理论入自己的认知视野，这是本节课的另一个教学难点。

教学对象分析

“西方思想经典选读”是针对英语专业三年级本科生开设的人文方向素质拓展选修课程，乃是英语专业学生的一门非常重要的人文素养和文化课程。整体上说，本课程的授课对象具有以下特征：

（1）学生通过前面四个学期的专业学习，已然积累了较好的词汇、语法、修辞、文化等方面的语言素养和文化常识，也学习过部分文学、文化类专业知识拓展课程，对欧洲历史也应该有所涉猎，但对专门的欧洲思想史、政治哲学史等缺少接触，因此会增加语言、文化两个层面上的畏难情绪。

（2）英文专业学生因为客观上将过多精力放到了语言技能的习得之上，因此较少阅读中英文专业性的政治学、哲学、历史等书籍尤其经典书籍，因此给课程的知识层面的输入和理解造成障碍，同时相较于中文专业学生而言，更是缺少比较文学的研究路径的熏陶，因此本课程思政元素的挖掘将能在知识、思政两个方面同时弥补此阶段学生的认知、知识的双重短板。

（3）此阶段的英语专业学生已经在思政课上接受了马克思主义哲学和政治

经济学、科学社会主义、中国特色社会主义等课程的训练，但学生亟须将这些马克思主义思政课程内容同本专业的如本课程相关的西方思想文化专业内容相互融合，从而构建起立体交叉的语言、知识、思政三合一的知识图谱，因此本课程挖掘课程思政元素正当其时。

教学手段与方法

为了达到上述教学目标，聚焦重点、难点并深刻把握好授课对象的局限性，本节课使用的教学方法主要包括以下三种主要方法的交叉融合，以保证最好的语言、知识和思政的春风化雨般的效果：

（1）双语选段细读教学法

语言专业时刻不能忘记以语言人才的培养为要务，因此本节课程选取《宣言》英译本第一部分“资产者与无产者”为阅读文本，配合历史文化背景对选段进行逐句精读。

（2）小组与课上指导相结合的交互教学法

语言专业重在操练和互动，因此本节课将学生分成若干学习小组，提前布置他们围绕上述教学要点进行小组讨论和预习，课上教师会在精读过程围绕语言和思想等方面问题穿插抽查各小组讨论情况，教师适时指点迷津，围绕历史文化的脉络和中西马克思主义发展史进行点拨。

（3）已有研究双向阐释法

人文素养拓展类课程要想在语言和知识间达成较好的平衡，则需要加强课程教学的思辨深度，从而将思政化入深度的哲理思考，才有可能入口入心。因此本节课程教师引入诺顿（Norton Critical Edition）版本中关于《宣言》的一些西方学者的主要研究论点，比照当代中国马克思主义学者们代表性的研究，从而给课堂的阅读教学增加了理论维度和阐释深度，帮助学生深刻体悟该文献在世界共产主义运动史上的核心地位和伟大贡献，并从中国学者的独特研究中领悟中国式马克思主义的重要实践。

教学过程

教学步骤	教学目的	教学内容	表达方式举例	教学设计	时间安排
1. **本节导引**	引入正题，引领学生思考文献的宏观背景。	学习讨论一段《宣言》中关于生产关系变革和影响的名言，并参照其他文献。	*The Communist Manifesto* (1848) **[From the English edition of 1888, edited by Friedrich Engels]** **Excerpt: "I. BOURGEOIS AND PROLETARIANS"** **Introduction** "Constant revolutionizing of production, uninterrupted disturbance of all social conditions, everlasting uncertainty and agitation distinguish the bourgeois epoch from all earlier ones. All fixed, fast-frozen relations, with their train of ancient and venerable prejudices and opinions, are swept away, all new-formed ones become antiquated before they can ossify. All that is solid melts into air, all that is holy is profaned, and man is at last compelled to face with sober senses his real conditions of life, and his relations with his kind." "生产的不断变革，一切社会状况不停的动荡，永远的不安定和变动，这就是资产阶级时代不同于过去一切时代的地方。一切固定的僵化的关系以及与之相适应的素被尊崇的观念和见解都被消除了，一切新形成的关系等不到固定下来就陈旧了。一切等级的和固定的东西都烟消云散了，一切神圣的东西都被亵渎了。人们终于不得不用冷静的眼光来看他们的生活地位、他们的相互关系。" Also see: Marshall Berman, *All That Is Solid Melts Into Air* (London, 1983).	PPT展示	<15>分钟
2. **提出学习目标**	提出本节课的学习目标，让学生有目的地展开学习和思考	帮助学生聚焦文献的时代背景、核心要义和生活的关切度。	**GROUP DISCUSSIONS:** •In what sense do Marx and Engels declare that "[a]ll that is solid melts into air"? •How do you think possibly of this passage relevant to our globalized modern life?	小组讨论	<5>分钟

续表

教学步骤	教学目的	教学内容	表达方式举例	教学设计	时间安排
3. 开始文本细读和分析	引导学生转入文献开篇内容	以细读+问题的方式引导学生思考"幽灵""阶级斗争"等重要概念和意象	A spectre is haunting Europe--the spectre of Communism. • All the Powers of old Europe have entered into a holy alliance to Exorcise【=dismiss/expel】this spectre: Pope and Czar, Metternich and Guizot, French Radicals and German police-spies. • Where is the party in opposition that has not been decried[=criticized, blamed] as Communistic by its opponents in power? Where is the Opposition that has not hurled back the branding reproach of Communism, against the more advanced opposition parties, as well as against its reactionary adversaries? • 一个幽灵，共产主义的幽灵，在欧洲游荡。为了对这个幽灵进行神圣的围剿，旧欧洲的一切势力，教皇和沙皇、梅特涅和基佐、法国的激进派和德国的警察，都联合起来了。 • 有哪一个反对党不被它的当政的敌人骂为共产党呢？又有哪一个反对党不拿共产主义这个罪名去回敬更进步的反对党人和自己的反动敌人呢？ 【QUESTION】What situations do the two paragraphs profess? I. BOURGEOIS AND PROLETARIANS The history of all hitherto existing societies is the history of class struggles. Freeman and slave, patrician and plebeian, lord and serf, guild-master and journeyman, in a word, oppressor and oppressed, stood in constant opposition to one another, carried on an uninterrupted, now hidden, now open fight, a fight that each time ended, either in a revolutionary re-constitution of society at large, or in the common ruin of the contending classes. • 一、资产者和无产者 • 至今一切社会的历史都是阶级斗争的历史。 • 自由民和奴隶、贵族和平民、领主和农奴、行会师傅和帮工，一句话，压迫者和被压迫者，始终处于相互对立的地位，进行不断的、有时隐蔽有时公开的斗争，而每一次斗争的结局都是整个社会受到革命改造或者斗争的各阶级同归于尽。 **【QUESTION】How do you think of the "history of class struggles"? Take the history of modern Chinese revolution as an example.**	ppt展示，细读，提问	<8>分钟
4. 文本细读与分析	学习"资产者与无产者"重点选段和核心概念	以细读+问题的方式引导学生思考资产阶级的全球市场的反封建的历史积极性和局限性。引导思考同中国的关联。	Our epoch, the epoch of the bourgeoisie, possesses, however, this distinctive feature: it has simplified the class antagonisms. Society as a whole is more and more splitting up into two great hostile camps, into two great classes, directly facing each other: **Bourgeoisie and Proletariat**....The discovery of America, the rounding of the Cape, opened up fresh ground for the rising bourgeoisie. The East-Indian and Chinese markets, the colonisation of America, trade with the colonies, the increase in the means of exchange and in commodities generally, gave to commerce, to navigation, to industry, an impulse never before known, and thereby, to the revolutionary element in the tottering feudal society, a rapid development. • 但是，我们的时代，资产阶级时代，却有一个特点：它使阶级对立简单化了。整个社会日益分裂为两大敌对的阵营，分裂为两大相互直接对立的阶级：资产阶级和无产阶级。 • ……美洲的发现、绕过非洲的航行，给新兴的资产阶级开辟了新天地。东印度和中国的市场、美洲的殖民化、对殖民地的贸易、交换手段和一般商品的增加，使商业、航海业和工业空前高涨，因而使正在崩溃的封建社会内部的革命因素迅速发展。 **【QUESTION】How could China be related to "the epoch" of the era here?** Meantime the markets kept ever growing, the demand ever rising. Even manufacture no longer sufficed. Thereupon, steam and machinery revolutionised industrial production. The place of manufacture was taken by the giant, Modern Industry, the place of the industrial middle class, by industrial millionaires, the leaders of whole industrial armies, the modern bourgeois. Modern industry has established the world-market, for which the discovery of America paved the way. This market has given an immense development to commerce, to navigation, to communication by land. This development has, in its time, reacted on the extension of industry; and in proportion as industry, commerce, navigation, railways extended, in the same proportion the bourgeoisie developed, increased its capital, and pushed into the background every class handed down from the Middle Ages.	ppt展示，细读，提问	<10>分钟

续表

教学步骤	教学目的	教学内容	表达方式举例	教学设计	时间安排
4. **文本细读与分析**	引导学生思考资产者和无产者的关系	聚焦时代的巨大变迁和文献的修辞	但是，市场总是在扩大，需求总是在增加。甚至工厂手工业也不再能满足需要了。于是，蒸汽和机器引起了工业生产的革命。现代大工业代替了工厂手工业；工业中的百万富翁，一支一支产业大军的首领，现代资产者，代替了工业的中间等级。 大工业建立了由美洲的发现所准备好的世界市场。世界市场使商业、航海业和陆路交通得到了巨大的发展。这种发展又反过来促进了工业的扩展。同时，随着工业、商业、航海业和铁路的扩展，资产阶级也在同一程度上得到发展，增加自己的资本，把中世纪遗留下来的一切阶级排挤到后面去。 **【QUESTION】What do you think of the relationship between the bourgeoisie and the proletariat?**	ppt 展示，细读，提问	<10>分钟
	引导学生分析资产阶级的剥削本质和金钱网络的实质	聚焦马克思、恩格斯的辩证分析和穿透性语言	The bourgeoisie, historically, has played a most revolutionary part. The bourgeoisie, wherever it has got the upper hand, has put an end to all feudal, patriarchal, idyllic relations. It has pitilessly torn asunder the motley feudal ties that bound man to his "natural superiors," and has left remaining no other nexus between man and man than naked self-interest, than callous "cash payment." It has drowned the most heavenly ecstasies of religious fervour, of chivalrous enthusiasm, of philistine sentimentalism, in the icy water of egotistical calculation. It has resolved personal worth into exchange value, and in place of the numberless and indefeasible 不可废除的 chartered freedoms, has set up that single, unconscionable freedom--Free Trade. In one word, for exploitation, veiled by religious and political illusions, naked, shameless, direct, brutal exploitation. 资产阶级在历史上曾经起过非常革命的作用。 资产阶级在它已经取得了统治的地方把一切封建的、宗法的和田园般的关系都破坏了。它无情地斩断了把人们束缚于天然尊长的形形色色的封建羁绊，它使人和人之间除了赤裸裸的利害关系，除了冷酷无情的"现金交易"，就再也没有任何别的联系了。它把宗教虔诚、骑士热忱、小市民伤感这些情感的神圣发作，淹没在利己主义打算的冰水之中。它把人的尊严变成了交换价值，用一种没有良心的贸易自由代替了无数特许的和自力挣得的自由。总而言之，它用公开的、无耻的、直接的、露骨的剥削代替了由宗教幻想和政治幻想掩盖着的剥削。	ppt 展示，细读，提问	<10>分钟

续表

教学步骤	教学目的	教学内容	表达方式举例	教学设计	时间安排
4. 文本细读与分析	引导学生分析资产阶级的剥削本质和金钱网络的实质	聚焦马克思、恩格斯的辩证分析和穿透性语言	**The bourgeoisie has stripped of its halo every occupation hitherto honoured and looked up to with reverent awe. It has converted the physician, the lawyer, the priest, the poet, the man of science, into its paid wage labourers. The bourgeoisie has torn away from the family its sentimental veil, and has reduced the family relation to a mere money relation.** 资产阶级抹去了一切向来受人尊崇和令人敬畏的职业的神圣光环。它把医生、律师、教士、诗人和学者变成了它出钱招雇的雇佣劳动者。 资产阶级撕下了罩在家庭关系上的温情脉脉的面纱，把这种关系变成了纯粹的金钱关系。 【QUESTION】Do you know another term "cash nexus"?	ppt展示，细读，提问	<10>分钟
	引导学生从空间视角理解资本主义的残酷掠夺的本性。	加强对资本主义批判性的讨论，引导学生思考社会主义的优越性	The bourgeoisie, by the rapid improvement of all instruments of production, by the immensely facilitated means of communication, draws all, even the most barbarian, nations into civilisation. The cheap prices of its commodities are the heavy artillery 利炮 with which it batters down all Chinese walls, with which it forces the barbarians' intensely obstinate hatred of foreigners to capitulate. It compels all nations, on pain of extinction, to adopt the bourgeois mode of production; it compels them to introduce what it calls civilisation into their midst, i.e., to become bourgeois themselves. In one word, it creates a world after its own image. The bourgeoisie has subjected the country to the rule of the towns. It has created enormous cities, has greatly increased the urban population as compared with the rural, and has thus rescued a considerable part of the population from the idiocy of rural life. Just as it has made the country dependent on the towns, so it has made barbarian and semi-barbarian countries dependent on the civilised ones, nations of peasants on nations of bourgeois, the East on the West. 资产阶级，由于一切生产工具的迅速改进，由于交通的极其便利，把一切民族甚至最野蛮的民族都卷到文明中来了。它的商品的低廉价格，是它用来摧毁一切万里长城、征服野蛮人最顽强的仇外心理的重炮。它迫使一切民族——如果它们不想灭亡的话——采用资产阶级的生产方式；它迫使它们在自己那里推行所谓文明，即变成资产者。一句话，它按照自己的面貌为自己创造出一个世界。 资产阶级使农村屈服于城市的统治。它创立了巨大的城市，使城市人口比农村人口大大增加起来，因而使很大一部分居民脱离了农村生活的愚昧状态。正像它使农村从属于城市一样，它使未开化和半开化的国家从属于文明的国家，使农民的民族从属于资产阶级的民族，使东方从属于西方。 【QUESTION】What is the rhetoric of space here concerning the development of capitalism? So what is the nature of capitalism?	ppt展示，细读，提问	<10>分钟
	利用已有国内外研究辅助拓展学生的深入对比思考	研读思考国外对文献的已有研究和阐释，指出国外研究缺失亚洲元素	New Interpretations Abroad from Norton Critical Edition (1988) [1] HOWARD SELSAM The Ethics of the *Communist Manifesto* † It is often said today that Marxists repudiate all morality, that they deny the validity of ethical judgments, that they eliminate the "moral factor" from history, whether past or in the making. As absurd and untrue as such pronouncements are, they have this much justification—Marx and Engels early became weary of the *mere* "ethical" examination of capitalist society, or *mere* moral assaults on it. The utopians had done enough of that. Besides, capitalism had neither come into being because of moral considerations nor would it pass away because of them. Scientific analysis is required to understand it and a mighty organized physical force is required to overthrow it. Nevertheless, the reading of the *Manifesto* reveals that Marx and Engels had the "highest" moral reasons for abhorring capitalism and seeking to achieve socialism. But such moral reasons, they believed, were rooted in the historic process itself as scientific study reveals it to us; not imposed upon it by any whim or fancy of this or that individual or class. * * *	ppt展示，细读，提问	<8>分钟

续表

教学步骤	教学目的	教学内容	表达方式举例	教学设计	时间安排
4. 文本细读与分析			[2] KARL LÖWITH [Marx's Prophetic Messianism]† * * * * * * [T]he secret history of the *Communist Manifesto* is not its conscious materialism and Marx's own opinion of it, but the religious spirit of prophetism. The *Communist Manifesto* is, first of all, a prophetic document, a judgment, and a call to action and not at all a purely scientific statement based on the empirical evidence of tangible facts. The fact that "the history of all hitherto existing society" shows various forms of antagonisms between a dominant minority and a dominated majority does not warrant the interpretation and evaluation of this fact as an "exploitation" and even less the expectation that what has been hitherto a universal fact will necessarily in the future cease to be what it was. Marx may explain the fact of exploitation "scientifically" by his theory of surplus-value; exploitation, nevertheless, remains an ethical judgment, something which is what it is by being unjust. In Marx's [3] JOSEPH A. SCHUMPETER The *Communist Manifesto* in Sociology and Economics† The text of the *Manifesto* begins with the following sentence: "The history of all society that has existed hitherto is the history of class struggles."[4] Neither for historians nor for sociologists or economists were social classes a discovery—for the economists the less so because most of them, and especially the English classics, had at that time not yet fully adopted the distinction between social classes and economic categories but were still in the habit of using the sociological entities, manual laborers, capitalists, and landlords, in their economic reasoning:[5] for Ricardo the attorney-general was not yet a laborer like the street sweeper. Nor was it necessary to discover that every type of class structure, whether legally recognized or not, spells superordination and subordination—every schoolboy knew this. Finally, nobody can ever have failed to see that class structure is the source of many groupwise antagonisms. * * * Nevertheless, Marxists are right in claiming that the sentence quoted contains the principle of a theory of the social process that was novel and specifically Marxist in the same sense as was the economic interpretation. This theory may be conveyed in three steps.		
5. 使用国内外已有研究拓展思考	利用已有国内外研究辅助拓展学生的深入对比思考	引导学生对比体悟中国式马克思主义、中国式现代化的伟大意义、历史跨越和对人类命运共同体的重大贡献	Home in China [4]《共产党宣言》：划破旧时代的夜空，更照亮新时代的航程 来源：文汇报2021-07-01 09:46 翻译《共产党宣言》是"社会之急需，时代之召唤" 1917年苏俄"十月革命一声炮响，为中国送来了马克思列宁主义"。此后，经过了五四新文化运动的洗礼，以"南陈北李"为代表的中国先进知识分子已经认识到随着工人阶级登上历史舞台，宣传马克思主义变得十分迫切和必要。李大钊指出："我总觉得布尔什维主义的流行，实在是世界文化上的一大变动。我们应该研究他、介绍他，把他的实象昭布在人类社会。"陈独秀提出，应将马克思主义经典文献尽快翻译出来，让全社会有理想、有抱负的新青年，追求真理、立志变革的有志之士，共产主义理想者和实践者，早日读到马克思主义经典著作，尽快确立对马克思主义的信仰，"这已是社会之急需，时代之召唤"。因此，1920年2月，陈独秀离京赴沪创党前，特地通过李大钊从北京大学图书馆借走《共产党宣言》的英文本，准备带到上海物色合适的人选把它全文翻译成中文。可见，中国共产党的创建者就是把翻译出版《共产党宣言》当作建党的一个重要准备工作。 陈独秀到达上海后，会见了《星期评论》《民国日报》"觉悟"副刊等刊物的负责人。在与他们商讨建党伟业的一系列议题中，首要的就是《共产党宣言》中译问题。这和李汉俊、沈玄庐等的想法不谋而合，并由戴季陶提供了他从日本带回来的日文本《共产党宣言》。商讨中，《共产党宣言》中文全本的译者需要具备三个条件，一是外文要好，特别是日语、英语要熟练，二是能准确把握马克思主义的基本原理，三是全篇能用当时年轻人和老百姓使用的白话文翻译。此时，《觉悟》主编、复旦大学国文系教员邵力子推荐了浙江一师的陈望道——这位29岁的浙江同乡精通日文和英文，具备马克思主义常识，又是新文化新文字运动的倡导者和改革派、写得一手白话文的好文章。由他执笔翻译，可谓"能堪此重任者，非杭州陈望道莫属"。 [5]用发展眼光看待《共产党宣言》的当代价值 2018-03-03 00:00:00　来源：南方日报 李仁武（中共广州市委党校哲学与文化部主任、教授） "今天重读《共产党宣言》，需要我们更加深刻地学习和领悟这一伟大思想的内涵，从而更加自觉地掌握和运用认识社会历史规律的科学方法，推动新时代中国特色社会主义实践的新发展。今天，科学社会主义在21世纪的中国焕发出强大的生机活力，在世界上高高举起了中国特色社会主义伟大旗帜。可以说，中国特色社会主义进入新时代，也是国际共产主义运动开辟新纪元的里程碑。中国以走向新时代的坚定信心、宏伟气魄和强大力量，进一步展示着《共产党宣言》这部马克思主义光辉文献所蕴涵的当代价值。曾一度甚嚣尘上的所谓"过时论""失败论""终结论"等，在事实面前统统都不攻自破了。"	ppt 展示，细读，提问	<8>分钟

续表

教学步骤	教学目的	教学内容	表达方式举例	教学设计	时间安排
6. **本节总结**	引导学生增强“四个自信”，深刻体会《共产党宣言》的伟大历史意义和中国特色社会主义的划时代意义	从宣言选段的西方思想转到当代中国新时代的伟大实践，对比得出社会主义制度的优越性	[6]新时代的共产党宣言 2021-08-05 08:50 学习贯彻习近平总书记在庆祝中国共产党成立一百周年大会上的重要讲话精神笔谈 “7月1日上午，笔者在天安门广场聆听了习近平总书记的重要讲话。总书记用“三个深刻改变”总结了中国共产党成立一百年来对中华民族、中国人民和世界发展的重大影响。当时，脑海里最强烈的第一感受就是：这是一篇21世纪的共产党宣言，是一篇中国共产党人用一百年惊天地、泣鬼神的奋斗书写的中国共产党宣言！ 1848年2月，马克思和恩格斯发表了《共产党宣言》。这是世界上第一个无产阶级政党——共产主义者同盟的纲领，标志着马克思主义的诞生。72年后的1920年8月，陈望道翻译的《共产党宣言》中文全译本正式发行，对中国共产党的创立，起到了极大的推动作用。2021年7月，习近平总书记发表了重要讲话，深刻总结了一百年来中国共产党创造的“四个伟大成就”，首次提出了伟大建党精神，高度凝练了以史为鉴、开创未来的“九个必须”。这是中国革命、建设、改革开放、新时代实践发展集大成的经典总结，是马克思主义中国化实践发展集大成的经典总结，是21世纪马克思主义实践发展集大成的经典总结，既有思想上、理论上的指引，又有实践上、行动上的遵循。”	引导学生思考并做出总结	<6>分钟

教学效果分析

基于本次课程的目标设定、教学方法及内容安排，可以从以下四个方面分析达到的教学效果：

1. 学生是否在研读马克思主义经典文献的基础上，深刻理解了中西文化和思想谱系的基本差异，从而促使学生主动去思考如何在中西比较的框架下辨析西方思想经典传统的特色和问题。

2. 学生是否在辩证认识资本主义的残酷剥削、金钱异化的本质基础上，深入思考了西方文明在经济全球化语境下无法实现人与自然、人与社会的和谐共生。

3. 通过比较和讨论，学生是否对中国人民在中国共产党领导下的党史、革命史、社会主义发展史和中国革命的独特道路有深刻认识：一方面没有共产党就没有新中国，另一方面马克思、恩格斯的伟大思想扎根中国大地后成为了无往不胜的中国式马克思主义，反过来中国式马克思主义又提出了震古烁今的人类命运共同体精神。

4. 学生是否能够在本课程学习过程中关注英文语言文化的特点，但同时需要认识到西方语言的霸权机制和深层次的“他者”逻辑。因此，教师要有意识去引导学生对西方思想传统保持有距离的审慎考察和批判性借鉴，从而深刻认识社会主义核心价值观的可贵和来之不易，从而增强“四个意识”、坚定“四个自信”、做到“两个维护”，自觉做共产主义远大理想的坚定信仰者和民族复兴伟业的矢志创造者和不懈奋斗者。

"英语文体学"课程思政教学案例

梁晓晖

课程名称	英语文体学
课程性质	专业选修课
专　　业	英语专业
授课对象	本科三年级

课程简介

"英语文体学"作为外国语学院英语系三年级学生的专业选修课，从训练创新思维的思维模型——逆转思维——入手，将语言学知识应用于文学、广告、报刊、科技等领域英语材料的字、词、篇文体特征分析中，聚焦不同语域材料的解读方法与翻译策略，提升本科高年级学生英语语言的跨学科应用能力、学术论文撰写能力。近年来，我院聚焦外语人文与科技融合，着力培养具有跨学科能力的"外语＋其他学科知识"复合型外语人才，其中，英语系的语言与科学方向确立了立足"外语＋语言科学 / 科技翻译"的授课模式。本课程是英语系课程改革中具有跨学科特点的专业课程，是外国语学院构建工科类大学中外语"新文科"专业体系中的组成部分。

同时，"英语文体学"也是课程思政新形态尝试的成果。"英语文体学"依据课程内容特点，将四种文体分析前的思维模型导引部分、文学文体的名著文体分析部分置于中国大学慕课网的线上教学，并利用负责人录制的公开讲座、喜马拉雅音频等网络资源，将主体课堂延展到社会青年学子，重视学生的道德情操养成、创新能力培养、实践能力提升，实现了课上课下一体化、能力培养与价值养成相融合的教学模式，响应国家倡导的“新文科”建设中对提高学生实践力与创新力的核心要求以及“三全育人”中教育就是要立德树人的核心理念。

思政元素分析

本课程依据内容特点，将思政元素有机融入课程教学的每一个环节。内容上课程将英语语言学与美学、广告学、媒体传播、科技交流四方面进行结合，从中建立课程思政体系，提升大学生心理素质，传播社会主义核心价值观，培养建设社会主义的新时代青年。具体蕴含的思政元素如下：

第一，在掌握文学文本的词语偏离、句法构成、叙事结构与视角的基础上，提升对文学经典的分析鉴赏能力，吸收人生成长养分。具体操作：在分析文学经典中的文字应用以及人物的情感和人际困扰时，与大学生成长历程相结合，应用心理分析理论，在中国大学慕课网的慕课讨论群开辟专栏，任课教师与助教一起从大学生自身恋爱、人际交往、人生理想出发，解决学生在学习与思想上的实际问题。

第二，利用从文学文体学所获得的知识进入广告文体学，参与广告设计，提升为中国产品走出去而研发的创新能力。具体操作：将广告设计方法系统讲授之后，与国产产品在外销时遇到的困境结合，鼓励学生爱国创新，并为国产产品设计对外营销广告，当背负着一个民族的责任时学生的学习热情得以高涨。

第三，让学生在了解媒体意识形态表达的语言风格基础上，增强对国际不同势力支持的报刊宣传的分析能力，形成对国际局势的独立评判能力。具体操作：结合国际势力有关香港问题、新冠疫情问题以及不同政治事件互相矛盾的报道，帮助学生具备清醒的头脑，认清各种报道的文体特点以及背后的意识形态，培养国际事务的评判能力。后疫情时代鼓励学生为中国梦的实现贡献自身力量。

第四，通过对科技用语的英语语言表层结构与深层结构的对比，提升翻译准确度与实践能力，为国际间科技信息交流做贡献。具体操作：深入研究科技材料的翻译准则，培养一丝不苟的科学精神，为国际科技互惠做出贡献。

教案设计

一、教学目标

“英语文体学”的总体教学目标，既尝试纠正以往学生以绩点为中心的学习目的，培养心理素质与道德情操，又努力服务外国语学院新文科建设的课程改革，做到跨学科融合。

“英语文体学”教授的是英语语言学知识应用于不同专业领域英语文体的实用性阅读方法与分析和翻译能力。传统英语课程，更为强调英语的字词知识以及与英语相关的文学文化知识，本课程在知识型传授理念的基础上，更强调对学生实际应用能力的培养，并强化学生对国际形势与人生价值的判断与思考能力。尤其是近年来，相当一部分学生难以承受个人生活矛盾与知识爆炸带来的学习压力，手机控与网瘾成风；学生功利化倾向严重，考证成为学习终极目标，对知识的创新应用能力不足；学生个人理想与家国情怀连接不足，遇到社会矛盾要么淡然相对，要么采取极端态度。在此背景下，本课程探索思政教育与专业教育的有效融合方式，做到让学生听、思结合，学、做结合，以三全育人为宗旨，全面提升思辨与创新能力。

具体教学目标如下：

1. 知识目标

（1）利用英语语言学有关词、句、篇构成的规律以及发生变体的文体效果，使学生学会在宏观上从材料整体结构把握全文脉络，提升专业材料的阅读速度。

（2）同时使学生学习在微观上从材料语言不同文体特点攫取内在的隐含信息，进一步提高学生的英语语言基本功及针对不同文体文章的分析与翻译技巧。

2. 学术目标

利用文体学的分析模式，通过学习文学文体以及广告、新闻、科技等实用文体在词汇、句法、篇章上各自所具有的特点，具备文本与语料分析的学术论文写作能力。

3. 能力目标

（1）鉴赏能力：在掌握文学文本的词语偏离、句法构成、叙事结构与视角的基础上，提升对文学经典的分析鉴赏能力，吸收人生成长养分。

（2）创新能力：利用从文学文体学所获得的知识进入广告文体学，参与广告设计，提升为中国产品走出去而研发的创新能力。

（3）评判能力：让学生在了解媒体意识形态表达的语言风格基础上，增强对国际不同势力支持的报刊宣传的分析能力，形成对国际局势的独立评判能力。

（4）翻译能力：通过对科技用语的英语语言表层结构与深层结构的对比，提升翻译准确度，为国际间科技信息交流做贡献。将英语语言学与美学、广告学、媒体传播、科技交流四方面进行结合，建立课程思政体系，提升大学生心理素质，传播社会主义核心价值观，培养建设社会主义的新时代青年。

二、教学内容分析

1. 讲解部分：利用从文学文体学所获得的知识与知识结构，在导入逆转思维模型的基础上，讲解广告文体学，从词、句、构图等不同方面讲解广告文体特点，广告文体的图文结合方式。尤其重注创新思维广告在应用逆转思维时的具体方法。

2. 分享部分：将以往学生设计的创新思维广告与学生分享，尤其注重学生在为国产产品，包括国产大秦汽车、华为折翼手机，设计广告时注入的新思维与爱国情怀。

3. 设计部分：让学生自主设计国产大疆无人机的广告，要将文理思维相互结合，将创新思维与对国家的责任相结合。

4. 陈述部分：教师批改学生设计作业后，学生代表陈述自己在图文结合上的设计理念，教师提出可供提升之处，继续提升学生的创新力与实践力。

三、教学对象分析

本课程针对外国语学院英语系本科生三年级的学生。这个年级的学生具有以下特点：

1. 学习压力非常大。大三是本科阶段课程压力最大的一年，所有专业课都开始集中开设，从大一大二的基础课一下子上升为专业课，学生经常遇到一个月要读几本书、完成几篇论文的窘境。

2. 前途压力大。此时对未来的选择已经近在眼前，大多学生已经明确是出国深造还是留在国内考研，还是直接就业。而考研深造的学生一下子要面对更多的学习压力。

3. 情感困扰。大三开始谈恋爱，或者遭遇情感困扰，或者遇到与家人在未来问题上的意见分歧的情况开始明显增多，这也是他们在人生问题上感到困惑的阶段。

凡此种种，教会大家英语快速阅读方法以提高知识掌握与完成作业的效率至关重要，而此课程所包含的慕课恰恰是针对这一问题的。同时，在知识汲取的基础上，灌输大家为国创新的豪情，对克服眼前的情感困惑、学习压力能起到事半功倍的作用。而本教学阶段的广告创新设计拟在解决这一问题。

总之，为实现课程总体目标，本课题将英语文体学的每一个板块进行分解之后，依据当代大学生心理需求、学习习惯、工作方式等特点，经过多年研究，创立出每一个板块与大学生人生成长与社会实践创新力相结合的具体教学方式。在教学大纲、具体内容、授课方法等方面进行全方位创新性探索，建构一套具有系统性、科学性、实践性并兼具趣味性的文体学课程思政模式。首先针对当代大学生见识广博、思维敏捷、物质精神生活都更为丰富，但在恋爱、学习、生活中仍会遇到各种烦恼与困惑的状况，本课探讨文学作品中人物的理性与感性均衡，并梳理经典文学阅读与生活的相关性。同时本课程将国家目前在国际竞争中所遭遇的困难，对广告设计与科技翻译在工作中的重要性，进行全方位讲授，从而帮助学生进行创新设计与精准翻译。另外通过报刊中意识形态讲授，将批判性思维能力与跨学科思维能力有机融入课程的教学过程之中，提升学生的社会责任感与奉献精神，帮助其既能评判西方媒体价值观渗透，又具有自觉弘扬社会主义核心价值观的意识，以及服务社会主义建设的能力。课程还纳入了负责人近年来拍摄的慕课、喜马拉雅等线上教学资源。

四、教学手段与方法

1. 慕课线上与线下结合

有效把握英语文体学的不同板块教学对于培养学生跨学科力、实践力、创新力的重要作用，突破传统的、工具式的教学方式，立足于新型课程思政理念，除讲授传统的英语文体学理论知识与分析手段之外，深入挖掘英语文体学在实用文体中对学生的行为与思想上的影响。充分利用负责人近年来录制的网络教学资源，包括中国大学慕课 MOOC 平台慕课“恋爱中成长——读奥斯汀生活”“跨学科·英语读写思维模型”；喜马拉雅平台音频课“梁晓晖的人文阅读坊：创新思维公开课”等，实现课上课下联合培养，以生动有趣、实用有效的方式实现立德树人的教育目标。

本教学时段加入“跨学科·英语读写思维模型”中“逆转思维”的视频内容，将逆转思维所带来的创新方法融入广告的创新设计之中，提供创新设计的方法论的总结。

2. 课上内容与课下实践融合

专为课程四大板块设计出具有趣味性与引领性的研究与实践任务，引导学生学以致用，将课程所学应用于跨学科文献查找、国有科技产品创新广告设计等实际工作，增强文科生的研究与实践能力，通过将所学知识应用于工作实处来提升社会责任感，培养建设社会主义的时代新人。

而本教学时段依据课程总体原则，力求在“理论方法总论”以及“文学文体学”的基础上，将所学习到的英语语言分析与鉴赏力应用于英文广告的图文赏析之中。并将课堂所学积极应用于课下作业以及课外活动实践的不同领域创新广告设计之中。

3. 知识汲取与为国创新意识融合

改革教学方法，培养“新文科”跨学科人才。本课程提出人才培养的多维跨界理念，既应用英语语言学理论知识，同时融入心理学、广告学、传媒学等相关知识，培养为社会主义建设贡献力量的青年学子，使其既具备良好的跨学科素养，又具有思辨能力，形成正确的人生观和价值观，成为为中国梦而奋发图强的当代学子。

本教学时段特别强调知识汲取与为国创新意识的相互融合，将课程所学应用于不同领域国有产品的创新型设计，包括文化领域与科技领域，精心挑选课堂的每一个案例，既保证实用性，与现实接轨，又保证思政教育润物细无声的进行，将育人培养与课程更细腻地结合。鼓励学生课下设计新型图文结合的英文广告。讲解往届学生为华为产品做广告宣传的设计理念，如何体现创新能力。

五、教学过程

教学 步骤	教学 目的	教学 内容	表达 方式	教学 设计
1. **课前回顾**	1. 巩固上一课知识；更加深入地为学生答疑解惑； 2. 检查学生线上学习完成情况； 3. 引导学生思考，课文《什么是真正的幸福》怎样逆转了幸福理念。	同义词、反义词中的逆转思维（synonym, antonyms, and reverse thinking）	 The Secret of True Happiness. 什么是真正的幸福？ Happiness=fun（synonym） Happiness VS Pain（antonym）	启发式学习：通过师生互动，引导学生思考怎样运用逆转思维进行创新。（<10 min）

续表

教学步骤	教学目的	教学内容	表达方式	教学设计
2. **引入主题参见里面所附三分钟视频**	1. 激发学生学习兴趣； 2. 引导学生思考：怎样应用反义词的构建形成逆转思维。	反义词临时构建法（Construction of Antonyms）	 1. 固有含义相反反义词（dress/undress，tie/untie） 2. 非语言固有反义词（坐飞机时“米饭”和“面条”的选择）	从生活实例入手，介绍反义词的临时构建，从中怎样形成逆转思维。（<5 min）
3. **运用逆转思维 1**	利用逆转思维，帮助学生快速抓取文章要点。	逆转思维与英语阅读（Construction of Antonyms & English Reading）	Sample reading “The Secret of True Happiness” Task: Find and explain sentences with contrasted meanings differentiating happiness from fun.	通过利用“幸福”与“痛苦”这一对反义词的临时同义词关系，以及“幸福”与“快乐”这一对词的临时反义关系，帮助学生用逆转思维快速抓取课文要点。（<15 min）

续表

教学步骤	教学目的	教学内容	表达方式	教学设计
4. **运用逆转思维 2**	培养逆转思维不仅能帮助学生的学习，也对学生的生活以及工作有重要意义。	逆转思维在生活中的运用（Practice in Life）	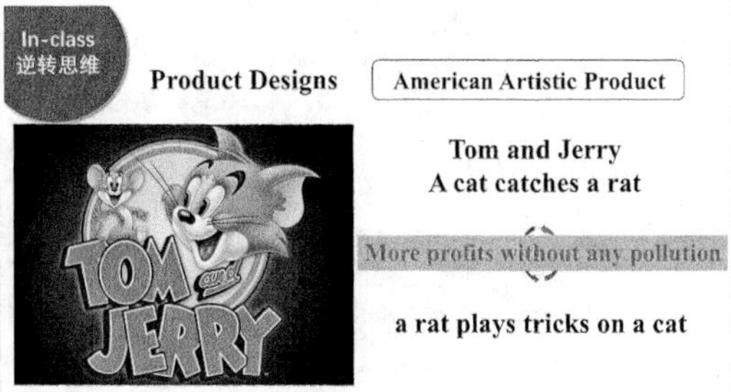 广告设计案例:《猫和老鼠》案例。  抗疫广告案例	分享逆转思维与创新设计案例。（<10 min）
5. **英文广告文体特点**	1. 掌握英文广告的字、句文体特点； 2. 掌握破除规则逆转思维广告的创新设计理念。	广告设计方法	① Everyday, colloquial language and short and simple sentences（e.g. Nike Just do it. 耐克广告） ② Wide use of adjectives and adverbs, to give evaluative description of the advertised products or services（e.g. OU PONT Better things for better living.） ③ Making use of puns, idioms and other rhetorical devices or imperative sentences and questions（e.g. Nobody buys a fridge that doesn't even preserve its design.） ④ Use imperative sentences and questions（e.g. Pond's eye sticker Feast your eyes.）	总结式教学 为学生提供具体有效的广告设计方法，让学生掌握广告设计规则。（<15 min）

续表

教学步骤	教学目的	教学内容	表达方式	教学设计
6. 往届优秀作品分享与中国文化走出去设计	1. 通过分享往届学生的作品，向学生提供更多的思路。 2. 通过分享中国古诗词融入设计的理念，服务中国文化走出去	广告设计作品分享	 1.【灵感来源】：给我一个支点我能撬起整个世界 【设计特点】：符合天圆地方审美，对称 【面向市场】：北美洲，南美洲（广告中，地图显示为南美洲和北美洲，且广告词为英语）  2. 充分利用传统古诗词的意蕴进行建筑、花瓶设计的优秀案例 Making full use of traditional Chinese poetry to design architecture and vases	PPT 图片展示，让学生更加直接地感受逆转思维在广告设计中的运用。（<10min）
7. 实际运用——学生自主设计（参见所附 7 分钟视频）	通过自主设计帮助巩固学生对于逆转思维的运用。	国有科技产品的英文广告设计以及自己 P 图搭配	1. 分小组，为国产科技产品大疆无人机精灵 phantom4PRO 设计创新广告，注意图文配合，充分利用逆转思维实现抓人眼球、尽显产品特点的效果 2. 小组展示其组员代表设计的 phantom4PRO 广告简图与简要说明语	实操性学习：让学生通过广告设计，了解中国文化、提高逆转思维能力与创新思维能力。（<20min）

续表

教学步骤	教学目的	教学内容	表达方式	教学设计
8. **布置课后作业**	1. 帮助学生利用逆转思维进行英文书籍的快速阅读； 2. 帮助学生利用逆转思维实现思维创新。	书籍阅读、广告设计	1. 观看、阅读《什么是正义》(What is Justice)视频片段以及书籍片段； 2. 为国产科技产品大疆无人机精灵 phantom4PRO 设计创新广告，注意图文配合，充分利用逆转思维实现抓人眼球、尽显产品特点的效果。	学生利用逆转思维与广告设计原理阅读书籍，并为国产大疆无人机设计广告。(<5min)

六、教学效果分析

本课程在英语系大三阶段教授针对不同英文材料的快速阅读方法以及文体特点分析，通过学以致用的学习以及课上课下一体化练习，实现了以下教学效果：

（1）改进教学方法突破同质化培养：针对英语专业学生重视文学知识、缺乏多元能力的现状，通过文理融合思维模型教学法，以图示法打通文学经典与科技材料的逻辑联系，注重新时代国家对外语人才的多元要求和学生的个性化要求。

（2）拓展教学内容实现思想引领：分析文学经典中的文字应用以及人物的情感和人际困扰，与大学生成长历程相结合，应用心理分析，通过慕课讨论群的专栏，从学生自身恋爱、人际交往、人生理想出发，解决学生的实际问题。

（3）开发配套网络资源解决读写困境：针对学生只重字词造成的英文读写困难，利用配套网络资源优化并训练课堂所学，形成课上课下联动的“分级阅读活动”与培养心理素质的课程思政立体化路径。

本课程思政在中国大学MOOC平台、喜马拉雅平台上线，被誉为“人生价值引领与知识性培养兼具”。

本课程思政讲座——第四场“逆转思维：为中国梦而奋斗的研发创新路径”讲座上线现场7 000余人，被网上师生称为“一场触及灵魂的讲座”。

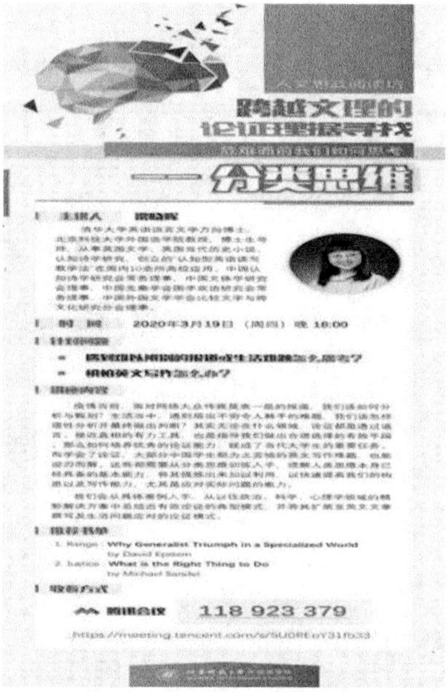

课程思政类慕课“《理智与情感》的生活智慧——英文文学名著多维导读”及改版“恋爱中成长：读奥斯汀生活智慧”在中国大学MOOC上线，引导大学生心灵成长，开课六轮，选课总人数14 800人，网评高达5.0分。

“西方艺术史”课程思政教学案例

达·芬奇绘画作品赏析

赵　亮

课程名称	西方艺术史
课程性质	专业选修课
授课专业	英语专业
授课对象	二年级本科生

课程简介

本课程是为英语专业二年级学生开设的专业选修课，目的是帮助对西方艺术感兴趣的学生了解从古希腊时期到当代的西方艺术史概观，这是北京科技大学外国语学院英语系开设的 CBI（以内容为依托）选修课程之一。在这一理念下，语言技能训练不再是显性目标，而是在学习具体科目的同时培养英语能力，以知识和信息的获取促进语言能力的自然提高，提高学生的输入量，通过运用语言而内化语言。

在本课程的教学过程中，学生将在课前预习，通读一本 600 多页的英文原版艺术史书籍，观看多个艺术时期相关的英语视频，在课堂上学习艺术领域的术语及分析方法，学会如何对西方艺术作品进行视觉分析，增进对艺术的目的和意义、西方艺术的历史发展、流派的形成演变及其风格特征的理解，课后完成小论文，对艺术品做视觉分析或比较艺术品之间的异同点。艺术与社会、战争、宗教等息息相关，本课程将为学生开启一扇更为广阔的窗口来了解西方文化，同时促进英语各方面技能的提升。

思政元素分析

思政教育是高等教育中的一项重要工作，是培养人才的重要途径。在“西方艺术史”课程中，也应该融入思政教育元素，让学生了解到艺术的思想内涵和社会意义，具备更高层次的文化素养和社会责任感。

本课程的思政元素包括以下几方面：

1. 提升宏观思维

通过对西方艺术史的学习，引导学生了解艺术在社会中的地位和作用，认识艺术和社会、文化的关系，从而增强学生的文化自信和理性思维能力。本课程涉及多种艺术形式和风格，可以帮助学生树立正确的世界观、价值观和人生观。例如，在介绍文艺复兴时期的艺术时，可以引导学生关注人文主义精神，让学生认识到人性的价值和尊严。在介绍现代艺术时，可以引导学生关注艺术家的创新精神，培养学生的独立思考能力和创新意识。通过分析不同历史时期的艺术作品，学生可以更好地认识世界，理解生活的真谛，树立正确的价值观。

2. 提供人文关怀

本课程中的许多作品都反映了艺术家对人类命运和社会问题的关注，通过对艺术家及其作品的研究，引导学生了解艺术家的成长背景、思想倾向、人生经历等，关注艺术家的人文情怀，增强学生的人文关怀和审美情趣。例如，在介绍现实主义艺术时，可以引导学生关注艺术家对社会现实的反映，使学生认识到艺术可以作为反映社会现实的载体。

3. 培养社会责任感

通过探讨艺术家如何通过作品表达对社会问题的关注和态度，引导学生认识到自己也应该承担起社会责任，成为具有社会良知和社会责任感的人才。比如，在介绍现代艺术时，引导学生关注艺术家对现代工业化社会的批判，培养学生的社会批判意识。通过学习这些作品，学生可以更好地关注社会、关爱他人，树立正确的社会责任感。

4. 提高道德修养与公民素质

本课程中有许多作品涉及道德伦理和公民素质的话题，可以帮助学生提高道德修养和公民素质。例如，在介绍古希腊艺术时，可以引导学生关注希腊神话中的道德观念，使学生认识到道德是人类社会的基石。通过学习这些作品，学生可以更好地理解道德的重要性，提高自身的道德修养和公民素质。

5. 增加文化自信与民族认同感

本课程旨在帮助学生了解西方艺术的发展历程，从而增强文化自信和民族认同。在教学过程中，教师应强调中国艺术与西方艺术的差异，让学生认识到中华民族独特的艺术传统和文化价值。例如，在介绍古希腊艺术时，可以强调希腊艺术的人文主义精神，与同时期的中国艺术进行对比，使学生感受到中国古代艺术的独特魅力。通过这种方式，学生可以更好地理解其他文化，从而提高跨文化交流的能力，还能更好地认识祖国的文化底蕴，增强民族自豪感和认同感。

总之，本课程中的思政元素贯穿于课程的始终，教师需要通过巧妙的教学方法，将思政教育融入课程中，帮助学生树立正确的世界观、价值观和人生观，培养学生的道德修养和公民素质。

教案设计

教学目标

本节课讲授《西方艺术史》第六章第三节“文艺复兴鼎盛时期”的部分内容，主要是达·芬奇主要作品的赏析，将实现以下目标。

1. 在语言层面，通过课前阅读预习，课堂听讲、观看视频、做视觉分析等，课后写视觉分析小论文，全面提高学生英语基本功。以知识为导向，在学习文艺复兴鼎盛时期的历史背景、达·芬奇的生平、他的人体解剖图、两幅主要作品《最后的晚餐》《蒙娜丽莎》等的同时，学生的听说读写能力都得到了锻炼和提高。

2. 在人文素质方面，帮助学生掌握更多的西方文化知识。通过对历史背景的学习，学生对当时西方社会的政治、军事、宗教、文化、艺术等各方面有了概括性的了解。

3. 在思想层面，增强学生思辨能力。通过对艺术品进行视觉分析，比较不同艺术品之间的异同点，撰写艺术品分析的小论文，学生的思辨能力得到了进一步加强。

教学内容分析

（一）教学内容

达·芬奇（Leonardo da Vinci）作品赏析是《西方艺术史》第六章“欧洲文艺复兴时期（the European Renaissance）”第三节“文艺复兴鼎盛时期（High Renaissance）”的核心部分之一，对于学生了解艺术大师达·芬奇及作品，以及文艺复兴时期的艺术风格至关重要。

（二）教学重点

1. 掌握文艺复兴鼎盛时期的历史背景。尤其是文艺复兴与人文主义思想文化运动之间的关系等。

2. 了解达·芬奇的生平。重点是他在艺术方面的个人特色及主要成就，以及这一时期艺术的发展脉络。

3. 学会对艺术品进行视觉分析。掌握如何从构图、色彩、线条、形状、光线、透视等方面对绘画做视觉分析。

（三）教学难点

1. 学会对达·芬奇的名画《最后的晚餐》和《蒙娜丽莎》进行视觉分析。知道如何从构图、色彩、线条、形状、光线、透视等方面分析并读懂绘画。

2. 掌握这一时期艺术的发展脉络。比较不同艺术品之间的异同点，如探讨《最后的晚餐》和拉斐尔的《雅典学院》之间的联系等。

3. 撰写艺术品分析的小论文。将课堂上完成的视觉分析落到纸笔上。

教学对象分析

从学校的教学安排和课程设置情况来看，“西方艺术史”是针对英语专业大二学生开设的专业选修课，选课的学生刚学完基础英语Ⅰ、Ⅱ，迫切希望拓宽知识，用英语作为工具来学习和语言、文化、文学、翻译等相关的知识性课程，“西方艺术史”课程顺应了学生的个性化需求。这门课程的授课对象具有以下特征：

1. 英语基本功有待提高

高考改革以来，我校外国语学院采取大类招生政策，大一第一学期不分专业，均需要完成英、日、德三个语种的课程。这一学期学生的英语课程量比起以往减少了，所以大二英语专业学生在英语听、说、读、写、译等方面的水平都亟待提高。

2. 西方文化知识较匮乏

语言不仅仅是用于交流的工具，也是文化重要的载体。由于对文化背景知识知之不多或者不够丰富，学生在平时的学习和实践过程中仍存在较多问题，如对内容的理解不透彻、不全面，出现误解和歧义等。因此，文化背景知识与英语学习之间的关系及其影响受到了学界和教育界的充分重视。

3. 思辨能力有待增强

思辨能力指“依据标准，对事物或看法做出有目的、有理据判断的能力”。思辨能力是高等教育人才培养的核心目标之一，也是经济全球化趋势下人才竞争力的重要体现。传统的以语言技能为中心的课程设置缺乏思辨能力的训练内容，我们的学生在这方面的能力也有待加强。

教学手段与方法

本课程教学过程中使用的教学方法有：讲授法、案例教学法、情景教学法、讨论法、体验教学法和混合式教学法。

1. 讲授法

教师对重要的理论知识的教学采用讲授的教学方法，直接、快速、精炼地让学生掌握，为学生在实践中能更游刃有余的应用打好坚实的理论基础。

2. 案例教学法

在教师的指导下，由学生对选定的具有代表性的典型案例进行翻译，进行有针对性的分析和讨论，做出自己的判断和评价。这种教学方法拓宽了学生的思维空间，增加了学习兴趣，提高了学生的能力。案例教学法在课程中的应用，充分发挥了它的启发性、实践性，开发了学生思维能力，提高了学生的判断能力、决策能力和综合素质。

3. 情景教学法

尽力给学生创造一个特定的情景场合，进行教学。通过教师的组织、学生的演练，在仿真提炼、愉悦宽松的场景中达到教学目标，既锻炼了学生的临场应变、实景操作的能力，又活跃了教学气氛，提高了教学的感染力。这种教学方法在本课程的教学中经常应用，因现场教学模式要受到客观条件的一些制约，因此，提高学生实践能力的最好办法就是采用此种情景教学法。学生们通过亲自参与环境的创设，开阔了视野，自觉增强了科学意识，提高了动手能力，取得了很好的教学效果。此外，在本门课程的教学中，这种教学方式的运用既满足了学生提高实践能力培养的需求，也体现了其方便、有效、经济的特点，能充分满足教学的需求。

4. 讨论法

在课堂教学中多处采用讨论法，学生通过讨论，进行合作学习，让学生在小组或团队中展开学习，让所有的人都能参与到明确的集体任务中，强调集体性任务，强调教师放权给学生。合作学习的关键在于小组成员之间相互依赖、相互沟通、相互合作，共同负责，从而达到共同的目标。通过开展课堂讨论，培养思维表达能力，让学生多多参与，亲自动手，亲自操作，激发学习兴趣，促进学生主动学习，提高学生对译本的分析能力和鉴赏能力。

5. 体验学习教学法

学生亲自参与知识的建构，亲历过程并在过程中体验知识和体验情感。它的基本思想是：学生对知识的理解过程并不是一个“教师传授—学生聆听”的传递活动，学生获取知识的真实情况是学生在亲自“研究”“思索”“想象”中领悟知识，学生在“探究知识”中形成个人化的理解。

6. 混合式教学法

混合式教学法是对各种学习媒体、学习模式、学习环境和学习内容等学习要素的有效混合，网络学习和传统课堂学习的相互结合和互补。既能优化整合学习资源，又能提高学习效果；既发挥课堂学习中教师的主导作用，又能发挥学生的主体作用。

教学过程

教学步骤	教学目的	教学内容	表达方式	教学设计	时间安排
1. 引入主题	吸引学生注意力，使其尽快进入上课状态，学生带着问题进行思考学习。	引出本节课所讲内容：达·芬奇绘画作品赏析。		提问式思考：为什么达·芬奇的绘画举世闻名？	<2>分钟
2. 提出学习目标	让学生明确本节课的学习目标，有目的地进行学习。	提出本节课的具体学习目标。	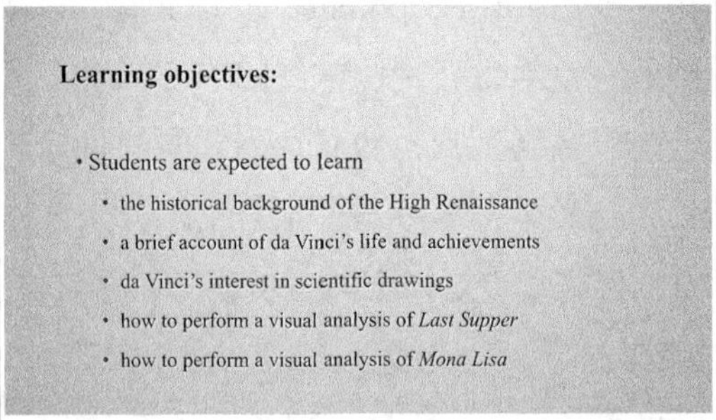	PPT 展示	<2>分钟

续表

<table>
<tr><th>教学
步骤</th><th>教学
目的</th><th>教学
内容</th><th>表达
方式</th><th>教学
设计</th><th>时间
安排</th></tr>
<tr><td>3.
文艺复兴鼎盛时期的历史背景</td><td>介绍“文艺复兴鼎盛时期”的意义，并引导学生关注当时的历史背景。</td><td>掌握文艺复兴与人文主义思想文化运动之间的关系。</td><td>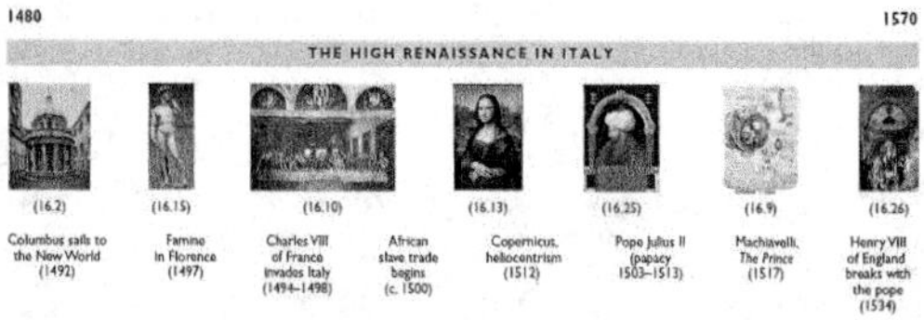

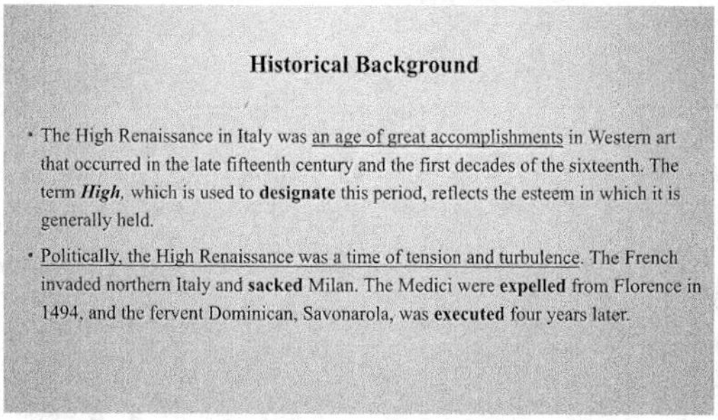
</td><td>PPT 展示及讲述：人文主义思想是文艺复兴的核心思想，不同于中世纪以神为核心的思想，强调以人为本。</td><td><5>分钟</td></tr>
<tr><td>4.
达·芬奇的生平</td><td>了解达·芬奇的生平及他在艺术方面的成就。</td><td>了解达·芬奇其人其事。</td><td>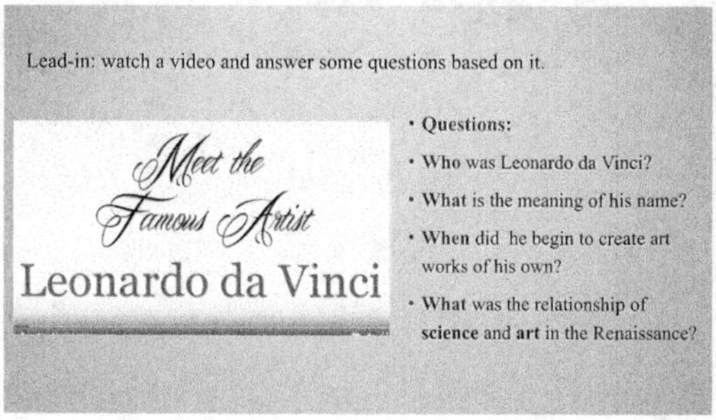
</td><td>观看视频及提问：达·芬奇在艺术方面的主要成就是什么？</td><td><5>分钟</td></tr>
<tr><td>5.
达·芬奇的人体解剖图</td><td>了解他最初研究人体的原因，以及他的人体解剖图非常精确。</td><td>欣赏他的笔记及素描图。</td><td>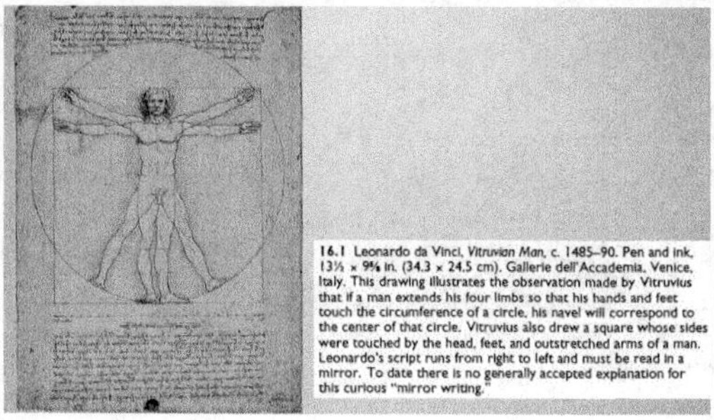
</td><td>互动式讨论：
达·芬奇为什么研究人体？他是如何画出精准的人体解剖图的？</td><td><5>分钟</td></tr>
</table>

续表

教学步骤	教学目的	教学内容	表达方式	教学设计	时间安排
6. **如何对绘画做视觉分析？**	为接下来分析《最后的晚餐》和《蒙娜丽莎》做准备。	复习艺术分析中的术语。	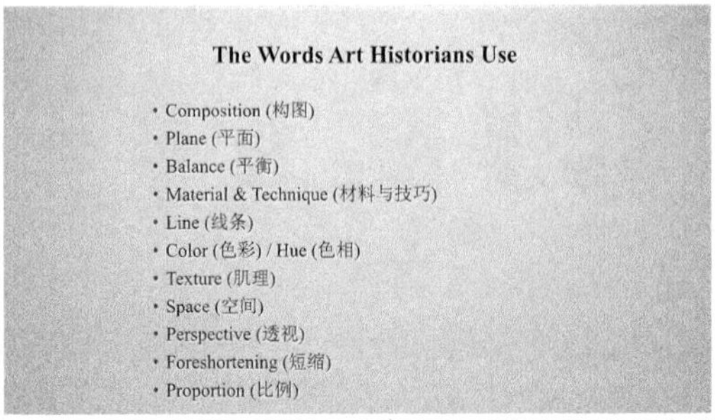	PPT 展示及互动式讨论： 如何欣赏一幅画？	<4> 分钟
7. **对《最后的晚餐》的视觉分析**	分析并欣赏名画《最后的晚餐》。	分析《最后的晚餐》的材料、构图、透视等，解析人物性格，比较其与拉斐尔《雅典学院》的相似点。	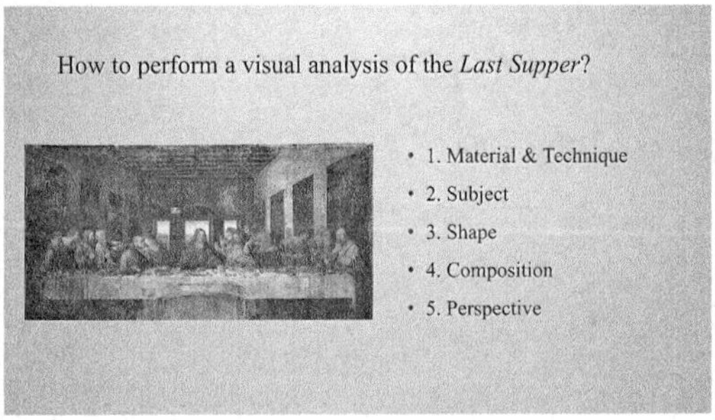	PPT 展示及互动式讨论： 1. 所在地 2. 材料 2. 构图 3. 透视 4. 人物性格 5. 现状 6. 与《雅典学院》的联系 引导启发学生得到这些问题的答案。	<6> 分钟
8. **对《蒙娜丽莎》的视觉分析**	分析并欣赏名画《蒙娜丽莎》。	分析《蒙娜丽莎》的材料、构图、色彩、视角等，解析人物和自然的关系。	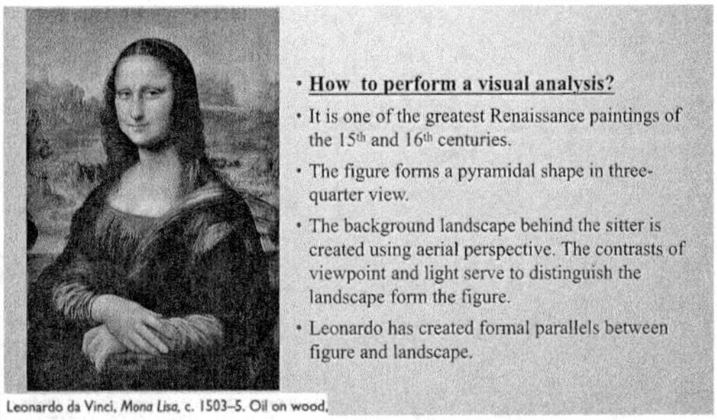	PPT 展示及互动式讨论： 1. 材料 2. 构图 3. 人物 4. 风景 5. 晕涂法（sfumato） 6. 人物与自然的关系 引导启发学生得到这些问题的答案。	<6> 分钟

续表

教学步骤	教学目的	教学内容	表达方式	教学设计	时间安排
9. **总结**	绘制思维导图，总结这节课所学内容，引导学生增强中国特色社会主义文化自信	让学生对比中华民族的优秀传统文化	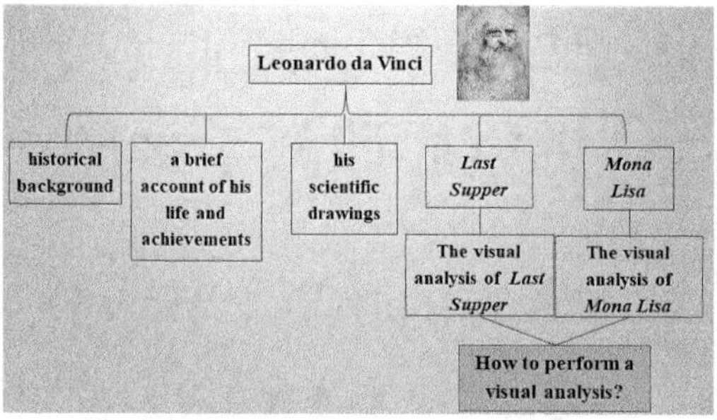	引导学生做出总结	<2>分钟

教学效果分析

基于本节课程的目标设定及内容安排，可以从以下几个方面分析达到的教学效果：

（1）学生能否说出达·芬奇与前人在绘画上的区别以及达·芬奇的艺术成就对后世的影响，如《最后的晚餐》和拉斐尔的《雅典学院》之间的联系等，掌握这一时期艺术的发展脉络。能否通过了解文艺复兴时期的艺术风格和特点，从而更好地认识和热爱本民族的艺术。

（2）学生能否体会达·芬奇作品中所体现的人文关怀，关注达·芬奇作品中对人类命运和社会问题的关注，从而培养他们的社会责任感。

（3）学生能否对《最后的晚餐》和《蒙娜丽莎》做视觉分析，并理解达·芬奇创造典型人物和戏剧性场面的能力。《最后的晚餐》深刻描绘了人物的性格，构图布局严谨又富于变化，是后人学习的典范。通过对油画《蒙娜丽莎》（*Mona Lisa*）的视觉分析，欣赏艺术家对女性美和人与自然和谐关系的刻画。

达芬奇的艺术成就不仅体现了意大利文艺复兴时期的人文主义精神，还展现了艺术家对自然、科学和哲学的探索。这种全面发展的艺术精神能否帮助学生树立文化自信，认识到中华民族在艺术领域的独特贡献。

“英语泛读与课外必读Ⅲ（文学经典）”课程思政教学案例

《荒野的呼唤（节选）》

李方慧

课程名称 英语泛读与课外必读Ⅲ（文学经典）

课程性质 专业核心课

授课专业 英语专业

授课对象 二年级本科生

课程简介

本课程的主要学习内容是经典文学作品《荒野的呼唤》第六和第七章、《幸福之路》第十和第十一章以及著名的教育理论著作《教育的目的》。

本课程旨在带领学生对所选英语经典作品的语言、结构与思想进行仔细研读与分析，使学生全面深入地理解所选作品中单词与短语的意思、句子的确切含义、段落与段落间逻辑上的紧密关联以及整个章节或全文所表达的主题思想。课堂教学主要针对三个具体目标：（1）使学生扩大词汇量并形成关注词义之间微妙区别的学习习惯；（2）使学生基于对单词和短语的精准理解形成对句子的精准理解；（3）使学生在认真关注单词、短语和句子的意思等细节的基础上，能够快速而准确地梳理作品的结构和上下文间的逻辑关系并最终理解整个章节或全文的主题思想。

本课程所学内容皆为大师级作品，它们不仅语言表达细腻与简练兼备、呈现的思考广泛而深入，更是在人物塑造或主题深度上能够给学生带来极富冲击力的美的感受。教师在教学中鼓励学生进行理性分析、多提问题，通过互相讨论找到最合理的解释，努力促进学生们开阔思维、深入思考，使他们充分理解课文中积极向上、富有责任感的人生态度，以帮助他们形成健康、快乐、富有进取精神的人生观。

思政元素分析

习近平总书记指出，教育是民族振兴、社会进步的重要基石，是功在当代、利在千秋的德政工程，对提高人民综合素质、促进人的全面发展、增强中华民族创新创造活力、实现中华民族伟大复兴具有决定性意义。

办好教育，需要每一位教师的努力。正基于此，本课程任课教师在选取这门课的学习内容时，出发点就是所学内容要有助于学生理解各种优秀品质的价值、有助于学生形成正确的人生观、有助于学生养成勤于思考的学习习惯和灵活运用知识的意识。

《荒野的呼唤》是美国作家杰克·伦敦的一部经典小说。其第六和第七章讲述了主人公 Buck 在野外如何适应环境、快速掌握各种生存技能，并能把控局势、成为自然界中的强者，体现出 Buck 强大的适应能力、极富耐力和爆发力的强健体魄和顽强勇敢不畏生死的勇气和令人敬畏的毅力，学生们从中可以深深地感受到：我们在生活中总会遇到各种挑战和困难，只有拥有坚毅的意志和勇气才能战胜困难并取得成功。这些章节还充分展现了 Buck 与它的主人互相信任、互相热爱的人与动物之间的关系，以及人类的三个男性伙伴之间不离不弃、互相协作、互相信任的关系，学生们可以在不知不觉间学习到人类与动物和自然界之间如何和谐相处以及人与人之间如何友好协作、相互信任。《荒野的呼唤》的主人公 Buck 在经历了无尽的痛苦与磨炼后成长为一个极为健壮、勇敢、坚强和富有生存智慧的狗，它对自己的主人 Thornton 充满热爱与忠诚，它勇武机智、坚韧不拔，在最严酷的环境中活出了最精彩的样子。学生们在研读这两章的时候，总是会被这些内容深深打动，他们喜爱 Buck，喜爱 Thornton, 对于二者之间的爱与忠诚感叹不尽，对于 Buck 展现出的超人的毅力、勇武和生命力更是充满了赞叹。

《幸福之路》是英国哲学家和数学家罗素呈现的对于人类如何在生活中获取幸福感的广泛深入的探讨。在第十章中，罗素用分析和事例详细解读了不同人群的幸福感之间的差别，解释了工作、事业、爱好能够给人们带来什么样的幸福感，然后进一步分析了幸福感的本源，阐述了人类最本质的幸福感来自对自身之外的人和事物的友好的充满兴趣的态度。学生们在学习这一章的时候，明白了如何热爱生活，如何排除负面情绪从而专注于自己的工作；明白了心情平和、静水流深的巨大力量和所能带来的巨大成就；明白了不要故步自封，要对别人和周围的事物充满友爱和好奇，要热爱自己所在的世界。在第十一章中，罗素讲解了热忱的确切含义、不同的表现形式、给人们带来的巨大好处以及热忱的正确表现形式和热忱的根源。学生们通过研读这一章，懂得了对待生活的正确态度应该是充满热忱；懂得了不断获取知识、深入理解与分析自己吸收到的知识并把新知识与原有知识不断整合从而形成自己独有的知识体系是多么美妙的一件事；懂得了如何平衡和协调工作与生活；懂得了如何保护对于事物的好奇心、如何保护对于周围的人和事物的热爱之情；懂得了男性和女性是完全平等的，女性也有对周围事物展示兴趣和热爱、充满热忱地面对生活的权利。学生们通过对这两章的学习，能够打开视野，真正理解健康乐观、积极向上的人生态度才是我们幸福感的来源。

《教育的目的》是英国数学家和教育家怀特海的著名演讲。怀特海在演讲中阐述了教育是一门科学，也是一门艺术，教师应该潜心研究如何让学生们既学到知识，同时又学到如何应用知识，教师应该认识到学生学会在生活中如何运用知识的重要性，教师应该帮助学生学会深入思考、分析与总结，学会举一反三、以小见大，教师应该本着把学生们培养成爱思考、能够感受美、具有善良和富有爱心的品格的人的态度来教学，教师应该明白自己肩负为国家的永久富强培养人才的重任，教师应该把做好教育当成自己的信仰。通过对这篇演讲的研读与分析，学生们不仅能理解怀特海阐释的这些教育理念，也能明白如何具体改进自己的学习方法，从而最大化地利用自己值得珍惜的大学时光。

综上所述，本课程蕴含的思政元素主要包括以下几个方面：

1. 通过对《荒野的呼唤》第六和第七章的学习，学生们会感受到人与动物、人与人之间互相信任、互相爱护所带来的美好，会体会到健壮、坚毅、智慧的重要性，会领悟到逆境中焕发出的蓬勃的生命力的精彩。

2. 通过对《幸福之路》第十章和第十一章的学习，学生们会更加懂得热爱生活，懂得用开放和包容的态度对待周围的人和事物，懂得每个人都应该不断吸纳知识、用充满热忱的态度对待工作和生活。

3. 通过对《教育的目的》的学习，学生们会更加明白如何把自己培养成爱思考、能够感受美、富有爱心的人，会更加主动地把所学知识和实际生活结合起来，会更加明白自己作为一个个体对国家的未来也负有一份责任。

学生们通过对以上三个单元的学习，能够了解到如何保持积极向上的人生态度、如何提高自己的综合素质由此让自己全面发展、如何获取创新和创造的活力，从而对中华民族的伟大复兴做出自己的一份贡献。

教案设计

教学目标

（一）知识目标

通过对《荒野的呼唤》1–16 自然段的学习，让学生们接触到描述人类在野外生活的不同场景时可能出现的词汇和短语，让学生们学习到作者是如何把复杂的事件一步一步有条理地讲清楚的，让学生们了解作者是如何把人物塑造得丰满且打动人心的，也让学生们了解作者是如何呈现各种关系的。

（二）能力目标

通过让学生细致分析每个关键词或短语的确切含义，训练学生对词汇或短语意思的精准理解能力；通过让学生细致分析每个关键句子的确切含义，训练学生对于上下文逻辑的精准把握和对作者隐含意思的精准理解能力；通过设置思考题和让学生进行讨论和分析，训练学生快速理解复杂内容的能力、迅速把大量信息清晰归类的能力、迅速对人物性格进行全方位分析与总结的能力。

（三）价值目标

通过让学生详细解读与分析 Buck 对 Thornton 不计生命代价的言听计从、Buck 对 Thornton 无微不至的关注和保护、Buck 冒着生命危险对 Thornton 一次次的救助，以及 Thornton 和他的两个人类伙伴之间的默契与信任、生死相托的内容，引导学生学会建立人与动物、自然之间真诚的友好关系和人与人之间互相帮助、真诚相待的关系；引导学生理解强健的体魄、耐心和毅力对于人们获得事业和生活中的成功的重要性。

教学内容分析

（一）教学内容

《荒野的呼唤》第六章中 Buck 在悬崖边对 Thornton 的指令闪电式遵循、Buck 在酒吧中对 Thornton 的自发性保护和 Buck 在急流中对 Thornton 不计生命代价的救助的文本部分。

（二）教学重点

帮助学生彻底理解课文中关键词汇的确切含义和关键句子的确切含义，帮助学生理清教学内容中呈现的各种关系和作者对 Buck 的形象刻画。

（三）教学难点

如何在有限的课时里让学生既能够彻底理解课文中多处的语言难点，又能让学生对各个重点片段进行深入分析，从而总结作者所展现的 Buck 的人物形象，理解 Buck 与 Thornton、Thornton 与他的人类伙伴、Buck 与 Thornton 的人类伙伴以及人类和自然之间的相互关系。

教学对象分析

这门课程面对的是大学英语专业二年级的学生。学生们在前三个学期的英语学习中已经积累了相当多的词汇，接受了课文分析与理解的专门训练，学习本节课内容虽然有一定难度，但是在任课教师和学生们的共同努力下，课文内容是可以被学生们彻底理解并掌握的。

教学手段与方法

教学采用的是 student-oriented 方法，即教师把课文内容分解为多个不同片段，每个片段限时由学生阅读并讨论分析教师给出的问题，然后在教师的引导下由学生依次解答问题，然后学生向教师提出有关这一片段的理解方面的各种问题，教师一一给出解答，最后是教师对这一片段中的重点词汇和句子再加以讲解并对这一片段的整体理解方面加以补充说明。

教学过程

教学步骤	教学目的	教学内容	表达方式	教学设计	时间安排
1	帮助学生充分理解这部分的内容并可以用自己的语言从不同角度给以解读	1–5 段	Paras. 1-5: Explain: 1. They had grub-staked themselves from the proceeds of the raft and left Dawson for the head-waters of the Tanana. 2. The next instant he was grappling with Buck on the extreme edge, while Hans and Pete were dragging them back into safety. 3. I'm not hankering to be the man that lays hands on you… 4. "Py Jingo!" was Hans's contribution. 5. What do you know about Buck in the first paragraph? 6. Explain the three men's comments on Buck's behavior in your own words.	让学生限时阅读此部分并着重讨论 PPT 中内容的确切含义，教师提问并引导学生予以解答，然后学生就整个部分提出问题教师予以解答，最后教师对这一部分加以补充解释和说明。	20 分钟

续表

教学步骤	教学目的	教学内容	表达方式	教学设计	时间安排
2	帮助学生充分理解这部分的内容并可以用自己的语言阐述作者对Buck的刻画	1–5 段	Paras. 6-7: Explain: 1. pick a quarrel with a tenderfoot 2. Thornton was sent spinning... 4. ... he prowled up and down, growling furiously, attempting to rush in, and being forced back by an array of hostile clubs. 5. A "miners' meeting," called on the spot, decided that the dog had sufficient provocation, and Buck was discharged. 6. What is shown about Buck in this part?	让学生限时阅读此部分并着重讨论 PPT 中内容的确切含义，教师提问并引导学生予以解答，然后学生就整个部分提出问题教师予以解答，最后教师对这一部分加以补充解释和说明。	15 分钟
3	帮助学生充分理解这部分的内容并可以用自己的语言复述这部分内容		Paras. 8-11: Explain: 1. The three partners were lining a long and narrow poling-boat down a bad stretch of rapids on the Forty-Mile Creek. 2. The boat flirted over and snubbed in to the bank bottom up... 3. rent in shreds and spray 4. He scraped furiously over a rock... 5. Buck could not hold his own... 6. What happened to Thornton and what did Buck do? Retell it in your own words.	让学生限时阅读此部分并着重讨论 PPT 中内容的确切含义，教师提问并引导学生予以解答，然后学生就整个部分提出问题教师予以解答，最后教师对这一部分加以补充解释和说明。	20 分钟
4	帮助学生充分理解这部分的内容并可以用自己的语言复述这部分的主要内容		Paras. 12-16: Explain: 1. He discovered the mistake too late, when Thornton was abreast of him and a bare half-dozen strokes away while he was being carried helplessly past. 2. Hans paid out the rope, permitting no slack, while Pete kept it clear of coils. 3. Strangling, suffocating, sometimes one uppermost and sometimes the other, dragging over the jagged bottom, smashing against rocks and snags, they veered in to the bank. 4. Thornton was himself bruised and battered, and he went carefully over Buck's body, when he had been brought around, finding three broken ribs. 5. What did Buck do in this part? What resulted? Give your answer in your own words.	让学生限时阅读此部分并着重讨论 PPT 中内容的确切含义，教师提问并引导学生给以解答，然后学生就整个部分提出问题教师予以解答，最后教师对这一部分加以补充解释和说明。	20 分钟

续表

教学步骤	教学目的	教学内容	表达方式	教学设计	时间安排
5	通过问题让学生对于本节课的学习内容进行思考与总结	1–16段	Questions on paras. 1-16: 1. What qualities of Buck does the author tell us in this part? 2. What is the relationship between Buck and Thornton, and between Buck and Thornton's partners? 3. What is the relationship between human beings and nature?	让学生互相讨论得出这些问题的答案，然后教师提问并对学生的答案予以补充或纠正。	15分钟

教学效果分析

（1）学生们非常喜欢《荒野的呼唤》第六章和第七章，阅读本节课内容时精力集中并且非常投入地参与讨论；

（2）学生们对student–oriented的教学方式很接纳，阅读和思考很认真，能够对课文进行非常有效的解读，在提问题环节能够细心发现隐藏的问题，锻炼了思维能力和阅读理解能力；

（3）学生们对这一部分中作者对于Buck的英勇事例的密集描述非常喜爱，对于Buck所展现的各种非同寻常的品质非常敬佩，由此对于攻克难词和难句抱有极大的热情；

（4）《荒野的呼唤》打开了学生们的视野，使他们真正地理解了为什么一本以狗为主角的书能够成为经典使人百看不厌，他们被书中所展现的狗与主人的互相热爱与忠诚、人与人之间的信任与忠诚和人与自然之间的和谐相处深深打动，学习这部分内容成为他们净化心灵的过程；

（5）优秀的经典文学作品所能达到的教育效果是多方面的，学生们不仅能领略一流语言之美，更能欣赏到一流的美学境界和思想境界，学习的过程同时也成为按照榜样自我塑造的过程，学习的过程对教育下一代、为国家培养合格的下一代的作用就这样静静地呈现出来。

“英语史”
课程思政教学案例

英语的起源与发展历程

魏 兴

课程名称 英语史

课程性质 专业必修课

授课专业 英语专业

授课对象 二年级本科生

课程简介

“英语史”是一门讲授英语的来源和发展历程，以及不同时期英语语言特点的专业必修课。该课程是英语专业教学体系中的重要部分，旨在让学生把握英语发展的来龙去脉，探寻影响这种发展的语内、跨语言因素及相关历史背景，由此深化对英语现状的认识，拓展英语文化思维，并培养英语语言史观及对该语言发展的思辨意识。课程融合语言发展史和文化发展史，展现英语语言的历史演进脉络，包括古英语、中古英语、早期现代英语和现代英语等重要时期，涵盖影响语言发展的外在因素和语言本身的内在变化（涉及语法、词汇和语篇层面）。简言之，力求让学生一方面认识英语语言的“过去”，另一方面从这个“过去”中发掘可能被忽略的英语文化。

本课程结合相关史料和语料，呈现不同时期的英语语言特点，揭示英语如何在古不列颠产生，如何由古英语逐渐演变为现今的世界通用语。另外，引导学生以语言发展为主线，探寻蕴含于英语语言史中的文化发展。尤其让学生认识到，伴随这种发展的一方面是不断形成的文明景象，另一方面是野蛮侵略、宗教统治、殖民扩张，由此反思西方文化的霸权基因，辨别、抵制西方文化中损害社会主义建设的要素，增强文化自觉和文化自信。

思政元素分析

习近平总书记高度重视文化自信，提出“当代学生在传承中华优秀传统文化的过程中一定要进一步坚定文化自信”。增强学生的文化自信是高等教育的重要出发点，也应成为英语教育切实努力的方向。但英语学科特点决定了英语专业学生接触的学习内容主要与英语语言、文化相关，其思想难免受西方理念、价值观的影响。如何在一门英语课程中有机融入思政元素，让学生在学习英语语言及文化发展的同时，增强对中华文化的认同感和自信心，是本课程着力要解决的问题。为此，课程综合归因分析和历时对比的视角，引导学生以英语语言发展为主线，一方面客观呈现英语文化，发掘这种文化发展的特点，另一方面以恰当方式彰显悠久丰富的中华文化。

该课程渗透对英语发展动因的分析，指出英语发展的重要节点往往伴有侵略和扩张。如古英语产生于安格鲁撒克逊对古不列颠（原凯尔特人的领地）的侵略；中古英语形成的标志事件是法国对不列颠的“诺曼征服”；世界英语在大不列颠帝国的殖民扩张中发展。可以说，英语语言的大变迁多由战争和掠夺引起。一部英语史不仅展现西方文明进步的一面，也体现其残暴和野蛮的一面。

课程注重对英语、汉语发展的同期比较，包括古英语之前甲骨文已有1 200多年的历史，古英语产生时已家喻户晓的《木兰诗》、中古英语刚形成时的多种汉语体裁（评论、宋词、散文、笔记体论著等）、早期现代英语开始时问世的《三国演义》《水浒传》。提示学生注意，这些汉语作品问世时英语语言尚在发展过程中，尚未成为如今为人熟识的英语。

在讲述英语发展中，突显英语和汉语发展的差异：英语在安格鲁撒克逊占领不列颠后才出现，并在与外来语的接触中发展，是安格鲁撒克逊英语与多种外来语的杂合体（包括古诺斯语、古法语、拉丁语），且直至18世纪才被标准化、规范化，逐渐成为现今英语；汉语则早于英语两千多年出现，固有的民族语言体系在中华大地依靠其深厚、稳固的文化根基稳固发展，古老而富有生机。

英语不再是英美人的专属语言，它与本土文化相结合，衍生出以国名为标记、带有一国文化特色的英语方言，因而英语标准呈现多样化。“中国英语”完全有理由立起来、走出去，成为讲述中国故事的语言，鼓励学生不断探索这种英语的特征和规律，使其既富有中国文化特色、又易被世界人所理解。

综上所述，该课程蕴含的思政元素主要有以下几个方面：

1. 通过对英语发展的归因分析，向学生揭示英语发展体现的野蛮性，使其进一步思索西方语言、文化霸权的历史基因。

2. 通过植入中华文化元素，让学生了解英语发展历程与成就的同时，也看到同时期汉语发展的辉煌成就，认识到汉语文化在相当长的时期领先于英语文化。

3. 通过对比英语、汉语发展，明确英语发展深受外来语的影响，体现多语混合，汉语则很早便形成固有的语言体系，其发展的根基更坚实、牢固。

4. 通过讲解英语变体的概念及形成理据，使学生认同“中国英语”的合理性，思考如何借助这种英语向世界传播中华文化。

教案设计

教学目标

本节课为“英语史”的第一节课，让学生在了解该课程主要内容的同时，实现以下目标。

（一）知识目标

1. 把握英语的使用现状、基本特点与历史起源，激活对英语语言“现在”与“过去”的元意识，为学习这门课做好准备。

2. 基于印欧语系及日耳曼语族的概念，理解英语的语言属性、与其他语言的共性特征，及导致这些特征的原因。

3. 建构英语发展阶段与进程的宏观图景，认识英语和汉语发展的差异，明确本课程的内容安排。

（二）能力目标

提高从历时视角分析英语语言的能力，对不同时期英语语言特点的差异形成初步认识。

（三）价值目标

1. 把握语言史的内涵及学术意义，培养从历时发展角度思考语言、发掘文化内涵的兴趣和意识。

2. 以汉语发展史上的主要事件、标志性成就为依据，在梳理英语发展进程中，发掘易被忽视的英语文化，并增强对中华文化的自信。

教学内容分析

（一）教学内容

本节课引导学生理解英语史的性质和意义，探寻英语产生的根源，认识英语的属性、特征及发展历程，为后续学习做好准备。

（二）教学重点

1. 英语的使用现状、基本特点及历史起源。

2. 英语所属的印欧语系及日耳曼语族，及与其他语言的共性与差异。

3. 英语语言的发展阶段与进程，及各阶段对应的汉语语言文化成就。

（三）教学难点

英语史涉及语言发展和文化发展两个方面，如何将这两方面有机融合，使学生对英语史产生兴趣，整体把握英语史涉及的内容，是本节课的难点。为此，本课着重阐述语言与文化的关系，使学生认识到应立足文化背景认识语言发展，从语言发展的角度探寻文化内涵的变化。

教学对象分析

本课程的授课对象是英语专业大二学生。通过一年的专业学习，学生已掌握一定的词汇、句法、篇章、修辞知识，多数学生具有良好的英语运用能力，能围绕文学、文化等主题进行基本的英语交流。这些优势为该课的开设奠定了基础。

然而，这些学生普遍对英语语言历史理解不够深入，仅限于常识性的了解，且未形成完整的知识体系和思维框架；不能从历时角度把握英语的变迁过程，在英语语言史观方面亟需提升；也不会去洞悉英语发展的原因，思索英语现象背后的逻辑理据，对该语言发展的思辨意识较为薄弱。上述不足会在一定程度上限制学生英语知识的广度、英语思维的深度，以及英语综合能力的发展。

他们在学习英语语言的同时，会接触大量英语文化或“英语声音”，其思想易受西方价值观及意识形态的影响，甚至被西方文化霸权侵入，盲目相信西方媒体描绘的假象。虽然具备家国情怀，但对中华文化的认同感不强，文化自信不够坚实。因此，有必要增强对西方文化的思辨意识，辩证地看待这种文化。同时，在英语课中接触中华文化，从历时对比的视角，看到在英语语言尚在发展过程中，汉语已有辉煌灿烂的文化成就。

教学手段与方法

（一）启发式教学法

引导学生结合中外语言学家对于语言的界定，思索语言史的意义：语言装载文化，文化发展寓于语言史中。借助汉语语言文化的发展成就，激活学生对于语言史的背景知识，启发其将这种知识迁移至英语史的理解中，基于两种语言发展的同期对比，认识到汉语的语言文化发展领先于英语，我们理应增强文化自觉和文化自信。

（二）认知教学法

通过中西语言传说的图片、世界语言分布统计表格、英语发展时间轴等形式，直观呈现有关英语起源、发展等抽象内容，激活学生的形象思维，构建相关知识的认知图示。在概念阐释时，恰当运用隐喻式表述，如将印欧语系（Indo-European family）描述为语言的族谱关系，并结合其中的 family 一词，帮助学生理解印欧源语（祖先）和印欧语言（后辈）的概念

（三）讨论教学法

采用小组讨论的方式，引导学生在对话协商中，回顾英语语言的典型特点，激发他们对这种语言的元意识及背景知识，引起师生及生生互动，增强学生的课堂参与感。同时，也有助于教师掌握学生的语言学基础，灵活调整教学方式，如避免生疏的语言学术语，而用直白易懂的语言解释英语语言的规则及使用惯例。

教学过程

教学 步骤	教学 目的	教学 内容	表达 方式	教学 设计
1. 引入 主题	通过语言起源传说和语言学家观点，使学生明确英语史的重要意义	英语史的重要性：巴别塔和仓颉造字的传说表明，语言文字起源是中外文化共同关切的主题。	 Babel Tower  仓颉造字	图片呈现 + 引发思考：展示“巴别塔”和“仓颉造字”的图片，以提问的方式，引导学生思考两图共同揭示的主题——语言文字起源。（3 分钟）

续表

<table>
<tr><th>教学步骤</th><th>教学目的</th><th>教学内容</th><th>表达方式</th><th>教学设计</th></tr>
<tr><td rowspan="2">1. 引入主题</td><td rowspan="2">通过语言起源传说和语言学家观点，使学生明确英语史的重要意义</td><td>综合乔姆斯基和许国璋的观点可知，语言蕴含人类社会的整个历史，代表文化发展历程。因此，语言史为理解某一语言承载的文化提供重要切入点。</td><td>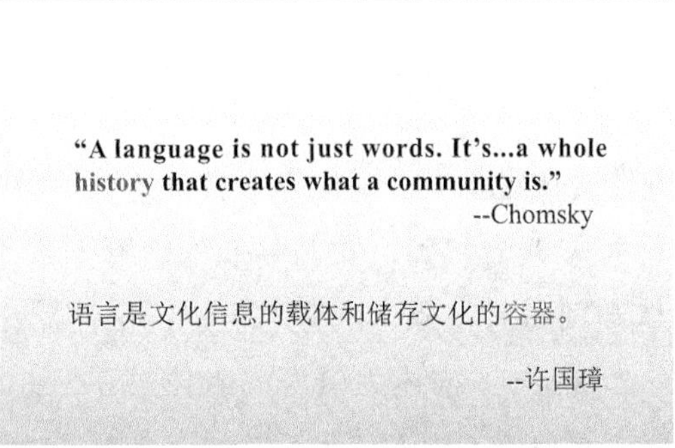
</td><td rowspan="2">引述乔姆斯基及许国璋的观点，说明研究语言起源及发展的重要性，增强学生对于英语史的重视。（2 分钟）</td></tr>
<tr><td>学习英语史有助于认识英语的“过去”，发掘英语的文化内涵及其隐含的文化基因，进而更好认识文明与野蛮共存的不列颠历史。</td><td>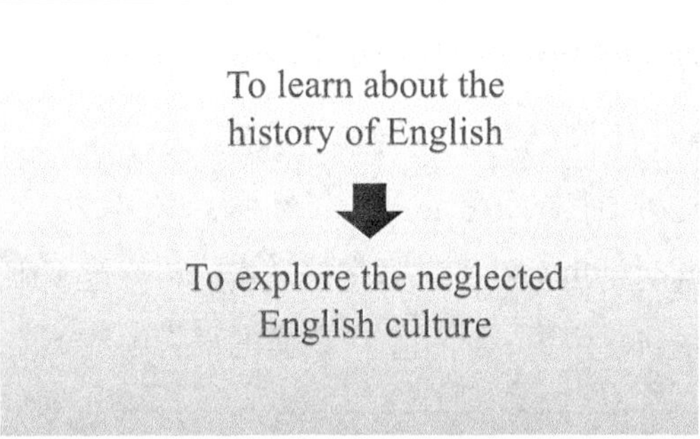
</td></tr>
<tr><td>2. 激活有关英语现状的旧知</td><td>梳理英语现状与基本特点，使学生自然进入英语史学习</td><td>英语的使用现状：英语使用人数排名第二（仅次于汉语），使用英语作为第一语言的国家排名（前三名：美国、英国、加拿大），属于世界主要语言；以英语为母语或官方语言的国家除英美国家外，还包括一些曾为英属殖民地的小国。</td><td>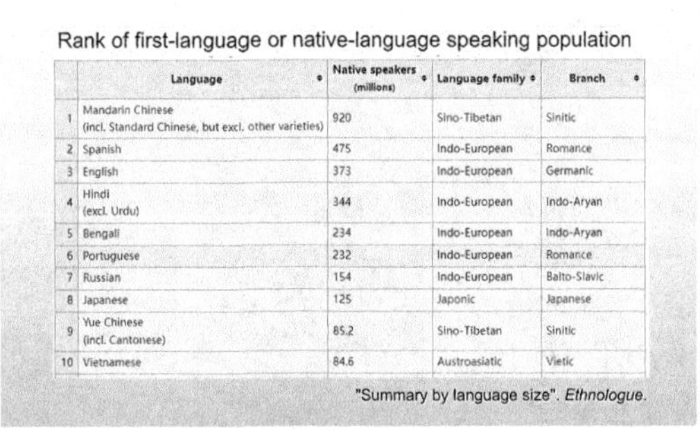
Rank of first-language or native-language speaking population
<table>
<tr><th></th><th>Language</th><th>Native speakers (millions)</th><th>Language family</th><th>Branch</th></tr>
<tr><td>1</td><td>Mandarin Chinese (incl. Standard Chinese, but excl. other varieties)</td><td>920</td><td>Sino-Tibetan</td><td>Sinitic</td></tr>
<tr><td>2</td><td>Spanish</td><td>475</td><td>Indo-European</td><td>Romance</td></tr>
<tr><td>3</td><td>English</td><td>373</td><td>Indo-European</td><td>Germanic</td></tr>
<tr><td>4</td><td>Hindi (excl. Urdu)</td><td>344</td><td>Indo-European</td><td>Indo-Aryan</td></tr>
<tr><td>5</td><td>Bengali</td><td>234</td><td>Indo-European</td><td>Indo-Aryan</td></tr>
<tr><td>6</td><td>Portuguese</td><td>232</td><td>Indo-European</td><td>Romance</td></tr>
<tr><td>7</td><td>Russian</td><td>154</td><td>Indo-European</td><td>Balto-Slavic</td></tr>
<tr><td>8</td><td>Japanese</td><td>125</td><td>Japonic</td><td>Japanese</td></tr>
<tr><td>9</td><td>Yue Chinese (incl. Cantonese)</td><td>85.2</td><td>Sino-Tibetan</td><td>Sinitic</td></tr>
<tr><td>10</td><td>Vietnamese</td><td>84.6</td><td>Austroasiatic</td><td>Vietic</td></tr>
</table>
"Summary by language size". Ethnologue.</td><td>图表展现：先分别展示世界语言使用人数排序表、国家分布图，让学生直观感受英语使用特点，即使用人数多、分布范围广。再展示以英语为母语或官方语言的英语使用者国家分布排序表（5 分钟）</td></tr>
</table>

续表

教学步骤	教学目的	教学内容	表达方式	教学设计
2. **激活有关英语现状的旧知**	梳理英语现状与基本特点，使学生自然进入英语史学习	英语的基本特点：日耳曼语族属性、拉丁字母、简单屈折变化、词汇次序固定、语调多变等。		小组讨论：围绕英语的基本特点，组织学生进行讨论。根据讨论结果，教师做总结和补充。（6 分钟）
3. **追溯英语本源，探寻英语与其他同语系、同语族语言相似的原因**	引导学生对英语发展进行探源和归因	英语词源：English 一词源于古英语的“Ænglisċ”，意为“与安格鲁相关的”，而英语的最早使用者为安格鲁撒克逊人。	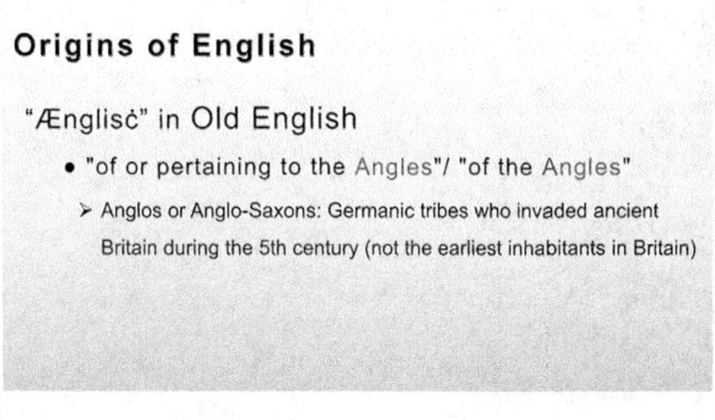	**词源分析**：通过对 English 一词的词源分析，引出英语的一个起源，最早被安格鲁撒克逊人使用的语言。（2 分钟）

续表

教学步骤	教学目的	教学内容	表达方式	教学设计
3. **追溯英语本源，探寻英语与其他同语系、同语族语言相似的原因**	引导学生对英语发展进行探源和归因	印欧语系及日耳曼语族的概念：印欧语系指源于同一源语——原始印欧语，且具有相似特征的语言。其中的原始印欧语，由William Jones于1786年正式提出。他发现印度的最古老语言——梵语与欧洲语言的关系，提出系谱分类，认为梵语、古波斯语，与欧洲的哥特语（即日耳曼语）和凯尔特语具有相似的语法形式，源于同一原始语言（祖语）。同系语言的相似性只是相对而言的，这些语言之间也存在差异性，各语言经过自身变化，形成特性与差异。	**Origins of English** *The Sanskrit language...is of a wonderful structure; more perfect than the Greek, more copious than the Latin...yet bearing to both of them a stronger affinity, both in the roots of verbs and in the forms of grammar...so strong indeed, that no philologer (语言学家) could examine them all three without believing them to have sprung from some common source, which, perhaps, no longer exists.*	**观点引述：**引述William Jones的研究发现及观点，使学生明确探寻英语属性、起源及发展的切入点是其所属语系及语族。（3分钟） 阐述印欧语系、源印欧语及日耳曼语族的概念。（3分钟）

续表

<table>
<tr><th>教学步骤</th><th>教学目的</th><th>教学内容</th><th>表达方式</th><th>教学设计</th></tr>
<tr>
<td>3. 追溯英语本源，探寻英语与其他同语系、同语族语言相似的原因</td>
<td>引导学生对英语发展进行探源和归因</td>
<td>日耳曼语族指印欧语系中的一个分支（a branch）；隶属于该语族的语言位于中欧或北欧，其中，西日耳曼语支包括英语、德语、荷兰语。英语与其他同系语言（欧洲语言）的共性特征：同一源语——原始印欧语（Proto-Indo-European）。
1. 同源词（cognate words），表现为读音、形式相近。
2. 屈折变化。印欧语系语言的语法系统建立在词形变化上，主要表现在词尾上。</td>
<td>
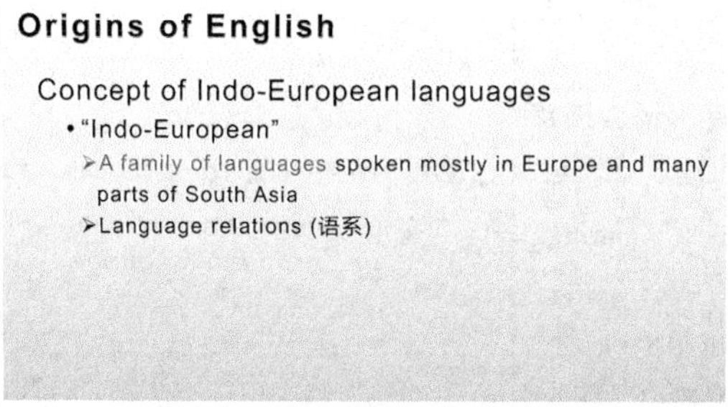

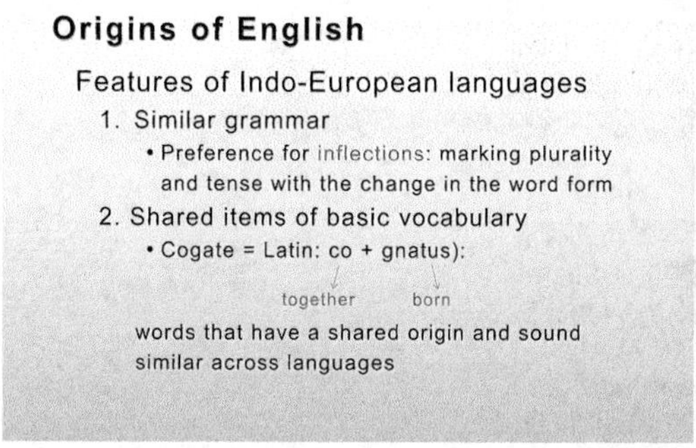

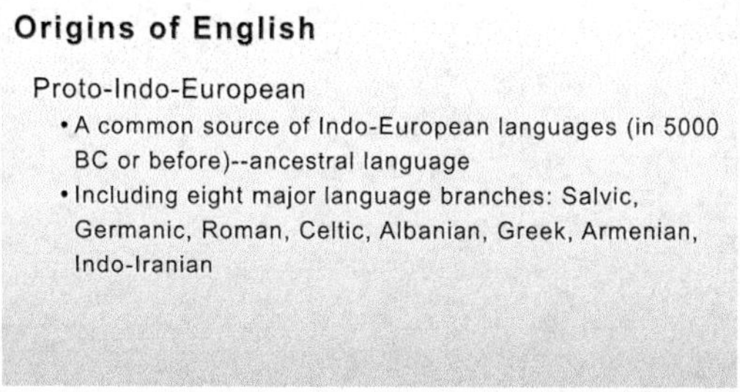

</td>
<td>表格展现：展现雅思和托福高分考生分布排序，并指出托福平均分排名前十考生的母语都为印欧语语言，由此说明英语与其他同系语言的密切关系。（2 分钟）</td>
</tr>
</table>

续表

教学步骤	教学目的	教学内容	表达方式	教学设计
3. 追溯英语本源，探寻英语与其他同语系、同语族语言相似的原因	引导学生对英语发展进行探源和归因	揭示英语与其他同系、同语族语言相似的原因。 1. 语言迁移 两种语言迁移说：安纳托利亚 / 草原理论（Anatolian Theory），认为印欧语发源于安纳托利亚（主要位于今土耳其），在新石器时期（约公元前 70 世纪）安纳托利亚人以推广农业为目的，向欧洲迁移，同时将原始印欧语从中亚带到欧洲，促使印欧语系的形成；草原 / 库尔干理论（Steppe/Kurgan theory）（由 Marija Gimbutas 在 20 世纪 50 年代提出），认为印欧语源于库尔干（今乌克兰），该地区的游牧骑手——颜那亚人（约公元前 50 世纪），将原始印欧语带到欧洲。其中，第二种理论被近年刊发在 Nature 上的研究证实，因而更受学界青睐。	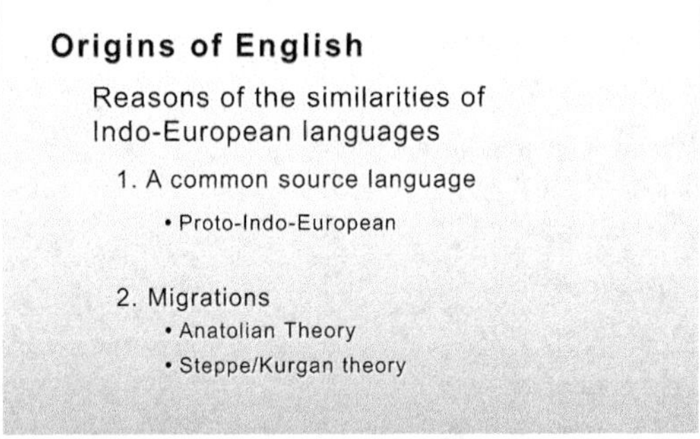 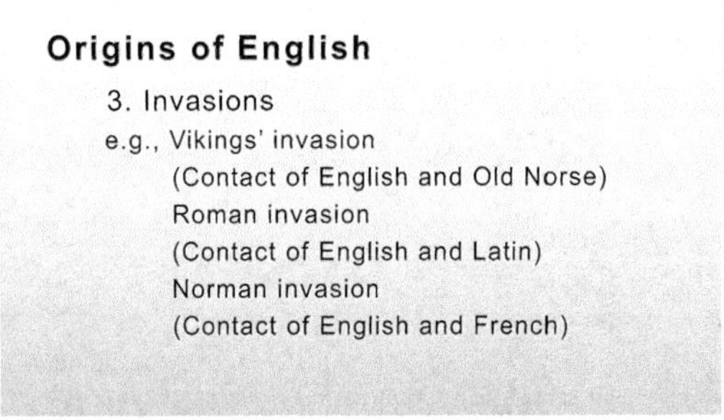	**特征分析：**分析英语与同语系语言的的共性特征。（5 分钟） **引发思考：**提出问题——英语如何受其他语言（尤其是同语族语或同语系语）的影响？由此让学生思考引起语言迁移的原因。（2 分钟）

续表

<table>
<tr><th>教学步骤</th><th>教学目的</th><th>教学内容</th><th>表达方式</th><th>教学设计</th></tr>
<tr>
<td>3. **追溯英语本源，探寻英语与其他同语系、同语族语言相似的原因**</td>
<td>引导学生对英语发展进行探源和归因</td>
<td>2. 外族入侵罗马侵略将拉丁语首次带到不列颠；诺曼征服后法语（拉丁语支）作为上层语言对英语的影响；由维京海盗入侵引起的古诺斯语对英语的影响。</td>
<td>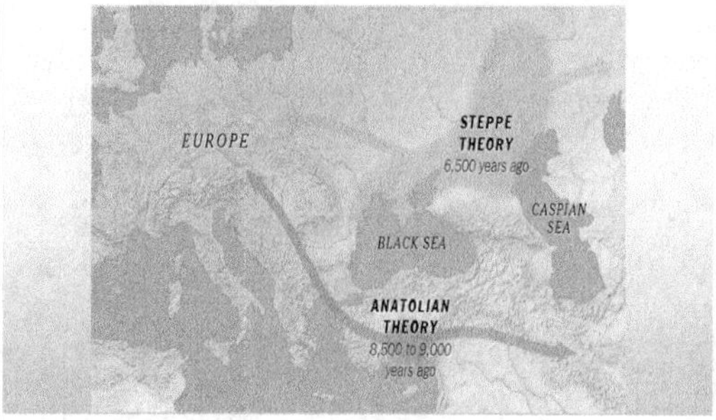

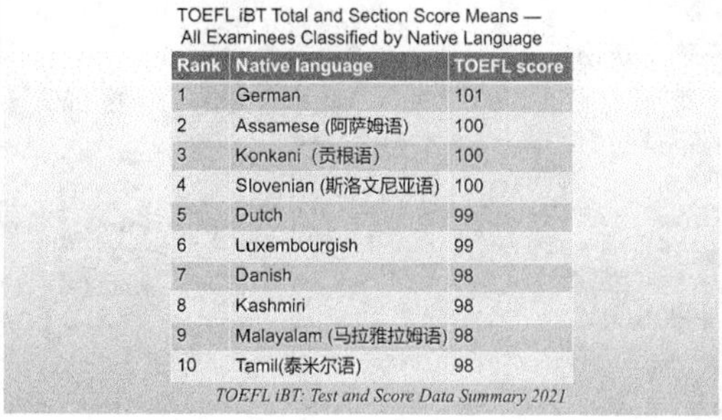
TOEFL iBT Total and Section Score Means — All Examinees Classified by Native Language
<table>
<tr><th>Rank</th><th>Native language</th><th>TOEFL score</th></tr>
<tr><td>1</td><td>German</td><td>101</td></tr>
<tr><td>2</td><td>Assamese (阿萨姆语)</td><td>100</td></tr>
<tr><td>3</td><td>Konkani (贡根语)</td><td>100</td></tr>
<tr><td>4</td><td>Slovenian (斯洛文尼亚语)</td><td>100</td></tr>
<tr><td>5</td><td>Dutch</td><td>99</td></tr>
<tr><td>6</td><td>Luxembourgish</td><td>99</td></tr>
<tr><td>7</td><td>Danish</td><td>98</td></tr>
<tr><td>8</td><td>Kashmiri</td><td>98</td></tr>
<tr><td>9</td><td>Malayalam (马拉雅拉姆语)</td><td>98</td></tr>
<tr><td>10</td><td>Tamil(泰米尔语)</td><td>98</td></tr>
</table>
TOEFL iBT: Test and Score Data Summary 2021</td>
<td>**图片展示＋理论解释＋历史归因：**以图片形式，结合安纳托利亚理论（Anatolian Theory）和库尔干（Steppe/kurgan theory）理论，解释语言接触如何形成印欧语系，进而衍生英语（6分钟）。

通过回顾诺曼征服、维京海盗入侵等历史事件，探寻英语如何受法语、古诺斯语等外族语的影响（2分钟）。</td>
</tr>
</table>

续表

<table>
<tr><th>教学步骤</th><th>教学目的</th><th>教学内容</th><th>表达方式</th><th>教学设计</th></tr>
<tr>
<td>4. 梳理英语发展历程</td>
<td>展示英语发展的重要节点，呈现同期的中华文化成就</td>
<td>英语发展的四个阶段、对应的汉语发展朝代，及汉语文化发展的代表性成果：
古英语阶段（南北朝至北宋）：古英语产生时，汉语（始于公元前1 300年）已有超过1 700年的发展历程，当时《木兰诗》已口口相传。
中古英语阶段（北宋至明朝）：中古英语产生时，英语文学作品为数不多、体裁单一（以诗歌为主），而许多汉语名篇佳作（包括宋词、散文、笔记体著作）如《水调歌头·明月几时有》《醉翁亭记》《岳阳楼记》《梦溪笔谈》被创作。
早期现代英语阶段（明朝至清朝）：英语仍在形成过程中，但同期中国半文半白小说《三国演义》《水浒传》已问世。
现代英语阶段（清朝至今）：自此英语逐渐演变为现今的世界通用语。期间伴有残暴的殖民扩张。</td>
<td>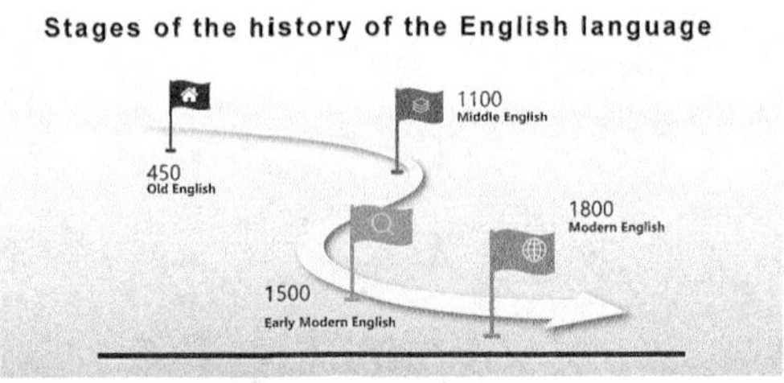

Modern English stage

Early Modern English stage

Middle English stage

Old English stage</td>
<td>呈现时间轴+史实梳理：在ppt上以时间轴形式，展现英语发展的四个阶段及所对应的汉语发展朝代。（2分钟）
通过板书，画出英语发展时间轴，在对应位置标明汉语朝代。（2分钟）
以提问方式，引导学生思考在英语形成、发展过程中，汉语发展都取得了什么成就，从而帮助学生建构英语史整体图景的同时，增强文化自信（5分钟）。</td>
</tr>
</table>

续表

教学步骤	教学目的	教学内容	表达方式	教学设计
5. **引发对英语语言发展原因的深入理解**	通过古英语阶段及其后阶段英语文本的对比分析，揭示英语发展的语言接触因素	不同时期英语文本的对比表明，形成初期的古英语，完全不像我们如今接触的英语，且与中古英语相比差别明显。这种差别意味着重大历史事件所推动的英语发展。这些事件（包括维京入侵、诺曼征服）多与外族对不列颠的侵占有关，使英语大量接触外族语（古诺斯语、法语、拉丁语），造成英语的“颠覆性”演变。	Old English: 11 He cwæð. soðlice sum man hæfde twegen suna. 12 þa cwæð se gingra to hys fæder. fæder syle me mynne dæl mynre æhte. þe me to gebyreð. þa dælde he hym hys æhta. 13 þa æfter feawa dagum ealle hys þyng gegaderode se gingra sunu 7 ferde wræclice on feorlen ryce. 7 þær forspylde hys æhta lybbende on hys gælsan. Middle English: 11 And he seide, A man hadde twei sones; 12 and the ȝonger of hem seide to the fadir, Fadir, ȝyue me the porcioun of catel, that fallith to me. And he departide to hem the catel. 13 And not aftir many daies, whanne alle thingis weren gederid togider, the ȝonger sone wente forth in pilgrymage in to a fer cuntre; and there he wastide hise goodis in lyuynge lecherously. Modern English: 11 And he said, A certaine man had tvvo sonnes: 12 and the yonger of them said to his father, Father, giue me the portion of substance that belongeth to me. And he deuided vnto them the substance. 13 And not many daies after the yonger sonne gathering al his things together vvent from home into a farre countrie: and there he vvasted his substance, liuing riotously.	文本展示+引发思考：展示古英语与其他历史阶段的文本，问学生古英语与其他时期的英语有何差异，引导学生感受由古英语到中古英语的明显变化。（2分钟） 进一步提问：古英语是最初的本土英语，而经过外族侵占，发生巨变，为什么？由此引导学生认识，伴随外族侵占的是英语与外族语的接触，这是引起古英语巨变的原因。最后得出结论：语言接触是英语发展的重要因素。（3分钟）

续表

<table>
<tr><th>教学步骤</th><th>教学目的</th><th>教学内容</th><th>表达方式</th><th>教学设计</th></tr>
<tr>
<td>6. 围绕英汉文字发展脉络进行拓展思考</td>
<td>引导学生对比英汉文字发展脉络，理解英汉文字发展的差异</td>
<td>英、汉语言发展的一个重要差异：英语文字由古英语到中古英语的发展具有颠覆性，很多古英语词汇已非原貌，汉语文字从甲骨文时期便形成基本字形，并一脉相承地发展为现今汉字。</td>
<td>

<table>
<tr><th>Old English</th><th>Middle English</th><th>Modern English</th></tr>
<tr><td>fægernes</td><td>beaute</td><td>beauty</td></tr>
<tr><td>cnāwan</td><td>knowen</td><td>know</td></tr>
<tr><td>ih</td><td>I/ich</td><td>I</td></tr>
<tr><td>ġefēa</td><td>joye</td><td>joy</td></tr>
</table></td>
<td>图片展示＋小组讨论＋引发思考：向学生展示英语单词“joy”“beauty”“know”“I”，指出这些词与古英语中的对应词大相径庭；后展示汉字“乐”“美”“知”“我”的演变，直观感受这些汉字由最初的象形文字延续发展成如今的汉字。
而后让学生与同伴讨论上述英、汉文字发展的差异，并合写出一段 50 词的英语说明，由此加深对这种差异的印象。
最后，教师做补充和总结，指出汉语文字固有体系先于英语形成。（15 分钟）</td>
</tr>
</table>

续表

教学步骤	教学目的	教学内容	表达方式	教学设计
7. **总结：课程内容回顾与升华**	引导学生复习本课内容，同时学生增强文化自觉和文化自信	关于英语起源（安格鲁撒克逊和源印欧语）及发展阶段的内容，由这些内容可联系到汉语文化的发展成就。	**Summary** Origin of the English language Anglo-Saxons' native language Ancestor of Proto-Indo-European Features of present-day English Stages of the history of the English language Old English → Middle English → Early Modern English→ Modern English **Task:** Work in pairs to draw a corresponding timeline by referring to the four stages of the history of the English language for the development of the Chinese culture.	问题引导 + 合作任务：先引导学生回顾课程内容，巩固本课所学，后设置合作任务，让学生在英语发展的时间轴上标注汉语文化发展成就，强化学生对中华文化的自豪感。（20 分钟）

教学效果分析

基于本节课的目标设定及内容安排，可以从以下几个方面分析达到的教学效果：

（1）学生能否增强语言史观，自觉从历时视角认识英语语言的特征，并在描述该语言时联系到它的起源，包括最早使用者（安格鲁撒克逊人）和祖语（源印欧语）。

（2）学生能否基于印欧语系及日耳曼语族的概念，理解英语与其他同语系语言的共性特征，及造成这些特征的原因（共同源语、语言迁移和语言接触），明确其中的语言接触伴有不列颠受到的外族入侵及不列颠帝国的殖民扩张。

（3）学生能否借助汉语发展时期，整体把握英语语言的发展脉络，即古英语、中古英语、早期现代英语和现代英语阶段，并从汉、英历时对比视角，描述英语在各发展阶段的关键特征，以及同期的汉语文化成就。

（4）长远来看，学生能否认识到，英语文字经历颠覆性发展，古英语体系在中古英语阶段便不复存在，而汉语文字则在延续性发展，不断催生出卓然于世界的中华文化，因而理应增强文化自觉和文化自信。

“人工智能与语言加工”课程思政教学案例

第九章　语言与智能发展

任虎林

课程名称　人工智能与语言加工

课程性质　限选

授课专业　自动化、人工智能、计算机

授课对象　本科生

课程简介

本课程是人工智能技术、脑科学、神经认知科学和语言学的交叉性学科课程。主要帮助学生了解人工智能发展过程及基础知识，扩大视野，熟悉人工智能与人脑语言加工的相关知识，培养人工智能交叉学科应用能力。作为先导课程，对于计算机等工科专业和语言学等文科专业学生同样适用。

本案例的教学内容为语言与智能发展，处于课程教学的最后阶段。本章主要阐述三个话题——动态系统理论与认知发展，社会认知与智能发展，以及语障与智能。在前一章介绍语言加工的脑电技术之后，本章进一步阐述人类脑机制和认知功能，并关注认知研究由心理学向神经科学以及人工智能的转向，以

语言障碍的智能康复医疗为例，揭示认知－语言－智能的相互融合、实际应用，以及所面临的新挑战。对于认知机制和功能的阐述为人工智能研究架设了桥梁，奠定了更加全面的理论基础，也将语言研究提升到一个新高度，即语言的智能化研究，具有方法论意义，是课程教学的重点内容之一。

本课程关注跨学科知识和技术前沿发展，既有学科的交叉融合，也有国内外技术发展的碰撞。因此，课程要求学生培养多元化的能力，全面了解新时代的职业要求，并树立正确世界观、人生观和价值观。课程教学中不仅立足于知识传授，也注重学生探究能力、思辨能力以及跨学科能力的培养，结合当下时代要求，将知识、能力与价值塑造紧密联合，用思政元素为培育时代新人提供方向指导，提高学生社会责任感和建设国家的使命感。

思政元素分析

2022 年教育部等十部门联合印发的《全面推进“大思政课”建设的工作方案》指出，党的十八大以来，特别是习近平总书记亲自主持召开学校思想政治理论课教师座谈会以来，思政课的地位日益凸显，习近平新时代中国特色社会主义思想铸魂育人成效明显，思政课建设、日常思想政治工作、课程思政全面推进。党的二十大对高等教育也提出了明确的目标和要求。如果知识学习是领悟“有字书”，那么思政教学就是“无字书”。新型教学中要着重关注“无字书”的编纂使用，改革创新教学方法和教学内容，教育引导学生坚定“四个自信”，成为堪当民族复兴重任的时代新人。

我国当代青年学生面临信息技术大潮与多元价值观的影响甚至冲击，且青年本身处于价值观形成的当口，思维极其活跃，期待人生价值的实现。如何在这个时期对青年学生进行正确引导，促使学生进行正确价值观的建立，在纷繁的信息中去伪存真，在技术发展中保持独立清醒，在国内外思潮涌动时坚定信心饱含爱国情怀都是整个社会不可推卸的责任。在这一时期，教师与学生的接触时间比重大，传输信息集中，推动学生接触相关学科领域前沿，为学生搭建理论与实践的桥梁，必然要肩负“立德树人”的重任。习近平总书记强调，

“大思政课”我们要善用之。新形势下，教师需要脱离传统说教式授课方式，从教师理念、教学内容、教学方法、教学实践、教学研究上做全面改进，全面推进“大思政课”的建设。

“人工智能与语言加工”融合了技术的更迭，学科的跨越，以及价值观的交互。在教学过程中，涉及知识点广泛，重点难点偏多，要求学生兼备文理思维，并能客观评价理论实践结合的正误及成效。因此，本课程中教师尤其需要注重思政元素的添加，不仅帮助学生成为专业的人，更引导学生做一个探究创新的人，明辨是非的人，和具有爱国情怀的人。学生在学习过程中能够将理论实践相结合，主观客观相结合，个人与家国相结合，真正做新时期社会主义的建设者。

综上所述，该课程蕴含的思政元素主要有以下几个方面：

1. 通过理论知识的学习，锻炼学生主动学习精神、科学探索精神、实践创新精神。

2. 通过认知－语言－智能的融合发展，培养学生跨学科思维、显化理论与实际应用的结合点，提升学生的专业认同感与时代参与感。

3. 通过认知的智能发展和应用案例分析，厚植学生的家国情怀，加强学生的历史使命感，立足当下，投身语言的前沿性研究和应用，为实现中华民族伟大复兴的中国梦而不懈奋斗，在实现伟大梦想中成就个人理想。

教案设计

教学目标

（一）知识目标

1. 回顾动态系统理论与认知发展过程及其核心技术认知计算。

2. 掌握社会认知模型、信息加工理论以及多种选择性关注模型知识。

3. 了解认知神经计算的发展现状以及言语障碍的智能诊疗。

（二）能力目标

1. 通过基础知识的教授，增强学生关于脑科学的智能发展的知识储备及实践能力。

2. 针对不同时期各理论及模型的发展对比，锻炼学生的逻辑思考能力，归纳演化能力。

3. 通过查询收集相关学科领域发展现状及技术发展前沿信息，培养学生国际视野，增强学生的自主学习能力及创新能力。

（三）价值目标

1. 通过理论知识的学习，塑造学生的科学探索精神。

2. 通过认知－语言－智能的融合发展，提升学生的专业认同感及时代参与感。

3. 通过认知的智能发展和应用案例分析，厚植学生的家国情怀，加强学生的历史使命感，立足当下，投身语言的前沿性研究和应用，为实现中华民族伟大复兴的中国梦而不懈奋斗，在实现伟大梦想中成就个人理想。

教学内容分析

（一）教学内容

本章讨论认知－语言－智能发展的话题，对于人类认知的发展进行了一系列阐释和回溯，并进一步描述认知模型及其智能转向。最后，本章以言语障碍为例，展示以大脑量化研究为基础的语障智能诊疗发展现状及未来方向。本思政教学案例根植于课程内容，从中凝练思政元素，将教学内容与思政元素紧密结合，采用不同教学方法，层层递进，从基本原理的纵向发展，到不同理论模型的横向比较，最后将理论与实践相互结合解决实际问题，以每一话题为基础嵌入思政元素，循序渐进提高学生专业知识水平、实践能力、专业认知以及责任感与使命担当。培养学生成为“全面发展的人”，不仅通过教学过程掌握人类智慧结晶，更能够不断充实内在，发掘自身潜力，培养正确价值观，将个人价值实现与承担民族复兴大任的理想信念形成同步推进（图 1）。

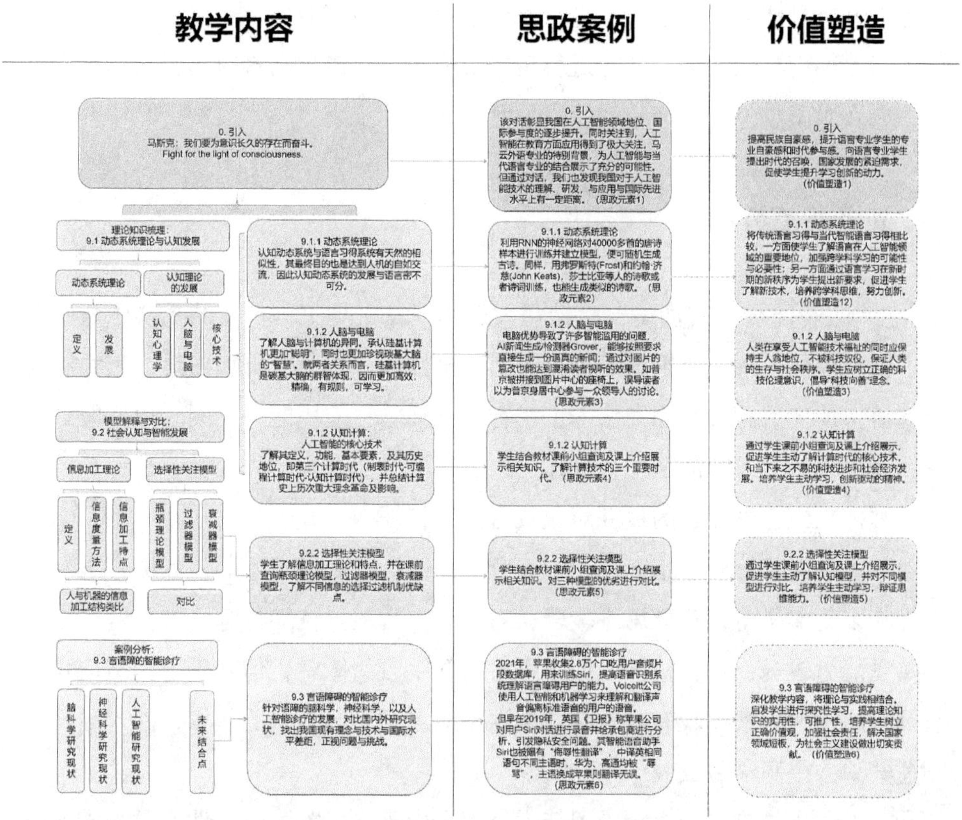

图 1　语言与智能发展课程思政设计

（二）教学重点

本节课的教学重点有以下三个方面：

（1）带领学生对动态系统理论和认知发展进行理论知识纵向梳理。

（2）了解信息加工理论和多种选择性加工模型并进行横向对比。

（3）以言语障碍诊疗为例将理论知识联系实际并展望未来发展方向。

（三）教学难点

本节课的教学难点集中体现为以下三个方面：

（1）如何将跨学科理论知识更好地传递给不同学科的学生，如对于文科学生来说，智能技术形成的原理、特点和计算都是难点。

（2）如何将理论与实际相结合，让学生切实在理论学习中有的放矢，有意识地提升自身能力，并进一步进行探究学习和创新实践。

（3）如何在教学中对学生进行正确价值导向，避免出现对于科技的过分依赖，以及对于国外技术产物和价值思潮的不理性推崇。

教学对象分析

“人工智能与语言加工”是针对大学非计算机类工科专业的本科生与研究生，帮助他们了解人工智能发展过程及基础知识，扩大视野，熟悉人工智能与人脑语言加工的相关知识，培养人工智能交叉学科应用能力。同时也面向语言学、计算机相关专业的学生，可作为人工智能专业课程的先导学习课程。

整体来说，本课程的授课对象具有以下特征：

（1）本课程针对学生面广，知识背景不同，思维方式不同，如语言学专业学生大多为文科生，理科思维较弱，对于人工智能、认知计算、神经网络等名词接受能力较弱；计算机等专业学生对于数字较为敏感，但对于语言结构和特点及其应用的理解比较有限，因此授课中应考虑不同思维的差异，深入浅出地阐述知识，提高学习成效。

（2）学生具有一定主动学习能力，但是由于本科跨学科的性质对于学习内容有一定偏向性。因此教学中应由教师对于重点难点知识进行梳理筛选，并提前布置给同学进行小组活动，将授课流程从单纯的课上讲授转化为“课前－课中－课后”全程式学习。

（3）学生具有一定的思辨能力与家国情怀，但又难以切实了解不同价值观主导的知识应用产生的不同效果。因此，教学中应选取更为新鲜、全面的实例向学生展示出科技发展、人文伦理及价值导向的紧密联系，让学生充分立足当下，了解我国发展情况，提升文化自信、科技自信，同时客观对待全球发展，理性分析多种思潮理念，增强自主创新能力，为富国强民做出贡献。

教学手段与方法

基于本节课的学习目标、重点与难点，结合授课对象的基本特征，本节课使用的教学方法主要包括：翻转课堂教学法，案例分析教学法，互动式教学法和多模态教学法。

（1）翻转课堂教学法

为了使学习更加灵活、主动和全程化，本节课授课选取翻转课堂的模式，即学生利用课前或课外的时间进行自主学习，包括查询知识、观看网课视频等形式，自主学习的部分可以节省课堂教师讲授时间，并转化为学生（小组）准备并展示，教师评价和答疑，同伴交流和讨论的课堂模式。通过这种教学方式，学习过程延展为"课前–课中–课后"的全程式学习，知识也因为学生的主动参与变得更加活跃生动，因为有教师和同伴的评价交流而更加精准多样。

（2）案例分析教学法

教学过程中，将本单元基础知识与适当案例相结合，以教师为主导，发挥学生的主体参与作用，引导学生分析知识特点与发展，并进行对比与探究，加强学生对知识的理解和应用，鼓励学生独立思考，增加师生和生生的双向交流。通过案例分析，知识能够变得更加形象化，学生虽然具有不同背景，但对于深入浅出的案例接受度较高。以此为引，促进学生对知识进行深度挖掘。

（3）互动式教学法

为了更好地实现教学效果，实现学生在课堂中的主体地位，课程教学中着力营造多边互动的教学情景，提出问题、思考讨论、总结答案，并升华延伸。通过这种主题讨论，学习重点更明确，学习流程更清晰，更容易调动师生积极性，激发大家探索欲望。这一过程不仅对于学生来说增加了学习参与感和体验性，更有助于教师理念的转变，实现教学相长，建立和谐师生关系，提高思政教学质量。

（4）多模态教学法

本课程涉及知识多样化，有脑科学中的脑类图谱，智能领域的算法公式，也有语言专业作品和理论，因此教学中涉及多种模态的知识呈现。课堂上应采用多渠道的呈现方式，收集视觉、听觉、触觉、甚至嗅觉和味觉的教学材料，实现课堂的多模态教学。教师将传统的 PPT、讨论、操作等方法与现代多媒体技术或虚拟现实技术兼容并用，灵活选用图片、视频、沉浸式体验等方法给予学生真实直观的感受。

教学过程

教学步骤	教学目的	教学内容	表达方式	教学设计	时间安排
1. 引入主题	选取案例作为课程导入，用鲜活、真实、有热度、有灵魂的案例作为热身活动，由浅入深增强学生对于知识的具身体验感，提高学习兴趣，促进新知识与既存框架的深度融合，将知识由第三视角转化为第一视角。	教学中首先选取 2019 世界人工智能大会上，联合国数字合作高级别小组联合主席马云和特斯拉公司联合创始人兼首席执行官埃隆马斯克的对话（思政元素 1）作为课程导入，该对话围绕人工智能、宇宙、教育、人类命运等问题进行讨论。对话中，马斯克立足于科技发展，马云同时关注生活，这正反映了人工智能在当代社会发展中的枢纽位置，既向上托举人类共同命运，也向下润泽民众生存。人工智能的计算能力和学习能力超强，将取代		教师讲解，进行课程导入	<5>分钟

续表

教学步骤	教学目的	教学内容	表达方式	教学设计	时间安排
1. 引入主题		许多机器互动的工作，但神经连接的问题还有待解决，通过神经状态的存储和提取，人生仿佛是可存档的仿真游戏，生物的衰老也将不再是问题。最后马斯克提到“我们要为意识长久的存在而奋斗（Fight for the light of consciousness.）。”从此过程我们不难看出，人工智能在人类的认知问题上仍在开拓阶段，无论是 Neuralink 公司用猴子脑电波玩乒乓游戏，还是霍金使用辅助情境感知工具包（ACAT）实现语言表达交流，都证明了智能时代对于人类认知、神经、脑网络及其应			

续表

教学步骤	教学目的	教学内容	表达方式	教学设计	时间安排
1. 引入主题		用的探索正如火如荼。对于语言专业的学生来说，智能时代的到来也对我们提出了新的号召，如何运用智能手段更好地了解语言的构成，表征与其认知过程和脑部活动，如何运用传统语言知识与先进技术相结合解决语障等实际问题成为了语言学人的新任务（价值塑造1）。			
2. 提出学习目标	提出本节课的学习目标，让学生有目的地展开学习和思考。	提出本节课的具体学习目标： 知识目标 能力目标 价值目标	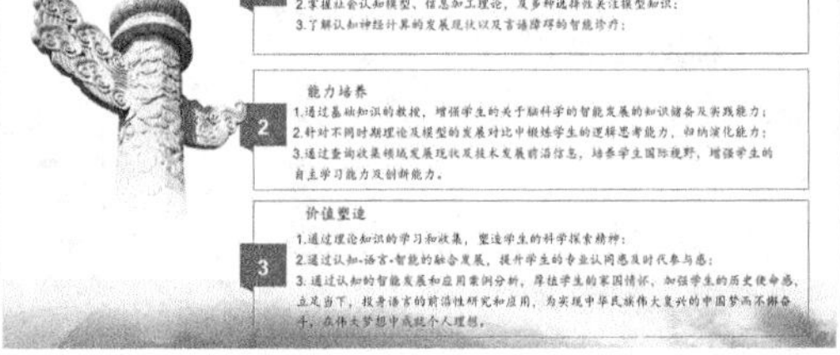	教师讲解	<5>分钟

续表

教学步骤	教学目的	教学内容	表达方式	教学设计	时间安排
3. **了解课程结构与主要内容**	促进学生对学习内容有宏观认识，对于学习流程有清晰概念，并且了解课程重点难点。	课程要求学生对认知发展及相关基础知识有一个比较完善坚实的掌握；同时思考人类认知模型构建与人类思维认知的智能转化，进而关注认知、脑科学与语言的关系；最后，将知识与实践相结合，了解言语障碍的研究现状和智能诊疗的未来发展。通过学习，学生不仅学习并内化一系列理论及发展，夯实知识储备，加强专业素养；更加洞悉本专业在新时代的站位与面临挑战，了解语言专业在智能时代的重要性，提高专业自豪感，并塑造专业严谨度和职业操守；最后纵览我国相关技术的发展与	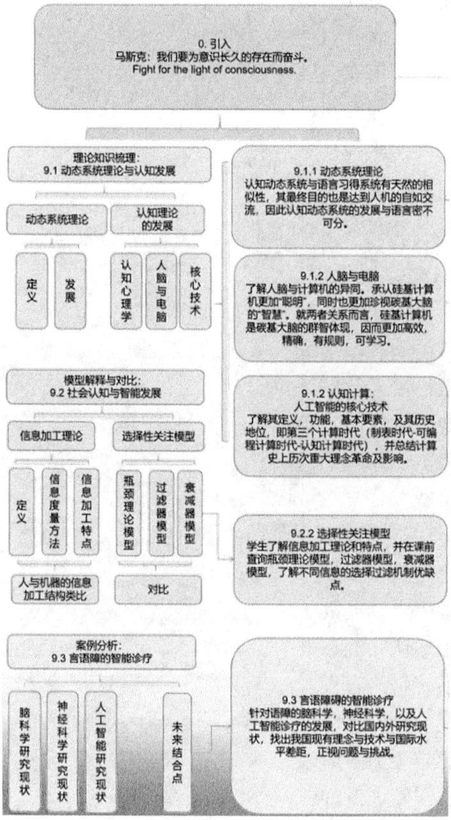	教师讲解	<10>分钟

续表

<table>
<tr><th>教学步骤</th><th>教学目的</th><th>教学内容</th><th>表达方式</th><th>教学设计</th><th>时间安排</th></tr>
<tr><td>3. 了解课程结构与主要内容</td><td></td><td>国际发展的同步与差距，不同价值观主导的不同行为和产生的结果，构建语言学人在国家建设中的主人翁意识，正确运用知识与能力为民族复兴大业和社会主义建设贡献应有的力量。</td><td></td><td></td><td></td></tr>
<tr><td>4. 主体教学</td><td>动态系统理论与认知发展（1）</td><td>9.1 动态系统理论与认知发展
（1）动态系统理论定义及发展阶段
（2）认知理论发展
在动态系统理论与认知发展讲解中，尤其阐述认知动态系统与语言发展的相似性，让学生消除对认知发展及神经网络等名词的陌生感甚至恐惧感。同时选取神经网络与语言应用相结合案例（思政元素 2），如</td><td>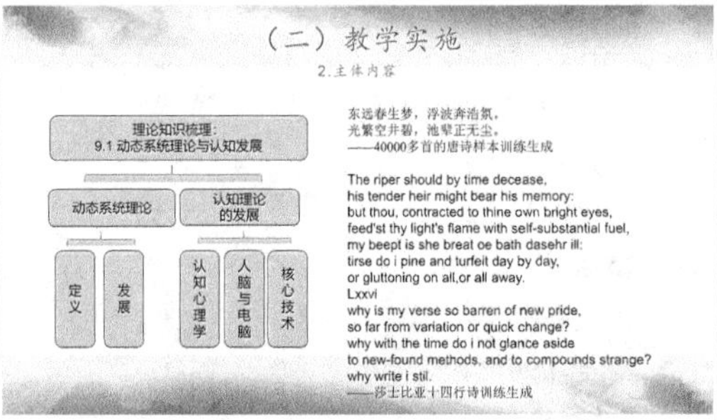
</td><td>教师结合案例进行讲解</td><td><14>分钟</td></tr>
</table>

续表

教学步骤	教学目的	教学内容	表达方式	教学设计	时间安排
4. 主体教学		神经网络训练模型的英汉诗歌自动生成：利用 RNN 的神经网络对 40 000 多首的唐诗样本进行训练并建立模型，关注汉字的词频韵脚等因素，便可随机生成意蕴十足的中文古诗；如果使用弗罗斯特（Frost）、约翰·济慈（John Keats）或是莎士比亚等人的英文诗歌作为数据库进行多层多周期的训练，同样可以生成具有作者特色的新诗篇。 通过实例，进一步将传统语言习得与当代智能语言习得相比较，一方面使学生了解语言在人工智能领域的基础地位，即语言数据是诸多训			

续表

教学步骤	教学目的	教学内容	表达方式	教学设计	时间安排
4. 主体教学		练模型的必需样本，样本量越大越能够产出更加类人化的作品，样本质量越高越能够减少训练所用时间，并产出高质量作品，加强学生跨学科思维，以及跨学科知识学习的可能性与必要性；另一方面传统语言学习和当代机器学习在新时期的新秩序也为教师和学生提出新要求，促进学生积极主动了解新技术，努力创新（价值塑造 2）。			
	动态系统理论与认知发展（2）	接下来进一步梳理认知理论发展及核心技术。了解认知心理学的研究对象，主要研究领域。尤其是在 20 世纪 50 年代后认知心理学的崛起及得到广泛关	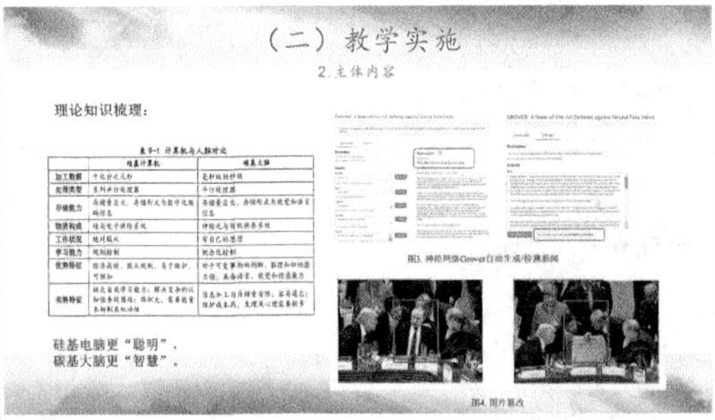 	教师结合案例进行讲解	<14>分钟

续表

教学步骤	教学目的	教学内容	表达方式	教学设计	时间安排
4. 主体教学		注的计算机与人脑的对比研究。通过理论学习与案例讲解，学生要了解人脑与计算机的异同。承认硅基计算机更加“聪明”，比如计算机有超高的计算能力，巨大的存储能力，服从规则，执行力强，相对易于维护等优势。同时也更加珍视碳基大脑的“智慧”，如无限的能动性、创造力和共情能力。就两者关系而言，硅基计算机是碳基大脑的群智体现，因而更加高效、精确、有规则、可学习。 同时，我们也看到新技术犹如双刃剑，社会中出现了许多智能滥用的情况。知名 AI			

续表

教学步骤	教学目的	教学内容	表达方式	教学设计	时间安排
4. 主体教学		新闻生成/检测神经网络Grover，能够按照要求直接生成一份逼真的新闻，由于综合大量信息与风格，生成的新闻能够贴近事实且传播迅速；该网络也能够检测一篇新闻是否为机器所写，当新闻的撰写越来越自动化、批量化，其机器痕迹也更加明显，Grover网站“用魔法打败魔法”的方式能够为新闻的智能检测，尤其是虚假新闻的检测提供有效助力。智能滥用不仅体现在文字生成中，同样也存在于多模态的呈现中，如图片、音频、视频等。通过对既有图片进行恶意的篡改，			

续表

教学步骤	教学目的	教学内容	表达方式	教学设计	时间安排
4. 主体教学		能够混淆读者视听，达到特定的政治、经济等效果。如图中如将普京拼接到图片中心的座椅上，则会产生椅子上的普京为话题中心的错觉，误导读者以为讨论中各国领导人以普京为首领（思政元素 3）。 康德提出“人是目的，而非工具”。通过人脑与电脑的比较，学生能够客观评价科技发展和人的中坚地位。智能科技给予人们极大的便利，甚至取代了许多基础机械的工作，但是人类在享受人工智能技术福祉的同时应保持主人翁地位，不被科技奴役，维护作为人的能动性与创造			

续表

教学步骤	教学目的	教学内容	表达方式	教学设计	时间安排
		性，保证人类的生存与社会秩序。学生通过持续的科技伦理的熏陶、探索与反思应树立正确的科技伦理意识，倡导“科技向善”理念（价值塑造 3）。			
4. 主体教学	动态系统理论与认知发展（3）	对于人工智能的核心技术之一认知计算，学生要了解其定义、功能、基本要素及其历史地位。学生结合教材进行小组活动，课前自学查询其历史地位，即第三个计算时代（制表时代－可编程计算时代－认知计算时代），并总结计算史上历次重大理念革命及影响，通过不断的延申追根溯源，纵向了解知识体系构成（思政元素 4）。知晓计算史上最重大的理念	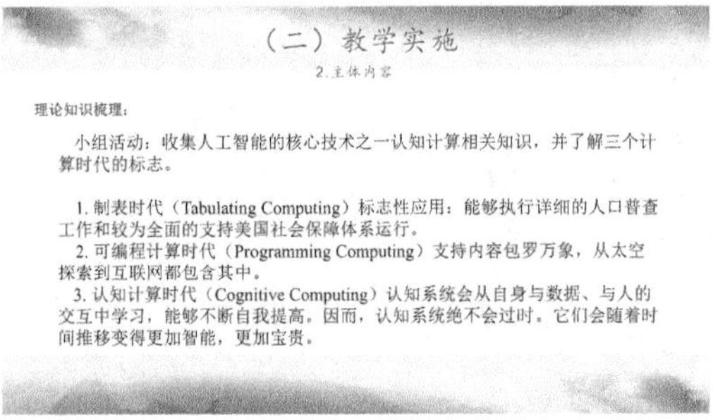	学生小组展示	<10>分钟

续表

<table>
<tr><th>教学步骤</th><th>教学目的</th><th>教学内容</th><th>表达方式</th><th>教学设计</th><th>时间安排</th></tr>
<tr><td></td><td></td><td>革命，有助于了解世界的运转方式，做出科学决策。通过学生课前小组查询及课上介绍展示，促进学生主动了解计算时代的核心技术，和当下来之不易的科技进步和社会经济发展。培养学生主动学习，创新驱动的精神（价值塑造 4）。</td><td></td><td></td><td></td></tr>
<tr><td>4. 主体教学</td><td>社会认知模型与计算机模拟人类认知</td><td>9.2 社会认知与智能发展
本章第二部分中，学生将进一步学习社会认知模型与计算机模拟人类认知。
人类对信息的加工是具有选择性的，在介绍选择性关注模型中，布置学生结合教材进行小组活动，课前自学查询不同关注模型——瓶颈理论模型，过滤</td><td>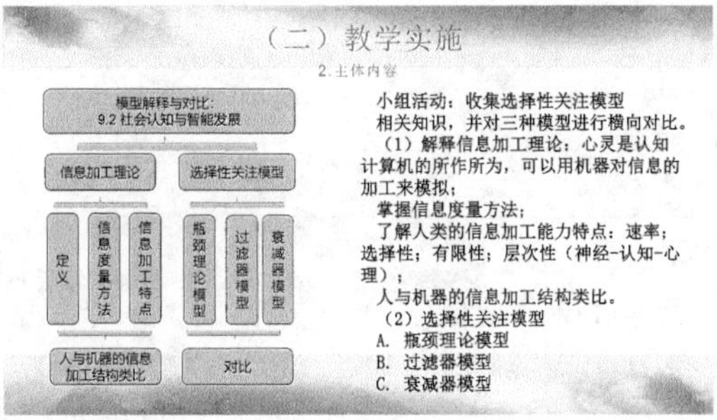</td><td>学生小组展示</td><td><10>分钟</td></tr>
</table>

续表

教学步骤	教学目的	教学内容	表达方式	教学设计	时间安排
4. 主体教学		器模型和衰减器模型，并对三种模型进行横向对比。增加知识的层次感、多元化，通过多重横向对比客观呈现不同时代不同领域及对象的发展情况，进而对当下我国相应发展有真实了解（思政元素 5）。 通过学生课前小组查询及课上介绍展示，促进学生主动了解认知模型，并对不同模型进行对比。培养学生主动学习，辩证思维能力（价值塑造 5）。			
	案例分析	9.3 言语障碍的智能诊疗 本章最后一部分将以言语障碍为例，将语言、认知、智能相联结，并了解语障在神经科学领域和	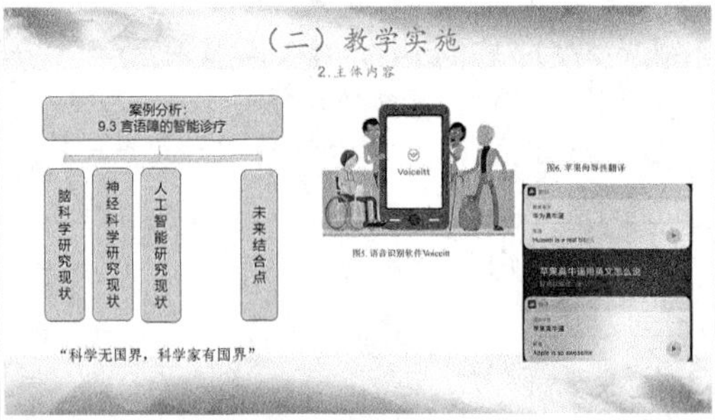	教师结合案例进行讲解	<12>分钟

续表

教学步骤	教学目的	教学内容	表达方式	教学设计	时间安排
4. 主体教学		人工智能领域的发展现状和未来发展。对比国内外研究现状，找出我国现有理念及技术与国际水平差距，正视问题与挑战。在语障的智能诊疗不断发展的当下，我们看到了国内外的许多相关研究。当大多数研究立足于医疗系统的应用的情况下，我们注意到国外的许多机构已经将目光从昂贵精密的医疗设备和诊疗方法延伸到语障人士的日常交际中，如2021年，苹果公司收集2.8万个口吃用户音频片段数据库，用来训练Siri，提高语音识别系统理解语言障碍用户的能力。非标准语			

续表

教学步骤	教学目的	教学内容	表达方式	教学设计	时间安排
4. 主体教学		音（non-standard speech）智能识别软件 Voiceitt 使用人工智能和机器学习来理解和翻译声音偏离标准语音的用户的语音，并能够协助行动不便的患者进行家居环境控制，实现患者的部分自理能力，减轻家庭负担。然而，对于这些软件的依赖也暴露出许多衍生问题，2019 年 7 月 26 日，英国《卫报》称苹果公司对用户 Siri 对话进行录音并给承包商进行分析，引发隐私安全问题。同年，Siri 也被曝有“侮辱性翻译”（图 6），中译英相同语句不同主语时，华为、高通均被			

续表

教学步骤	教学目的	教学内容	表达方式	教学设计	时间安排
4. 主体教学		“辱骂”，主语换成苹果则翻译无误。在案例中，我们能够真实感受到“科学无国界，科学家有国界”，我国语障智能诊疗和应用的研究正在急速发展，我们应当正视我国与国际水平的差距，在不断努力中以正确价值观为导向，建立更加公正无私、造福社会、服务全人类的智能诊疗应用（思政元素 6）。 这一部分中，我们将深化教学内容，将理论与实践相结合。针对国内外语障智能诊疗的发展与不同国家技术不同价值观的体现，启发学生进行探究性学习，有意识地将理论知识转			

续表

教学步骤	教学目的	教学内容	表达方式	教学设计	时间安排
4. 主体教学		化为实践产出，真正发挥本专业特长，提高理论知识的实用性，可推广性，弥补领域短板，培养学生树立正确价值观，增强社会责任感，将国家的建设发展和个人发展相互融合，培养建设社会主义的社会栋梁（价值塑造 6）。			
5. 拓展思考	结合课上讲授，引导学生思考回答相关问题。	（1）动态系统理论的主要内容是什么？（2）社会认知与智能发展关系如何？（3）语障与智能有何关系？	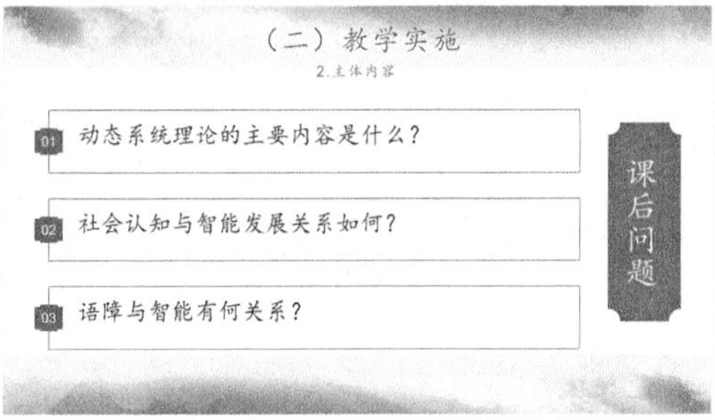	学生参与讨论，老师给出反馈	<5>分钟
6. 总结	回观教学过程，深化教学内容，再次总结知识内容、能力要求，并潜移默	通过本课程的思政教学，课程组与学生的综合素质得到了多方面提升。首先，教师及课程组针对本课程特点，对课程进行思政教学规划，以“学生为主体，	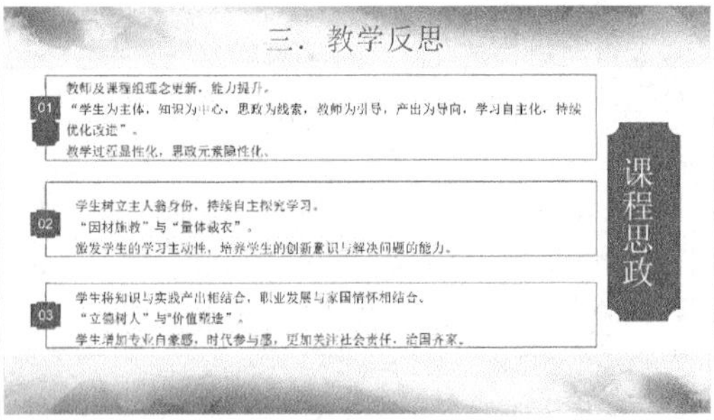	引导学生做出总结	<5>分钟

续表

教学步骤	教学目的	教学内容	表达方式	教学设计	时间安排
6. 总结	化进行正确价值塑造，加强学生的文化自信、家国情怀。	知识为中心，思政为线索，教师为引导，产出为导向，学习自主化，持续优化改进”为教学理念指导教学实践。更新设计各个教学环节，将课程划分为课前、课中和课后，同时将教学流程、教学方法、教学内容、教学评价与教学成果更加透明化展示给学生，使学生获得更为显化的学习参与感受与成果；同时将思政元素蕴含于学习过程中，促进学生的隐性学习，加强其知识的内化与导向作用。其次，通过教学方法的改善，树立学生主人翁身份，运行持续自主的学习方式使学生对专			

续表

教学步骤	教学目的	教学内容	表达方式	教学设计	时间安排
6. 总结		业知识有更为深刻的了解。学生在课前进行资料查询收集、小组讨论，练习实施知识分享，使相关基础知识在学生的参与下更加具有时代感、参与感、趣味感，促进“因材施教”的主体转化，学生能够参考自身特点对知识进行“量体裁衣”重构。激发学生的学习主动性，培养学生的创新意识与解决问题的能力。更加重要的是，通过思政元素与教学内容的融合，学生不仅接受书本知识，更能够将知识与实践产出相结合，与职业操守相结合，与社会责任和价值体系相结合，真正			

续表

教学步骤	教学目的	教学内容	表达方式	教学设计	时间安排
6. 总结		做到“立德树人”。通过思政元素的添加，显性知识与隐性的思政知识共同塑造学生的价值体系，使学生能够增加专业自豪感，时代参与感，更加关注社会责任。			

教学效果分析

基于本次课程的目标设定及内容安排，可以从以下几个方面分析达到的教学效果：

（1）学生是否基本掌握了本单元基本理论知识，包括动态系统理论和认知发展过程、信息加工理论及选择性关注模型、语障的智能诊疗现状及其未来发展。

（2）学生是否能够进行逻辑思考，具有思辨能力，如纵向梳理认知发展路径，横向思考不同认知模型优劣，克难攻坚掌握认知计算的方法。

（3）学生是否增添了职业认同与家国情怀，如提升文化自信、科技自信，并能够明辨是非，为民族复兴大业立志探索创新，积极投身社会主义事业建设中。

“口译理论与实践”
课程思政教学案例

网络安全主题口译

李天竹

课程名称 口译理论与实践

课程性质 专业必修课程

授课专业 英语专业

授课对象 四年级本科生

课程简介

本课程主要带领学生基于以科技为主的多种题材的英语及汉语音视频材料，包括本校“大国钢铁”等科技类线上课程、科技主题国际会议真实语料、科技行业演讲视频等，开展课堂口译、现场口译、模拟会议等多种口译实践活动，通过对于翻译内容的练习与讲解，帮助学生了解口译任务的语言特点、内容特点，教授学生如何做好译前准备、如何运用适当的口译理论与策略，切实提高学生的口译实践技能。本课程教学内容包括科技类时事新闻、前沿成果等时效性较强的教学内容，处于接触西方科技最新动态、全球科技界热点话题的前沿阵地。因此，本课程需要在习近平新时代中国特色社会主义思想指导下带领学生开展学习，引导学生科学认识国际形势，正确解读科技热点，逐步增强人类命运共同体意识，牢固树立新时代口译伦理观念，使学生在具备口译知识、掌握口译技能的同时，树立新时代口译伦理观念，成长为有报国理想、有实践本领、有家国情怀的新时代口译人才，从而能够在今后口译实践中立足“两个大局”、牢记“国之大者”，维护国家民族利益，助力科技强国使命。

思政元素分析

习近平总书记在 2021 年 5 月 31 日主持中央政治局集体学习时强调，要下大气力加强国际传播能力建设，建强适应新时代国际传播需要的专门人才队伍，讲好中国故事、传播好中国声音，展示真实、立体、全面的中国。中国的国际传播能力建设，离不开国家翻译能力建设，不断深化口译课程建设、持续加强专业口译人才培养是提升国家翻译能力、建设中国国际传播能力的具体要求和必要环节。

“翻译伦理”是翻译界近年来备受关注的一个重要概念，由知名翻译研究者切斯特曼（Chesterman，2001）归纳提出。中国学者任文（2020）对前人理论加以发展，将翻译伦理定义为从事翻译工作的口笔译员在翻译（相关）活动中所遵循的道德准则，并指出新时代语境下译员的伦理决策在译前、译中、译后和译外都会发生。

如今英语专业本科生普遍具有强烈的求知渴望，对于翻译能力的提升具有迫切的愿望。与此同时，我们也应该看到，中国特色社会主义进入新时代后亟需建设的国家翻译能力和国际传播能力，需要的不仅是具备较强翻译能力的专业人士，更是拥有新时代口译伦理观念、家国情怀担当的翻译人才。本课程应坚持问题导向、深化跨学科特色、坚决落实立德树人，使学生在具备口译知识、掌握口译技能的同时，树立新时代口译伦理观念，成长为有报国理想、有实践本领、有家国情怀的新时代口译人才，助力科技报国和国家翻译能力、国际传播能力建设。

综上所述，该课程蕴含的思政元素主要有以下几个方面：

1. 积极践行马克思主义辩证思维，提升口译能力

口译能力是落实立德树人的重点目标，也是投身强国伟业的时代要求。只有牢固掌握口译能力，才能为我国国际传播事业贡献更大力量、实现人生价值。本课程对于传统的技能导向型口译教学方式进行重要补充，实现马克思主义辩证思维与口译能力训练的有机结合，解决学生“仅知翻译、不知思辨”的问题。通过口译案例库分析与互动场景式教学，使学生形成在口译实践具体场景中主动运用辩证思维指导口译实践的意识，掌握正确选择归化异化、恰当进行脱壳处理等翻译策略的方法，提升马克思主义辩证思维指导下的口译能力。

2. 牢固树立社会主义核心价值观，树立职业道德

新时代新阶段的发展要求口译教学贯彻新理念、构建新格局，树立新时代口译伦理，引导学生遵循新时代口译活动道德准则。本课程在常规的口译教学流程加入价值解读与阐述，在社会主义核心价值观的指导下带领学生进行翻译内容的练习与讲解，解决学生“注重口译实践能力、忽视口译伦理意识”的问题。通过将社会主义核心价值观有机融入口译练习材料，使学生在打磨口译能力的同时，不仅了解我国科技发展的悠久历史与伟大成就，而且增强道路自信、理论自信、制度自信和文化自信，坚守口译职业道德，助力我国国际传播能力建设。

3. 立足“两个大局”，牢记“国之大者”，培育家国情怀

在家尽孝、为国尽忠是中华民族的优良传统，爱国之情是一个人的立德之源、立功之本。爱家爱国的“家国情怀”是个人对自己国家和人民所表现出来的深情大爱。培育译员的家国情怀是新时代口译伦理构建及口译课程思政建设的逻辑起点。只有拥有家国情怀，学生才能够正确认识时代责任和历史使命，在口译实践练习中锤炼品格和担当，同时以家国情怀这一最根本的道德底色奠基口译伦理，指导口译实践。

本课程对于以往技术类知识为主的口译教学进行改革创新，以习近平新时代中国特色社会主义思想为指导，结合新时代新要求，开创口译教学新模态，解决学生“满足于专业知识、不关心宏观格局”的问题。通过引入科技类时事新闻、前沿成果等时效性较强的教学内容，在习近平新时代中国特色社会主义思想指导下带领学生学习理解，引导学生科学认识国际形势，正确解读科技热点，逐步增强人类命运共同体意识，牢固树立新时代口译伦理观念，从而能够在今后口译实践中立足“两个大局”，牢记“国之大者”，维护国家民族利益，担当科技强国使命。

教案设计

教学目标

（一）知识目标

（1）通过课堂授课、线上慕课及线下自主学习等多模态教学形式，使学生充分了解网络安全的概况、现状及挑战等内容；

（2）通过主题讲解与配套练习，使学生深入了解网络安全这一主题的内容特点及相应的口译策略；

（3）通过多种体裁的教学内容，使学生掌握一定的网络安全基础知识，逐步建立网络安全相关的知识储备，助力国家翻译能力建设。

（二）能力目标

（1）通过课堂练习，帮助学生巩固主动听力、笔记记录、短时记忆等中英交传口译基本技能；

（2）通过教师讲评，帮助学生进一步了解并自主运用科技主题交传口译常用策略与技巧；

（3）通过多种类型口译场景，使学生能够较为熟练地进行一般场合的科技主题口译交传实践，助力科技报国。

（三）价值目标

（1）通过对于网络空间概论进行翻译练习，引入网络空间个人行为准则，引导学生遵纪守法，在网络空间遵守相关的行为准则；

（2）通过学习习近平总书记在全国网络安全和信息化工作会议上的重要讲话精神，使学生了解我国在推动互联网发展方面取得的瞩目成就，增强“四个自信”，增强家国情怀；

（3）通过对网络安全专家关于网络犯罪相关演讲进行翻译学习，使学生认识到网络空间是互联互通的，网络安全关系到各国的安全，进一步增强人类命运共同体的意识。

教学内容分析

（一）教学内容

本次课程带领学生对于中国大学 MOOC 北京科技大学“网络空间、人与智能”课程第二章“网络空间安全与治理”、习近平总书记在全国网络安全和信息化工作会议上的重要讲话，以及网络安全专家关于网络犯罪的演讲选段进行交传练习，引导学生在理解网络安全关键概念的基础上，掌握网络安全高频词汇的译法，增强口译策略的自主应用，并践行网络空间个人行为准则、了解我国互联网领域巨大成就，培养捍卫网络安全的意识。

（二）教学重点

本节课的教学重点有以下三个方面：

（1）让学生对网络安全的概况、现状和挑战有基本的了解；（2）带领学生进行该主题相关口译练习，给予点评指导，讲解相应口译策略的应用技巧；（3）分析在网络安全方面个人、国家与世界面临何种挑战和应如何应对，探讨当代翻译专业学生如何贡献力量。

（三）教学难点

（1）如何帮助不具备相关专业背景的学生快速了解网络安全相关知识；（2）翻译专业学生往往注重实战技能的培养，疏于对话题背景和宏观政策的关注和思考。因此，如何引导学生进行相关思考、培养其探索口译材料的深层次价值内涵，是本节课的教学难点。

教学对象分析

“口译理论与实践”为英语专业四年级本科生的专业必修课程，于四年级第一学期开设。在翻译基础方面，学生之前以笔译能力的训练为主，基本没有接触过口译课程。整体而言，本课程的授课对象具有以下特征：

（1）学生在本科前三年学习的基础上，已经具备了一定的英语词汇量，掌握了一定的英语语言知识，具备了一定的英汉双语翻译能力，但是对于翻译作为一个专业的基本了解仍然欠缺，因此需要培养其专业素质及翻译伦理，为今后成为德才兼备的翻译人才奠定基础。

（2）学生在学习口译基本技能时，缺乏思想价值的培养。学生对于课程材料的学习往往集中在词汇、句法、翻译策略等语言层面，满足于能够完成口译练习，较少有对学习材料的宏观背景的关注与探究、对深层价值观的觉察与思考。

（3）学生在大量接触西方国家发言材料时容易受到多种思想和价值观的冲击，需要老师在思想上进行正确引导，让学生能够批判地思考科技领域的各种现象及热点问题，摆脱西方科技霸权的影响，了解中国科技卓越成就，不断提升“四个自信”。学习科技领域中国的成就与国际形势的变化，认识到必须立足“两个大局”，牢记“国之大者”，助力科技报国、国家翻译能力建设、国际传播能力建设。

教学手段与方法

基于本节课的学习目标、重点与难点，结合授课对象的基本特征，本节课使用的教学方法主要包括以下四点：

（1）案例分析教学法

以“网络空间、人与智能”慕课中对网络安全概况的介绍为基础，详细分析其中的重要概念及语言风格，引导学生了解该科技主题的基本信息：网络安全的概况、现状和挑战。

（2）互动式教学法

提前布置学生查找关于网络犯罪在日常生活中有哪些表现的资料，请学生在课上进行展示，引导学生们展开相关讨论，从而调动学生的积极性与参与度，提升授课效果。

（3）情景式教学法

以外国网络安全专家的现场演讲作为教学材料，模拟口译实践的情景，将学生带入为演讲者做翻译的实践场景中，帮助其有身临其境的练习体验，从而更好地体会口译策略的应用。

（4）多模态教学法

运用幻灯片、慕课、文字材料、影音资料等多种教学形式，进行多模态教学。慕课帮助学生以最快捷的方式切入一个新学科，获取核心概念；文字材料作为拓展阅读，帮助学生拼出知识体系的版图；影音资料作为口译教学的主要材料，帮助学生沉浸进入模拟口译实践场景，从而锻炼口译技能。

教学过程

教学步骤	教学目的	教学内容	表达方式	教学设计	时间安排
1. 引入主题	吸引学生兴趣，让学生快速进入主题	引出本节课所讲内容：网络安全主题口译		学生口头展示	<10>分钟

续表

教学步骤	教学目的	教学内容	表达方式	教学设计	时间安排
2. **提出学习目标**	提出本节课的学习目标，让学生有目的地展开学习和思考	提出本节课的具体学习目标：知识目标、能力目标、价值目标	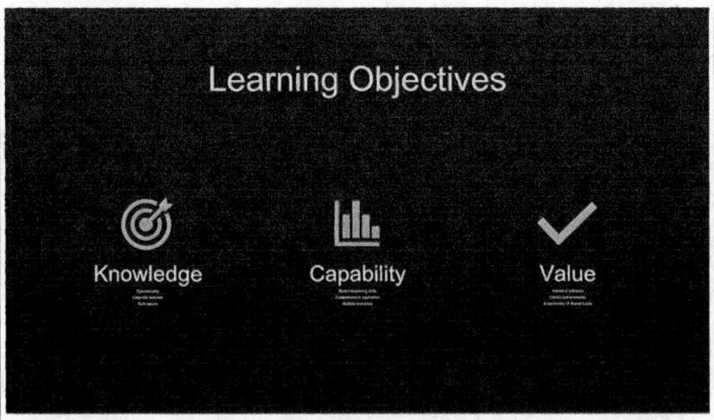	PPT 展示	<5>分钟
3. **进行第一部分练习：慕课交替传译**	引导学生转入网络空间安全与治理概述	介绍该慕课主题以及翻译过程中需要注意的问题，请学生进行交传练习	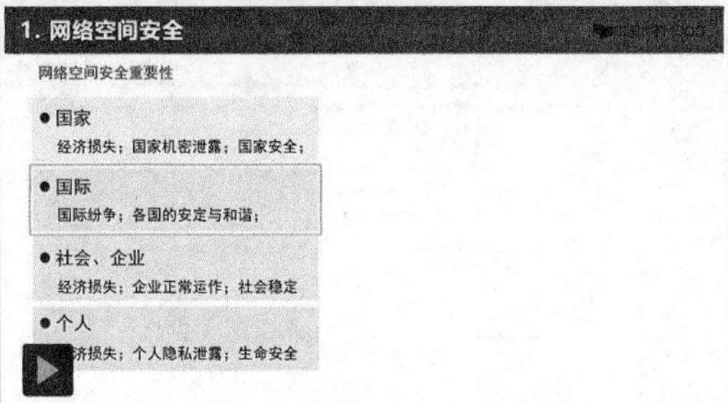	帮助学生为练习做好准备	<15>分钟
	回放学生录音，进行讲评	网络安全主题慕课在内容和语言方面有自己的特点，需采取相应的口译策略	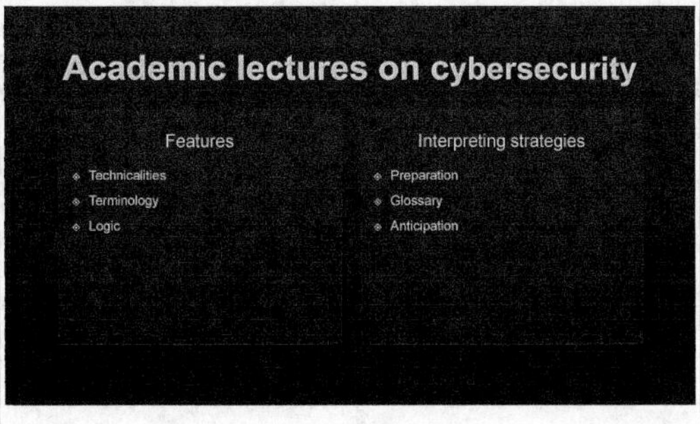	先请学生自评、互评，教师总结点评	<15>分钟

续表

教学步骤	教学目的	教学内容	表达方式	教学设计	时间安排
4. 进行第二部分练习：文本补充阅读	引导学生了解中国在网络安全方面的政策和成就，培养四个自信和家国情怀	阅读习近平总书记关于网络安全的讲话，了解中国相关政策及英文表述	 中华人民共和国商务部 MINISTRY OF COMMERCE OF THE PEOPLE'S REPUBLIC OF CHINA | 电子商务和信息化司 首页 | 工作动态 | 工作通知 | 政策法规 | 电子商务 | 电子政务 | 专题 首页 > 电子政务 > 网络安全 来源：人民网－人民日报 类型：转载 分类：新闻 2016-04-27 16:01 **习近平：在网络安全和信息化工作座谈会上的讲话** 今天，我们召开一个网络安全和信息化工作座谈会。这个会，我一直想开。党的十八大以来，我国互联网事业快速发展，网络安全和信息化工作扎实推进，取得显著进步和成绩，同时也存在不少短板和问题。召开这次座谈会，就是要当面听取大家意见和建议，共同探讨一些措施和办法，以利于我们把工作做得更好。  China.org.cn This Site China Wiki China Archives Home | China | World | Business | Arts | Sports | Travel | Opinion | Photos | Top 10 | 双语 | Learn Hot Topics: • CPC Centenary • Across the Taiwan Strait • China's changemakers • China Insight • Xinjiang Stories You are here: Home > China > Government **Xi stresses cybersecurity, positive internet environment** Xinhua, April 26, 2016 0 Comment(s) Print E-mail Adjust font size: President Xi Jinping has called for the comprehensive detection of internet risks to ensure online security. Xi made the remarks at a symposium on cybersecurity and informatization on April 19, during which he called for enhanced cybersecurity and told officials to use the internet to understand public opinion. The full text of his speech was made public on Monday. In his speech, Xi stressed the "correct outlook on cybersecurity" and called for the establishment of a system to protect information infrastructure in industries including finance, energy, telecommunications and transportation.	教师讲解要求清晰、准确，条分缕析	<10>分钟
5. 进行第三部分练习：演讲交替传译	引导学生了解网络是无边界的，培养人类命运共同体意识	介绍该演讲主题，请学生做预测并进行交传练习	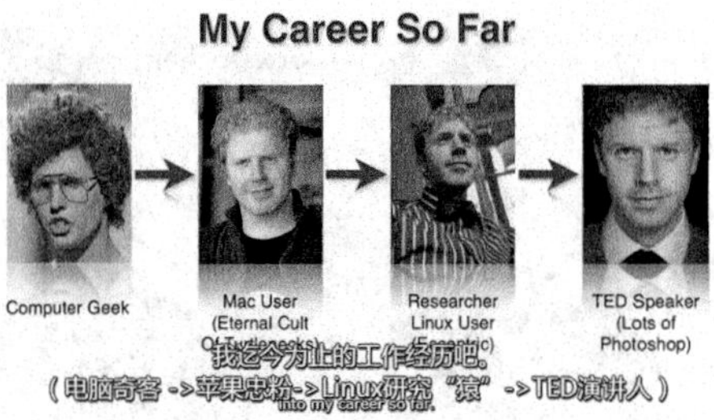	帮助学生为练习做好准备	<15>分钟

续表

<table>
<tr><th>教学步骤</th><th>教学目的</th><th>教学内容</th><th>表达方式</th><th>教学设计</th><th>时间安排</th></tr>
<tr><td>5. 进行第三部分练习：演讲交替传译</td><td>回放学生录音，进行讲评</td><td>网络安全主题演讲在内容和语言方面具有自己的特点，需采取相应的口译策略</td><td>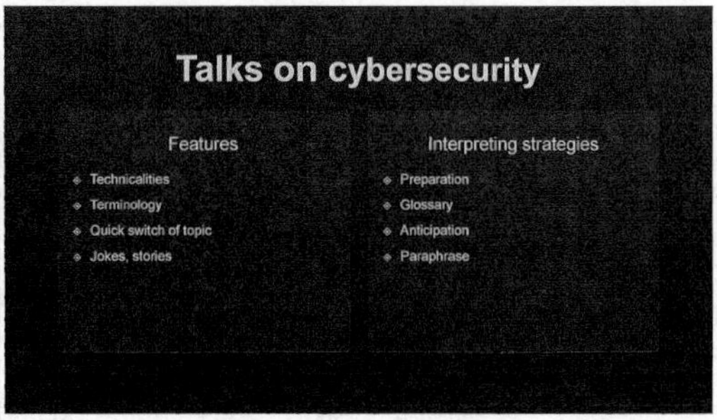
</td><td>先请学生自评、互评，教师总结点评</td><td><15>分钟</td></tr>
<tr><td>6. 拓展思考</td><td>引导学生思考作为翻译专业学生对网络安全可做哪些贡献，引导学生助力国家翻译能力建设和国际传播能力建设</td><td>让学生思考网络安全主题与自身的关系，思考自己所肩负的使命</td><td>
</td><td>学生讨论，教师总结点评</td><td><5>分钟</td></tr>
</table>

教学效果分析

基于本次课程的目标设定及内容安排，可以从以下几个方面分析教学效果：

（1）学生是否基本掌握了有关网络安全的基本知识，是否了解了我国互联网发展成就，是否建立了网络安全相关的知识储备。可在互动讨论及下节课提问中考察。

（2）学生是否巩固了主动听力、笔记记录、短时记忆等中英交传口译基本技能，是否掌握了能够应对多种类型口译场景的科技主题交传口译常用策略与技巧。可在课上练习讲评及课后作业中考察。

（3）学生是否了解了网络空间个人行为准则，并认识到应从自身做起，遵守相关准则。可在课堂讨论及日常学习生活中考察。

（4）长远来看，学生是否意识到我国在推动互联网发展方面取得瞩目成就的伟大意义，是否增强了“四个自信”和家国情怀。

（5）长远来看，学生是否通过对网络安全专家关于网络犯罪的演讲进行翻译学习，认识到了网络空间的互联互通性，增强了人类命运共同体的概念，树立了通过助力国家翻译能力和国际传播能力建设，为国家网络安全及相关国际合作贡献力量的意识。

“工程情景口语交流”课程思政教学案例

口译与口语训练：基因编辑与科技伦理

王　冰

课程名称　英语：工科口语与口译

课程性质　校公选

授课专业　不限

授课对象　全校学生

课程简介

去年，我国的一则有关婴儿基因编辑的报道在媒体上吵得沸沸扬扬，使得科技伦理引起前所未有的广泛关注。为防止一对患有艾滋病的父母将艾滋病基因传给婴儿，我国某大学一位教授对胎儿的基因进行了编辑，将可能导致艾滋病发作的基因去掉。课上，学生需要选择一个具体的视角来阐述自己的观点，并引用论据进行支撑。

本课程的特点在于借助口译的方式，营造逼真的英语口语交流情景，培养工科学生的英语口语能力。同时，通过筛选富含思政元素的材料，帮助学生提高批判思维能力，了解与科技相关的各领域知识，特别是社会学、人类学、文学等人文社会学科知识，拓展学生的知识面，帮助学生了解外国文化，夯实国情社情基础，提高跨文化交际素养。

思政元素分析

当前，我国日益重视高等教育阶段大学生的综合素质培养，我国理工科大学普遍在加强理工科学生的人文素养、国际视野和思维能力培养，这些都离不开外语专业的支撑。与此同时，随着国际科技合作的深入，理工科大学生对于英语口语的需求有增无减。以往的英语口语课堂更多强调口语技能的培养，细化至发音、词汇和跨文化交际等。主要是由外教承担“地道”的口语教学。然而，传统的英语口语教学也存在一些问题。例如，重视外国情况的介绍，对我国国情社情的涉及较少；强调英语口语能力培养，对批判思维等人文素养涉猎不足；内容上以日常生活场景为主，较少涵盖科技相关的话题和场景。为此，我们在以上几个方面设法进行改进，具体包括以下几点：

首先，新设计的“工程情景口语”课程在介绍国外情况的同时，特别强调我国国情社情的教育。经过几十年的快速发展，特别是改革开放后，我国国家、社会等方面发生了深刻变化。进入新时代，我国在脱贫攻坚、航空航天等领域取得了重大成就。而我们的学生身处大学校园，虽然互联网无处不在，但是仍旧无法全面而深刻地了解这些重大成就。在引导学生通过课外阅读积累背景资料和课堂的学习的过程中，学生会对国情社情有更加深入的理解，厚植爱国情怀，从而将自己的发展融入国家发展的浪潮中，逐步树立正确的世界观、人生观、价值观。

其次，新设计的“工程情景口语”课程强调英语口语能力的同时，强化对批判思维等人文素养的培养。批判思维能力具有重要的价值，在生活当中可以帮助青年学生在纷繁复杂的海量信息当中辨识真伪，形成基于客观事实的独立判断。在学习和学术生涯当中，批判思维能力的作用更加重要。批判思维能力有助于防止盲从盲信学术大咖的结论，可以帮助青年学生在自己的研究领域找到尚未完善的细分领域，从而能够做出创新。与此同时，具体到英语口语表达方面，批判思维的培养可以提高英语表达的逻辑性，有助于学生形成鲜明的论点，并且获得论据的支撑，而且容易形成共情，容易说服听众，从而能够更好地进行跨文化的英语口语交流，更快地融入国际学术的大家庭和国际社会。

最后，课程在内容上以日常生活场景为铺垫，涵盖与科技相关多个细分的话题和场景。作为理工科的学生，科学技术对他们来说并不陌生。但是，在理工科学生的教育过程当中，往往存在着偏重科学技术的应用也就是术的训练，而缺乏对于科技相关的一些社会人文科学的训练。与此同时，在以往的基于外教的口语课堂上，由于外教往往不是从事科学研究的人员，因此，话题多半是日常交际的口语环境和场景。在我们新设计的课程当中，着重挑选了与理工科学生生活、学习、研究、职业发展等方面息息相关的多个科技话题。其中包括最新科技前沿、科学技术与日常生活、科学技术与艺术、科学技术与体育、科学技术与伦理道德、科学技术与哲学等。这些人文社会学科知识的补充可以帮助学生拓宽视野，形成对科学技术更加全面深刻的认识。例如，在关于新冠疫情问题的话题讨论中，工科学生首先可能想到的是要加强科技投入，加大研发力度，通过某种途径快速产出有助于抗击疫情的科技成果。然而，其实很多的问题并不仅仅依靠科学问题来解决，社会和人文的手段同样十分重要。其中，包括培养良好的卫生习惯，保持有效的自我防护和社交距离等。再比如，在基因编辑话题的讨论过程中，学生可能提出不断推进技术研究，从而能够降低科学技术研究带来的风险。但与此同时，从社会人文科学角度来讲，这也是一个涉及伦理道德的问题。科学技术人员一定要重视技术所能带来的正面和负面的影响，始终要牢记科学技术研究要为国家、社会和人类服务这一个大宗旨。通过对科学技术相关话题的引入，学生首先对于课堂的教学更加感兴趣，更加主动地积极参与。同时，同学们对所选择的话题也觉得不陌生，增强了英语口语表达的自信心。科学与人文社科知识的结合极大地丰富了和拓展了学生的知识面，从而培养了全面的人格，有助于使他们成为有道德的科学家和工程师。

综上所述，该课程蕴含的思政元素主要有以下几个方面：

1. 通过对国情社情的引入和深入讨论，使得学生能够探讨有现实意义的话题，能够深入地了解并热爱我们的国家和社会，从而为讲好中国故事提供优秀的素材。

2. 通过培养学生的批判思维能力，可以提高学生英语口语表达的逻辑性。可以帮助学生在纷繁复杂的互联网信息当中，识别出有用的信息，并得出自己独立的判断。

3. 通过引入与科学技术紧密相关的人文社会科学方面的话题，可以丰富学生的知识体系，拓展学生的知识面，形成良好的科学伦理和道德。

4. 通过增加与科学技术紧密相关的案例，可以增强学生对于投身科学技术发展的热情，培养学生的自豪感和自信心。

教案设计

教学目标

（一）知识目标

从知识输入的角度来讲，通过课前学习和课堂讲授，为学生补充科学技术应用的场景、科学技术伦理、科学技术与人文社科互动等方面的知识，旨在加强产学研之间的联系，完善学生的知识体系，培养良好的人文素养。

（二）能力目标

在能力培养方面，我们不放弃英语口语教学的词汇、语音等方面的培养目标。使得学生敢开口，乐于开口，并善于开口表达。与此同时，特别强调批判思维能力的培养，从而提高学生逻辑表达的能力，形成独立思维的能力。通过对国情、社情的介绍，培养学生讲好中国故事的能力。

（三）价值目标

在价值目标方面，我们通过批判思维训练，培养学生正确的世界观、人生观和价值观。通过国情社情的了解，帮助学生培养社会主义核心价值观，树立良好的家国情怀。通过对科学、伦理等话题方面的介绍，促进学生关怀人类、关怀社会和世界的宽阔胸襟。

教学内容分析

（一）教学内容

本节课主要是基于婴儿基因编辑这一话题，对科学技术伦理这一宏观问题进行探讨，从而在推动科学进步和保持科学技术伦理方面达成平衡，培养学生正确的伦理道德观念。教学过程中，将首先简单介绍婴儿基因编辑这一过程，由一到两组学生在全班面前进行口语口译的演示，老师给予点评，并且进行示范。随后进行全班的两个阶段的小组讨论。在第一个阶段的小组讨论当中，学生就婴儿基因编辑和科学技术伦理这一话题，进行自由发言和小组内的口译。在第二阶段，老师对各个小组进行有针对性的提问，并且挑选部分学生进行现场口译。然后由老师进行总结和提升话题，促进大家进一步思考科学技术伦理问题，提供启发。

（二）教学重点

本节课的教学重点有以下三个方面：

（1）让学生对科技伦理问题有基本的了解；（2）通过口语和口译训练，进一步提升学生的口语表达能力；（3）通过辩论提升学生的批判思维能力。

（三）教学难点

本节课的教学难点集中体现为以下两点：

（1）如何帮助学生在遵守科技伦理规范与大胆进行科技创新之间实现平衡，从而不抑制创新的积极性是本节课的一个教学难点；（2）如何以润物细无声的方式，在进行口语练习的过程中，使学生通过讨论提升批判思维能力，是本节课的另一个教学难点。

教学对象分析

“英语：工科口语与口译”是针对全校高年级本科学生开设的校级公选课程，选课的学生以高年级理工科学生为主，绝大部分有出国留学等使用英语口语的明确需要。学生具备一定的英语基础，口语训练不足。整体上说，本课程的授课对象具有以下特征：

（1）学生在一二年级学习的基础上，已经具备了一定的词汇量，掌握了一定的英语基础知识，具备了一定的口语能力，因此可以在此基础上从事口语和口译学习。但学生尚缺乏对口译的基本了解，因此需要学习一些基本的口译技巧，从而通过口译和口语的结合，提升口语能力。

（2）学生接触专业领域口语交流的机会较少。这种交流能力对于学生的创新和学业发展至关重要。然而，以往的英语口语课程重视口语技能的培养，话题选择局限于日常生活，学生面临所学专业和英语交流之间的脱节，很难在未来的学习工作中应用英语进行专业交流。

（3）学生缺乏批判思维能力的培养，因此需要老师在思想上进行正确引导。批判思维能力对学生的职业发展至关重要，是学生学术创新的基础。然而，在以往的英语口语教学中，缺乏批判思维能力的训练。学生由于尚未熟练掌握思维的方法，知识面窄，很难就某一科技问题进行有深度的交流，表达出来的英语往往空洞无物。

教学手段与方法

基于本节课的学习目标、重点与难点，结合授课对象的基本特征，本节课使用的教学方法主要包括以下方面：

（1）案例分析教学法

以“基因编辑”事件为讨论素材，详细介绍基因编辑事件始末、社会影响和反思、国外类似情况等，使学生设身处地思考这一问题的严重性和严肃性，以及该事件背后反映的科学伦理问题，通过分析，避免学生盲目听从新闻媒体的意见，思考科学创新和科学伦理之间的关系。

（2）互动式教学法

为了更好地实现教学效果，让学生提前查找并阅读相关资料，并在课堂上两人一组，首先进行口语发言和口译演示，老师适时进行点评和修正。本课中，学生都要提前准备材料，并以此为基础进行发言，参与小组讨论。同时，还要听其他人的介绍，进行口译训练。课堂讨论可以调动学生的积极性、兴趣和参与度，从而更好地提高教学效果。

（3）启发引导教学法

课堂上与学生的互动过程中，教师必须启发引导学生积极参与讨论，努力形成自己独有的观点，并能够通过论证过程、论据进行支撑，从而说服听众。本课中，老师以“基因编辑”事件为引子，引导大家对广泛的科技伦理问题进行反思，同时，思考科技与社会人文的结合，拓宽学生视野。

（4）多模态教学法

灵活运用 PPT、影音资料、图片、访谈资料、慕课等多种教学形式，实现课堂的多模态教学。PPT 展示的图片、影音资料等既让学生对作品有更直观的感受，也增强了课堂的趣味性；既教学生如何提高英语口语，又尝试为学生提供一个逼真的英语交流情景。板书主要勾出该课的重点，给学生提供更好的线索，帮助强化学生的记忆。

教学过程

教学步骤	教学目的	教学内容	表达方式	教学设计	时间安排
1. 引入主题	吸引学生兴趣，让学生快速进入主题	引出本节课所讲内容：为了防止婴儿感染艾滋病而进行胎儿的基因组编辑	**课前准备** • 本周话题：去年一件有关婴儿基因编辑的事吵得沸沸扬扬，我国某大学一位教授对一对患有艾滋病的父母的婴儿进行了基因编辑，将可能导致艾滋病发作的基因去掉，社会各界对此看法不一，请问您怎么看？ • 要求： • 1、请选择一个具体的视角(或者理论)来阐述观点； • 2、请提出明确的论点，并且给出有说服力的理由； • 3、注意口语化演讲。 • 链接： • 基因编辑婴儿事件 • 深刻认识科技伦理治理 • 中共中央办公厅国务院办公厅印发《关于加强科技伦理治理的意见》	两组学生进行口语与口译展示	<20>分钟

续表

教学步骤	教学目的	教学内容	表达方式	教学设计	时间安排
2. **提出学习目标**	提出本节课的学习目标，让学生有目的地展开学习和思考	提出本节课的具体学习目标：知识目标 能力目标 价值目标	• Learning Objectives • ·知识目标：了解基因编辑等科技伦理议题 • ·能力目标：口语能力和批判思维能力 • ·价值目标：能够在科技伦理与科技创新之间形成平衡	PPT 展示	<5>分钟
3. **介绍基本的学习方法**	引导学生转入科技伦理讨论	介绍科技伦理的基本知识，科技和人文素养之间的关系问题	• 科技伦理 • 科技伦理是指科技创新活动中人与社会、人与自然和人与人关系的思想与行为准则，它规定了科技工作者及其共同体应恪守的价值观念、社会责任和行为规范。研究者指出，科学伦理和科技工作者的社会责任事关整个社会的发展前途。科技伦理，这个过去非常陌生的词汇，近年来频频出现在科技类报刊和网站上。而事实上，科学道德问题一直与近代科技进步形影相随。那么人们不禁要问，科技伦理为什么如此值得我们关注，它究竟给人类带来了什么？ • Scientific ethics calls for honesty and integrity in all stages of scientific practice, from reporting results regardless to properly attributing collaborators. This system of ethics guides the practice of science, from data collection to publication and beyond.	教师讲解	<10>分钟
4. **互动讨论**	引导学生批判性思考并进行小组讨论（组内口译与口语表达）	基因编辑的道德问题和其更加广泛的人文和社会问题	• 相关词汇 • · ethics of science and technology科学技术伦理 • ·基因编辑(gene editing) • ·胚胎embryo • ·立法legislation • ·非生殖细胞non-reproductive cells • ·动物实验animal tests	学生在小组内进行演讲和口译，老师在各个组进行巡视，并适当给予指导。	<20>分钟
	引导学生进行全班讨论	小组讨论的总结发言	• 小组发言总结 • ·您所在小组是否达成一致意见，是什么意见呢？ • ·您所在小组是否有比较另类的观点，是什么？ • ·您邻座的同学，他是什么观点？ • ·你们是否有共同的疑问希望老师解答？	老师向各个小组提问，总结各个小组的讨论。	<20>分钟

续表

教学步骤	教学目的	教学内容	表达方式	教学设计	时间安排
4. 互动讨论	引导学生参与深入的思考和讨论	在全班范围内进行深入的讨论	• 全班讨论 • ·科技伦理的实质是什么？ • ·如何平衡科技伦理和科技创新？ • ·人文社会科学如何能促进有伦理的创新？	在全班范围内，老师发言，同学翻译。	<10>分钟
5. 总结	引导学生对科技创新和科学伦理的关系问题进行深入的思考	让学生就科技伦理和科学技术创新之间的平衡问题提出自己的见解	总结 • 科技伦理会限制科技创新吗？ • 解决有伦理的科学创新，人文和社会层面有哪些好办法？	引导学生做出总结	<5>分钟

教学效果分析

基于本节课的目标设定及内容安排，可以从以下几个方面分析达到的教学效果：

（1）学生是否能够从基因编辑的故事出发，对科技伦理进行深刻的思考，并且提出独立的见解；进行流畅的英语口语表达，提出自己的论点进行论证，并且有论据支撑。

（2）学生是否基本掌握了口语和口译的基本技能，是否能够用英语进行有深度的发言和讨论。语音和语法是否正确无误。

（3）学生是否能够在科技伦理和科技创新之间达成平衡，形成较为中恳的有指导价值的意见，与此同时，学生能否对人文社会科学知识感兴趣，并且人文社会科学知识与科技知识相辅相成，共同促进全面素质的提高。

（4）长远来看，学生是否具备了一定的批判思维能力、辨别能力和拓展能力，是否增强了文化自觉，提升了文化自信，是否能够立足新时代我国发展现实，在国际范围更好地讲好中国故事、传播中国科技故事。

参考文献

编者按．“全球治理人才培养与外国语大学课程思政建设”书记校长高端论坛特约专栏［J］．外语电化教学，2020（6）：12.

陈法春．外语类本科专业课程思政内容体系构建［J］，外语电化教学，2020（6）：12–16.

樊丽明．“‘新文科’：时代需求与建设重点”［J］. 中国大学教学，2020(5)：4–8.

黄国文．外语课程思政建设六要素［J］．中国外语，2021（2）：9–16.

坚持把立德树人作为中心环节．光明日报，(2016–12–09)［2023–7–30］. http://www.moe.gov.cn/jyb_xwfb/s6319/zb_2016n/2016_zb08/16zb08_gj/201612/t20161209_291438.html.

邵晓霞，等．新文科背景下外语课程思政建设的学理解析与实践取向［J］. 教育与教学研究，2023（1）：27–37.

孙有中．全国高校外语学院院长 / 系主任论坛讲话［OL］.［2023–4–15］，长沙．

孙有中，王卓．与时俱进，开拓中国外语教育创新发展路径——孙有中教授访谈录［J］．山东外语教学，2021（4）：3–12.

王卓．课程思政对外语专业课程建设的导向性与媒介性［J］．山东外语教学，2021（1）：59–68.

文秋芳．学术探索栏目编者的话［J］．中国外语，2021（2）：47.

文秋芳．大学外语课程思政的内涵和实施框架［J］．中国外语，2021（2）：47–52.

习近平出席全国教育大会并发表重要讲话.［2020-11-30］. http://www.gov.cn/xinwen/2018-9/10/content_5320835.htm.

新文科建设宣言.新文科建设年度发展报告［M］. 全国新文科教育研究中心编，山东大学出版社，2020：3-5.

姚峰.阿契贝与小民族语言的解域实践［J］. 国外文学，2015（2）：143-152.

扎实办好中国特色社会主义高校［J］. 光明日报，（2018-02-12）［2023-7-30］. https://baijiahao.baidu.com/s?id=1592152201342087179&wfr=spider&for=pc.

张敬源，王娜.外语“课程思政”建设——内涵、原则与路径探析［J］. 外语电化教学，2020（6）：15-29.